华南理工大学亚热带建筑科学国家重点实验室资助项目
广东省特色小镇模糊综合评价体系研究（2018ZB06）

历史文化村镇评价体系

张艳玲　著

中国建材工业出版社

图书在版编目(CIP)数据

历史文化村镇评价体系/张艳玲著. --北京：中国建材工业出版社，2018.8
ISBN 978-7-5160-2218-4

Ⅰ.①历… Ⅱ.①张… Ⅲ.①乡镇—文化遗产—评价—研究 Ⅳ.①K29

中国版本图书馆 CIP 数据核字（2018）第 070808 号

历史文化村镇评价体系
张艳玲　著

出版发行：中国建材工业出版社
地　　址：北京市海淀区三里河路1号
邮　　编：100044
经　　销：全国各地新华书店
印　　刷：北京鑫正大印刷有限公司
开　　本：787mm×1092mm　1/16
印　　张：12.5
字　　数：300千字
版　　次：2018年8月第1版
印　　次：2018年8月第1次
定　　价：50.00元

本社网址：www.jccbs.com　微信公众号：zgjcgycbs
本书如出现印装质量问题，由我社市场营销部负责调换。联系电话：（010）88386906

序

历史文化村镇存在于我国广大地区，由于地域差异，这些村镇各具特色。历史建筑和历史街区较完整地传承了我国不同时代的空间组织技术、建筑科技、建材技术、结构技术、朴素的生态观念、民俗文化和传统审美情趣。历史文化村镇是我国历史文化遗产中的瑰宝，具有不可替代的价值。当前，由于历史文化村镇遭到严重的破坏，迫切需要一套历史文化村镇的保护技术，对其进行保护。历史文化村镇评价体系是历史文化村镇保护技术研究中的重要组成部分，同时是历史文化村镇综合价值的评价工具，因此，历史文化村镇评价体系的研究具有重大意义。

笔者系统地考察了珠三角地区和梅州市大埔县的历史文化村镇，并对其保存现状和保护措施进行研究，了解当地历史建筑的保护与再利用经验、公众参与的现状，分析历史文化村镇的价值构成因素，运用统计学、评价方法学、建筑学、城市规划、景观设计、社会学、经济学和管理学等，建立历史文化村镇的评价体系。

本文重点论述以下几个方面的内容：(1) 总结现有的历史文化村镇评价体系的研究现状；分析现有的评价体系中评价因素的提取和评价方法；在现有研究和考察的基础上，运用了先进的量化评价的方法；通过大量的问卷调查，采用专家调查法，提取历史文化村镇的评价因素集。(2) 首次把历史文化村镇的评价体系一分为二：根据评价因素的特征和操作方法的不同，评价体系分成客观评价体系和主观评价体系。(3) 案例研究：以珠三角地区和梅州市大埔县的历史文化村镇为例，对这些历史村镇的历史建筑、特色街巷、人文景观、历史沿袭、民俗风情、保护措施、公众参与、历史建筑的保护和再利用、旅游发展现状等进行分析；并对这些历史村镇进行综合价值的评价，等级划分以及分类保护。(4) 历史文化村镇评价体系的自动化研究：本研究开发"历史文化村镇专家评价系统"软件，省去进行主观模糊综合评价复杂的计算，使评价专家只需输入各个因素的评分，由软件计算出最后评分。本研究从时代的角度，通过对全国的历史文化村镇的考察，重新审视它们的价值构成，引进前沿的评价方法，构建历史文化村镇的评价体系；选取珠三角地区和梅州市大埔县的历史村镇为重点研究对象，对它们进行综合评价，划分等级和分类保护，这些对于历史文化村镇的保护研究具有重要意义。

这里首先感谢我的博士导师肖大威教授，在本书的设计、实地考察及定稿过程中，自始至终都倾注着先生的心血。肖大威教授还为本书提供了"十一五国家科技支撑计划项目"的良好平台，感谢他全力支持，为我提供了实地调研的所有条件，从实地调研的车辆、资金、人脉关系、研究团队等，到调查研究的理论知识，肖老师都给了我很多指导。还要感谢吴硕贤和吴庆洲老师，感谢他们在百忙中抽出时间对我的指导。同时还要感谢肖老师工作室的研究团队，感谢华南理工大学建筑学院亚热带建筑科学国家重点实验室的同仁们。

另外，我要诚挚地感谢吴庆洲教授。吴老师对本书提出了宝贵的修改意见，令其日渐完善；特别要感谢他在精神上给予我莫大的鼓励与支持，令我重获自信，坚持完成本书的编写。还要感谢陆琦教授、郭谦教授、董黎教授对本书提出的宝贵修改意见，使其质量得以提高。

我要衷心地感谢我的硕士导师叶荣贵先生和他的夫人，我虽然已硕士毕业，但他们仍然给予了我生活上、学习上无微不至的关心，给予我谆谆教诲和悉心关怀。每一次他总是会以他博学的知识耐心认真地为我解答，从本书的选题思路和纲要，每一步都有叶老师精深的思想在里面，感谢我的恩师，恩师对我的影响之大是不能用语言表达的。

最后，我要感谢我的爱人中山大学生命科学学院的张堃博士，没有他的帮助、体谅、包容和支持，本书难以完成。同时，谨以此文献给我挚爱的双亲，他们在背后的默默支持是我前进的动力。在此，祝愿他们身体健康，心情愉快！

2018 年 3 月 29 日
于暨南大学

目 录

第1章 绪论 ·· 1
　1.1 研究背景 ·· 1
　1.2 研究现状 ·· 2
　1.3 研究目的与意义 ·· 8
　1.4 创新点 ·· 8
　1.5 相关的概念、定义 ·· 9

第2章 现有历史建筑遗产评价体系综述 ································ 12
　2.1 现有历史建筑遗产评价体系的概述 ································ 12
　2.2 浅析现有历史建筑遗产评价体系评价因子的组成 ·········· 13
　2.3 现有的历史建筑遗产评价体系的方法 ··························· 15
　2.4 历史建筑遗产评价体系应进一步完善的内容 ················· 16

第3章 本历史文化村镇评价体系的建构 ································ 33
　3.1 确定本评价体系的评价因素集 ······································ 33
　3.2 本评价体系的评价因子释义 ·· 34
　3.3 本评价体系一分为二 ·· 36
　3.4 建立本评价体系的层次结构 ·· 40
　3.5 确定本评价体系评价因子权重 ······································ 41

第4章 历史文化村镇客观评价体系 ·· 47
　4.1 客观评价方法学 ·· 47
　4.2 客观评价因素集的确定 ··· 48
　4.3 客观评价体系权重的确定 ·· 50
　4.4 客观评价体系因素释义 ··· 52
　4.5 客观评价体系的评价标准 ·· 62
　4.6 客观评价体系的应用原理 ·· 64

第5章 历史文化村镇主观评价体系 ·· 68
　5.1 主观评价方法学 ·· 68
　5.2 建立主观评价体系的前期准备 ······································ 69

	5.3	主观评价体系的因素集	70
	5.4	主观评价因子的权重	71
	5.5	主观评价因素解释	73
	5.6	主观评价体系的应用	83

第6章　历史文化村镇评价体系的应用　94

6.1　历史文化村镇评价体系可为多方面工作提供依据　94
6.2　历史文化村镇的等级划分　94
6.3　历史文化村镇的聚类分析　97

第7章　案例一：珠三角历史文化村镇的评价分级　98

7.1　历史文化村镇的调研方法　98
7.2　珠三角历史文化村镇的调研　105
7.3　珠三角历史文化村镇的评价　118
7.4　珠三角历史文化村镇的聚类分析　122

第8章　案例二：梅州市大埔县历史村镇的评价分类　124

8.1　梅州市大埔县历史村镇的调研　124
8.2　梅州市简介　129
8.3　梅州市大埔县历史村镇简介　134
8.4　梅州市大埔县客家历史村镇的评价　176
8.5　梅州市大埔县历史村镇的分类　177
8.6　梅州市大埔县历史村镇分类保护建议　180

第9章　历史文化村镇评价体系自动化研究　185

9.1　界面说明　185
9.2　操作步骤　186

第10章　结语　189

10.1　本研究已经解决的问题　189
10.2　本评价体系的局限性　189
10.3　展望　190

参考文献　191

第 1 章 绪 论

1.1 研究背景

历史文化村镇存在于我国不同地形地貌和文化差异下的广大地区。古村镇中的历史建筑和历史街区较完整地传承了我国不同时代的空间组织技术、建筑科技、建材技术、结构技术、朴素的生态观念、民俗文化和传统审美情趣，同时还反映了当时的政治制度与生活方式。历史文化村镇是我国历史文化遗产中的瑰宝，具有不可替代的价值。

当前，历史建筑遭到严重的破坏。究其原因主要有以下几方面：第一，人民群众和当地政府领导没有认识到历史建筑的价值，导致他们保护历史建筑的意识薄弱。由于一些特殊的历史原因和近代西方文化的影响，中国传统文化受到严重的冲击，人民群众和政府领导的价值观受到一定的影响，忽略了我国传统文化的价值。第二，由于改革开放和经济发展，政府相关部门管理层制定的政策侧重于发展地方经济，而忽视历史文化遗产的保护，不惜以拆除旧建筑为代价发展地方经济，此种现象在全国各个城市普遍存在。第三，传统建筑不能满足现代生活的需求，加上修缮传统住宅造价昂贵，重建传统形式住宅更昂贵，居民为了改善居住条件，只能拆除旧建筑，重新建造简陋的砖混结构住宅。第四，地方住宅建设用地紧缺，不得不拆除旧建筑，重建新建筑。第五，地方经济落后，缺乏保护资金，导致历史建筑缺乏修缮。很多无人居住的历史建筑被废弃了，有人居住的历史建筑，也因居住者的经济情况差异，保存状况也不同，只有极少数民居修缮良好。

历史文化遗产的保护是从保护器具、典籍开始，发展到保护建筑物、遗址，然后从保护单个的文物古迹发展到保护成片的历史街区，甚至一个完整的地段。从 20 世纪 80 年代以来，我国众多学者已开始呼吁保护历史建筑，随着时间的推移，历史遗产保护方面的研究已经引起学术界及政府相关部门的关注。学科研究也从单个建筑的保护扩大到历史文化街区的保护，乃至整个历史文化名村、名镇、名城。

现今，历史文化村镇保护技术的研究是个热门课题。要做好保护工作首先要认识到历史文化村镇对我们整个社会的重要意义；其次做好历史文化村镇的普查工作，建立历史文化村镇的数据库；做好保护规划的编制工作，开展对历史文化村镇深入研究，制定历史文化村镇的保护措施及监督的管理办法，以保证保护规划能顺利执行。

1.2 研究现状

1.2.1 国外研究现状

国外历史建筑遗产的保护大多数以单个历史建筑或者特定地段为对象，国外的名镇名村保护只是历史遗产保护的一个分支，专门以"历史文化村镇"为研究对象提出保护体系和评价体系的很少。因为本研究的对象是"历史文化村镇"，因此我们借鉴国外单个历史遗产或者历史地段的保护或评价体系的时候，不能照搬其他国家历史遗产的保护经验，这些经验对我国历史文化村镇保护研究有指导作用。

国外建筑遗产保护体系的研究开始较早，其保护体系也较完善。20 世纪 60 年代之前，国际上对于历史文化遗产的保护还处在单体保护和局部保护的阶段，对于保护历史文化遗产真实性的认识和具体原则、方法还没有明确的定义。国际上对于历史遗产保护的科学认识是从《威尼斯宪章》开始的，其发展历程见表 1-1。

表 1-1 国外历史遗产评估的研究

宪章名称	地点	年份	主题
《威尼斯宪章》The Venice Charter（《国际古迹保护与修复宪章》International Charter for the Conservation And Reservation of Monuments and Sites）	威尼斯	1964 年	提出了"历史古迹的概念不仅包括单个建筑物，而且包括能从中找出一种独特的文明、一种有意义的发展或一个历史事件见证的城市或乡村环境。""凡传统环境存在的地方必须予以保存，决不允许任何可导致改变主体和颜色关系的新建、拆除或改动。""修复过程是高度专业性工作，其目的旨在保存和展示古迹的美学和历史价值，应以尊重原始材料和确凿文献为依据。""各个时代为古迹建筑物所做的正当贡献必须予以尊重，修复的目的不是追求风格的统一。""预先就要禁止任何的重建。"这些重要概念
《保护世界文化和自然遗产公约》Convention Concerning the Protection of the World Cultural and Natural Heritage	巴黎	1972 年	规定了文化遗产和自然遗产的定义，文化遗产和自然遗产的国家保护和国际保护措施等条款。公约规定了各缔约国可自行确定本国领土内的文化和自然遗产，并向世界遗产委员会递交其遗产清单，由世界遗产大会审核和批准，为遗产保护提供了制度化的保障
《内罗毕建议》（《关于历史地区的保护及其当代作用的建议》）	内罗毕	1976 年	提出了若干对于历史地区如何保护的观点和方法。认为"历史地区是各地居民日常环境的组成部分，它们代表着形成其过去的生动见证；历史地区为文化、宗教及社会活动的多样化和财富提供了最确切的见证，保护历史地区并使它们与现代社会生活相结合是城市规划和土地开发的基本因素；而建筑遗产是昔日社会的生动见证，对于人类和那些试图从中找到其生活方式缩影及其某一基本特征的民族，是至关重要的"等主张

续表

宪章名称	地点	年份	主题
《华盛顿宪章》（《保护历史城镇与城区宪章》Charter for the Conservation of Historic Towns and Urban Areas	华盛顿	1987年	进一步扩大了历史古迹保护的概念和内容，即提出了现在学术界通常使用的历史地段和历史城区的概念。认为环境是体现真实性的一部分，并需要通过建立缓冲地带加以保护。历史地段保护更关心的是外部的环境，强调保护和延续这里人们的生活
《奈良宣言》The Nara Document on Authenticity	奈良	1994年	强调"真实性是文化遗址价值的基本特征，对真实性的了解是进行文化遗址科学研究的基础"；"保护一座文物建筑，意味着要适当地保护其环境。"在强调保护文物古迹真实性的同时肯定了保护方法的多样性

建筑遗产评估在国外已开展多年，以定量评估及群众参与为特色，采用通用的标准和统一的系统进行定量评估，并通过立法，将建筑遗产的评估工作列入建筑遗产保护。

欧洲许多国家的历史遗产评价体系都有各自的标准：（1）法国评价体系的特点体现在"历史保护区及保护和利用规划（Plan de Sauvegarde et de la Mise en Valeur 以下简称PSMV）"体系。法国 PSMV 的制定分为四个步骤：a. 确定历史保护区的范围；b. PSMV 的研究；c. PSMV 的内容；d. PSMV 的实施。其中在 PSMV 的研究过程中，主要工作就是对历史保护区的调查和评价。在经过大量的调查、分类、社会经济分析、评估工作后，建立调查统计档案，每份档案详细记录历史建筑的特征资料及评估过程和结果。对于历史保护区空间特征的调查和评估包含街道、广场的比例、尺度、形式以及建筑物之间的连接关系等内容。可见，法国的 PSMV 在方法体系中包含对历史保护区价值评价体系这一必要过程，使其规划体系与方法更加科学和完善。（2）英国的评价标准侧重于历史建筑的历史艺术价值，涉及艺术水平、技术水平以及与社会历史发展的联系。（3）德国建筑评价标准中引入城市整体空间景观的概念，这一点值得我们借鉴。（4）加拿大在建筑遗产决策实践中形成"勘测、评估、决策"的三部曲式工作方法，制订评估表、评估程序、评估标准以及相对稳定的评估人员组成模式。评估表包括一套较为完整的评价指标体系。评估标准是由建筑师、历史学家、建筑历史学者等各方面专家制定完成的。这套系统比较完整，适合加拿大国情、系统化、量化评估标准。对建立我国建筑遗产的系统化、量化评估模式也具有重要的借鉴意义。

国外历史文化村镇评价体系的特点主要体现在"量化评价"和"公众参与"两方面，在保护过程中重视多个学科研究者对历史文化村镇的综合评价，重视公众参与的程度，重视民间团体的保护力量。

1.2.2 国内研究现状

1.2.2.1 历史文化村镇评估的研究现状

定量评估的研究是近二十年从国外引进的，此前，我国对建筑遗产的评估工作大多停留在定性评价的阶段。1995 年在安徽呈坎村进行了第一次建筑遗产的定量评估。这次定量评估标志着我国建筑遗产评估工作走进一个学习西方并将其应用于中国的阶段。此后，我国建筑遗产保护开始历史建筑社会普查、设计评估方案、实践检验、调整完善的新阶段。经过多年的奋斗，至今我国对建筑遗产以及历史地段的定量评价研究已经有一定的积累。

在建筑遗产评价方面，其中朱光亚、蒋惠分析传统建筑评估的意义，介绍国外建筑遗产评估方法并以呈坎村古建筑遗产评估为例研究评估方法的具体应用。朱光亚、方遒、雷晓鸿通过在苏州和绍兴的评估实践，从评估目的、价值客体（评估项目）、评估主体（评估人）三个方面，对提高评估的合理性进行探索，并对建筑遗产评估的因子及权重进行研究。

历史地段评估方面，研究方向主要集中于建筑学、艺术学、历史学、文化地理学、景观学、游客行为、历史村落开发、历史村落保护等方面，而历史村落的综合评价和量化评价研究相对滞后，研究成果也较少。已有的成果大多以定性评价的形式出现，定性评价简单明了，突出主要特征，易为人们接受，但存在着一定的主观性和片面性，在科学研究上不够严谨，难以对不同区域、不同类型的历史村落进行精准的评价与对比，因此，我们迫切需要一套科学、完善的历史文化村镇的评价体系。

现在的历史遗产保护已经从单个历史建筑过渡到历史地段、历史名城（镇、村）的保护，要完成这种过渡，评价体系需要综合多个学科的研究。历史地段或历史文化村镇包括的内容不只是单个历史建筑，还包含了街道形态特征、村落周围环境与景观、民居的聚落形态、村落格局等内容，这就决定其研究方法不同于单个历史建筑。多层次、多学科和多指标是历史地段和历史名城（镇、村）综合评价体系的特点。

如何使评估工作更加科学、客观、合理，是本阶段最重要的研究工作。在实践中，我们从评估目的、价值客体（评估项目）、评估主体（评估人）三个方面，对提高评估的合理性进行探索。目前对历史地段或历史文化村镇评价体系的研究成果见表1-2：

表1-2 我国历史遗产评估体系的发展

学者姓名	时间	研究主题	研究意义
朱光亚 方遒 雷晓鸿	1998	建筑遗产评估的一次探索	通过在苏州和绍兴的评估实践，从评估目的、价值客体（评估项目）、评估主体（评估人）三个方面，对提高评估的合理性进行了探索，并对建筑遗产评估的因子及权重进行了研究
朱晓明	2001	提出了古村落的评价标准	其提出的标准主要由历史研究和现状两大板块组成。第二层次包括了古村落的历史性、科学性、艺术性、实用性等十大指标，在这些指标下又分出了22项评价因子，评价结构层次清晰
查群	2000	对建筑遗产的可利用性评估体系进行了研究	根据综合价值、可利用性两个评估结果，可综合得出某地区建筑遗产分级保护等级，作为保护与发展规划中建筑遗产保护利用的依据
李娜	2001	基于AHP分析法建立了历史文化名城综合评价模型	为历史文化名城评价体系创建一种基本模型，普及层次分析法在该评价体系中的应用

续表

学者姓名	时间	研究主题	研究意义
梁雪春 达庆利 朱光亚	2002	针对城乡历史文化地段的综合价值展开模糊综合评判研究	围绕客观评估建筑遗产综合价值的评估体系，探讨建立评估的指标体系，并尝试用模糊综合评判方法进行实例评估
常晓舟 石培基	2003	构建了西北绿洲历史文化名城持续发展评价指标体系	建立了绿洲名城持续发展比较研究评价指标体系，普及因子层次分析法的应用
赵勇 张捷 李娜 梁莉	2004	历史文化村镇保护评价体系及方法研究	运用因子分析方法对首批历史文化名镇（村）的保护状况进行分析评价，证明了环境风貌、建筑古迹、民俗文化、街巷空间和价值影响是决定历史文化村镇保护状况的主要因素。最后，运用聚类分析法按照保护状况将首批名镇（村）划分为4种类型并做出相应评价
汪清蓉 李凡针	2006	以大旗头古村为例提出了古村落综合价值的定量评价方法	基于层次分析法和模糊综合评价法构建古村落的综合评价体系和评估模型
董艳芳 杜白操 薛玉峰	2006	我国历史文化名镇（村）评选与保护	本文综述了"中国历史文化名镇（村）"评选的基本情况，并从历史文化村镇保护重要性认识、保护法制体系、保护规划、保护资金、监管体制五个方面，指出我国目前在历史文化村镇保护中存在的问题、不足与急需进行的工作
黄晓燕	2006	历史地段综合价值评价初探	比较系统地探索了历史地段的价值评价体系，其中包括详细的评价过程所采用的方法、步骤
朱向东 申宇	2007	历史建筑遗产保护中的历史价值评定初探	对历史建筑的历史价值进行定性评价
尹占群 钱兆悦	2007	苏州建筑遗产评估体系课题研究	探索建立苏州建筑遗产评估体系，设计评估系统软件运用于评估管理的工作实践中，并对评估未来发展提供建议
赵勇 张捷 李娜 梁莉	2008	历史文化村镇评价指标体系的再研究	立足于价值特色和保护措施相结合，突出直接测度、定量评价和实际可操作性，在原有研究基础上再次探索建立历史文化村镇评价指标体系，并以第二批历史文化名镇（名村）的申报评选为实际案例，进行全面评价和实地评估

由表 1-2 可见，历史遗产的评估越来越趋于量化评价，评价体系也越来越多地借助于统计学方法。通过建立数学模型进行量化评价是今后的发展趋势，使历史遗产价值的综合评价更加科学，更能有效地反映历史遗产保护的本质。

经过这些年的发展，历史地段、历史文化村镇评价体系的研究主要包括以下几个方面：（1）由历史、科学、艺术、空间布局和实用价值组成的建筑遗产评估体系。（2）由历史研究、基础评价、居民意向组成的古村落的评价标准。（3）由人类活动、建筑物、空间结构和环境地带组成的城乡历史地段的综合价值评估体系。（4）对建筑遗产的可利用性进行评估。

(5) 中国文化与自然遗产的管理激励机制。(6) 对民俗文化遗产的评价进行探索。(7) 研究了历史文化村镇的综合评价。(8) 可持续发展评价体系。(9) 历史文化村镇评选与保护。(10) 基于专家评价的历史文化村镇保护评价体系等。此外，其他学者对历史建筑和历史地段等的评价也进行了深入研究。现行的历史文化村镇评价体系是赵勇建立的，该体系于2005年被原国家建设部采用，评价体系包括价值特色和保护措施两大部分，共13项因子。

1.2.2.2 多指标综合评价方法的研究现状

多指标综合评价分析作为现代管理决策的基础，是分析评价研究对象的基本工具，被广泛地应用于各个方面（表1-3）。如对企业经营业绩、经济效益和偿债能力的评价，对劳动人才的综合素质评价等；宏观上对省地市的社会发展、城市化水平、社会保障能力以及地区或企业的科技进步等进行评价，这些研究已对企业经营和社会经济发展产生了影响。

表1-3　多指标综合评价法在社会各方面的应用

学者姓名	时间	研究主题	研究意义
李荣平 李剑玲	2004	多指标统计综合评价方法研究	在对指标无量纲化方法、权重系数确定方法和综合评价方法比较研究的基础上，提出了功效系数法的值阈的改变。在灰色关联度综合评价中，引入权数和系数100提高了评价方法的合理性和实用性
刘尧 魏晓平	2006	基于多指标综合评价系统模型的后评价方法	多指标评价系统模型既可以反映整个经济社会自然系统总的发展情况，也可以反映总体协调情况，有利于制定有针对性的政策
陈涛	2006	多指标综合评价方法的分析与研究	总结了目前常用的各种综合评价方法，讨论了这些方法的基本原理、优缺点及适用领域，为正确合理选择评价方法提供参考
王大将 周庆敏 常志玲 孙洁	2007	一种新的多指标综合评价方法	探索性地首先应用SOM神经网络解决决策系统中连续属性的离散化问题。采用粗糙集理论不仅可以简化评价指标体系，减少评价时间，降低评价成本，而且利用粗糙集中属性依赖性，进行完全由数据驱动的评价，保证了评价结果的客观性，得到的结果符合实际评价要求，有较大的实际应用价值
田瑾	2008	多指标综合评价分析方法综述	多指标综合评价分析被广泛地应用于社会、经济等方面，并且研究成果已对社会与经济发展产生了积极影响。本文选取多指标评价中几种常用的典型方法，介绍每种方法的基本原理和实现步骤，指出了它们的优缺点、适用范围以及应用该方法应注意的问题
李鹏 俞国燕	2009	多指标综合评价方法研究综述	在分析现有相关文献的基础上，重点对当前利用神经网络、粗糙集、熵与模糊数学等理论的新综合评价方法进行了归类与总结，最后对综合评价方法的发展方向作了展望

1.2.2.3 主观评价方法的研究现状

历史文化村镇的评价体系是主观与客观结合的综合评价体系，多指标评价方法分为两类：一类是客观评价方法；一类是主观评级方法。

客观赋权评价法根据指标之间的关系或各项指标的变异系数来确定权数，综合考虑各指标间的相互关系，根据各指标所提供的初始信息量来确定权数，能够达到评价结果的准确性，但是当指标较多时，计算量很大，严重妨碍其在实际工作中的应用。客观评价方法如主成分分析法、神经网络分析法等。

主观定权的方法采取定性的方法，由专家根据经验进行主观判断而得到权数，有一定的主观随意性，尤其在评价指标较多时，专家无法凭经验来衡量各指标的相对重要性。主观评价方法主要包括：层次分析法、综合评分法、功效系数法、指数加权法和模糊评价法等。

综合评价方法在建筑领域的应用也非常广泛，如景观环境评价、建筑使用后评价、建筑管理上的决策评价、历史建筑遗产的质量评估、建筑物防灾能力等领域的应用。建筑领域使用比较普遍的是模糊综合主观评价法，其中又以层次分析法和模糊综合评价应用最为广泛。模糊综合评价法在建筑领域的应用见表1-4：

表1-4 模糊综合评价法在建筑领域的应用

学者	时间	研究主题	研究意义
黄国平 马廷 王念	2002	城市水系景观评价的模糊数学方法	以城市水系景观评价为例，提出了采用模糊数学的方法，从公众对景观质量的评语中进行模糊综合评价，并通过求解模糊关系矩阵来获取各因素对整体景观影响的权重系数，从而指导城市水系景观规划设计
朱小雷 吴硕贤	2002	大学校园环境主观质量的多级模糊综合评价	本研究以广州某大学校园为研究对象，利用模糊数学建立多层次的评价体系，试图建立一套校园环境主观评价方法
张凤玲 王铁	2008	基于AHP和模糊数学的旅游景观生态环境评价	以旅游学与景观生态学的融合理论及系统动力学的思想为指导，突出两大目标——发展旅游事业和保护生态环境。优化组合原有景观评价的要素并引入新的成分，设计构建了一个基于AHP和模糊数学的评价模型
王之羽	2008	利用模糊数学评估高层建筑火灾	依据影响高层建筑火灾危险性的主要因素，应用模糊数学理论并选择合适的综合评判模型，研究适用于高层建筑火灾危险性评价的方法
高君	2009	模糊综合评判法在水利工程质量量化评价中的应用	通过某闸站的主体工程泵室段项目进行了模糊综合评判法的实际应用，结果表明该泵室工程可以评为"优良"工程
金毅 刘群星	2009	模糊综合评判法在房屋安全评估中的应用	本文将模糊数学和综合评判法引入房屋安全评估，形成了一种新的房屋安全评估方法。这种评估方法避免了传统方法在安全隐患等级的"跳跃性"，使安全隐患等级评估结果相对连续，使房屋安全评估结果更加客观、合理。文中选用一个住宅房屋实例，演示房屋安全的模糊综合评判法的具体应用流程

目前，历史文化村镇的评价体系主要采取层次分析法建立评价体系的层次模型，并运用模糊评价方法建立评价的数学模型。从表 1-2 可知，从 1998 年朱光亚、方遒、雷晓鸿首次提出历史遗产的量化评价方法，到李娜正式提出用层次分析法建立历史文化村镇评价体系的 AHP 评价模型，再到 2009 年赵勇等学者用层次分析法和因子分析法建立评价体系，量化评价方法在历史文化村镇评价体系中的应用日趋成熟。

历史文化村镇的综合评价是一个多层次、多指标的评价问题，涉及的内容较多，而且部分评价指标具有模糊性，受评价者知识水平、认识能力和个人喜好的影响，很难完全排除人为因素带来的主观偏差，需要借用统计学方法尽量降低专家主观意识的影响。本研究在前人研究基础上，更进一步地将层次分析法和模糊综合评价法应用于历史文化村镇评价中。

1.3　研究目的与意义

为挽救面临危机的历史文化遗产，我国已经进行了六批历史文化村镇的评审，但历史文化村镇评价体系还不够完善。为了提高评价体系的科学性，也为了更综合地评价历史文化村镇的价值，同时给决策工作提供科学的依据，本评价体系将从以下几个方面进行研究：

1. 对历史文化村镇基础数据进行进一步完善。当前，历史文化村镇的基础资料严重匮乏，本研究通过实地调研、发放问卷等形式对数据进行采集，获得了大量的第一手资料，对目前的历史文化村镇的数据进行了极大的补充。

2. 定性评价和定量评价相结合，主观评价和客观评价相结合，使评价体系更为科学。历史文化村镇评价体系内容繁多，既有定性描述的文字资料，又有面积、数量、规模等数据，因此，历史文化村镇评价体系应将定性评价与定量评价相结合。此外，评价体系既包括主观评价因素又包括客观评价因素，使评价结果更科学。

3. 将层次分析法和模糊数学评价法相结合，运用于主观评价因素的评价，建立历史文化村镇的多层次模糊综合评价数学模型，对专家评价分数进行分析，可降低专家评价的主观性[1]，使评价结果更客观。推动了历史文化村镇评价因子的量化。对客观评价因素的量化进行细化；对主观评价因素，引入语义差别法进行量化。

4. 实现了历史文化村镇的等级划分和聚类分析，为保护工作提供依据。同时，开发了历史文化村镇评价体系的计算软件，简化评价体系的计算，提高评价体系的可操作性。

1.4　创新点

历史文化村镇评价体系的复杂性远远超过对单个历史文物建筑进行评估，对前者进行

---

[1] 本评价体系引入模糊数学评价方法，模糊数学就是针对主观评价的模糊性统计计算方法，是研究和处理模糊性现象的一种数学理论和方法。模糊数学是研究现实中许多界限不分明问题的一种数学工具，利用模糊数学和模糊逻辑，能很好地处理各种模糊问题。

评价需要的数据更庞大、过程更复杂。历史文化村镇的评价体系需要借助于新的采样技术，先进的数据分析软件和分析方法。本文的创新点主要体现在以下几方面：

1. 评价因素集的选择是在已有的研究基础上综合考虑历史文化村镇的社会文化价值、经济价值和综合价值，更加突出公众参与、非物质文化遗产、社会经济措施、社会发展政策、经济开发政策和旅游政策等评价因素，更符合历史文化村镇保护的宗旨。

2. 首次综合考虑评价体系中的客观评价因素和主观评价因素，首次把评价体系一分为二，分成客观评价体系和主观评价体系。建立历史文化村镇多层次的模糊综合评价模型。首次专门针对主观评价因素应用模糊综合评价法，而不是将模糊综合评价法用于所有的评价因素。客观评价因素一般都是定义明确，概念清晰的元素；主观评价因素一般难以明确定义，它们的概念具有主观性和模糊性，可以利用模糊综合评价法使主观评价的结果更客观、更科学。

3. 首次以评价分数作为等级划分的依据，并引入聚类分析。总分划分成五个等级，分别与世界级、国家级、省级、市级和县镇级历史文化村镇的标准相对应；将评价体系的指标数据用于大量历史文化村镇聚类分析中。

4. 进一步深化量化评价方法。对主观评价因素，本研究运用 SD 语义差别法把评价等级分成容易判别的等级，使专家易于打分；每个等级都有相对应的量化规定标准，使评价标准控制在同一个水平上。

1.5 相关的概念、定义

1.5.1 历史文化村镇（Historic cultural towns and villages）

2003 年原建设部和国家文物局在联合公布第一批中国历史文化名镇（村）时，又对历史文化村镇的概念作进一步完善，即"保存文物特别丰富并且有重大历史价值或者革命纪念意义，能较完整地反映一些历史时期的传统风貌和地方民族特色的镇（村）"。可以认为，历史文化村镇包括两部分，即历史文化名镇和历史文化名村，也可称历史文化名镇（村），或简称名镇（村）。

1.5.2 历史文化街区（Historic cultural area）

历史文化街区是指经省、自治区、直辖市人民政府核定公布的保存文物特别丰富、历史建筑集中成片、能够较完整和真实地体现传统格局和历史风貌，并具有一定规模的区域。

1.5.3 历史建筑（Historic Buildings）

历史建筑是指经城市、县人民政府确定公布的具有一定保护价值，能够反映历史风貌和地方特色，未公布为文物保护单位，也未登记为不可移动文物的建筑物、构筑物。

1.5.4 全国重点文物保护单位（National Priority Cultural Relic Protection Sites）

全国重点文物保护单位是由国务院核定公布的，由国务院文物行政部门在省级、市、县级文物保护单位中选择确定的具有重大历史、艺术、科学价值的文物保护单位，或国务院直接确定的全国重点文物保护单位。

中国文物保护单位级别分为文物保护点、区级文物保护单位、县级文物保护单位、市级文物保护单位、省级文物保护单位以及全国重点文物保护单位6个级别。而世界最高文物保护单位为联合国颁布的世界文化遗产。

1.5.5 物质文化遗产（Material Cultural Heritage）

物质文化遗产的定义是：具有历史、艺术和科学价值的文物，包括古遗址、古墓葬、古建筑、石窟寺、石刻、壁画、近代现代重要史迹及代表性建筑等不可移动文物，历史上各时代的重要实物、艺术品、文献、手稿、图书资料等可移动文物；以及在建筑式样、分布均匀或与环境景色结合方面具有突出普遍价值的历史文化名城（街区、村镇）。

1.5.6 非物质文化遗产（Intangible Cultural Heritage）

根据联合国教科文组织通过的《保护非物质文化遗产公约》中的定义，"非物质文化遗产"是指被各群体、团体，或有时为个人所视为其文化遗产的各种实践、表演、表现形式、知识体系和技能及其有关的工具、实物、工艺品和文化场所。

1.5.7 系统评价学（Syatem evaluation）

系统评价学是一门方法论学科或技术科学，作为方法论学科，它的研究内容包括两大方面。第一，它研究系统评价活动本身的运动规律和各环节各组成部分的相互关系。比如，它研究评价过程的基本结构即步骤逻辑，研究评价过程中各种参与者的心理现象及规律，研究系统评价学科的发展规律等，我们称为评价原理。第二，系统评价学为具体的评价实践提供可用的技术方法，包括各种操作步骤、评价模型等，我们称为评价技术或评价方法，这两个部分是相辅相成的。评价原理是指导评价活动的基本理论，评价技术的选择要在评价原理的指导下进行。评价模型和评价技术有时并不是为系统评价专门设计的，在其他一些学科研究和人类实践活动过程中也可使用。所以，系统评价学是一门关于系统评价活动的基本规律和技术方法论的学科，这是从系统评价学的内容上下的定义。

1.5.8 模糊综合评价方法（Fuzzy comprehensive Assessment）

模糊综合评判法定义就是应用模糊变换原理和最大隶属度原则综合考虑被评事物或其属性的相关因素，进而对某事物进行等级或类别评价。运用模糊数学和模糊统计方法，通过对影响某事物的各个因素的综合考虑，对该事物的优劣作出科学的评价。它的最大优点是可以转化处理事物、现象的模糊性，综合各个因素对总体的影响作用，用数字来反映人的经验。因此，凡是涉及多因素的综合判断问题，都可以用模糊综合评判法来解决。

1.5.9 层次分析法（Analytic Hierarchy Process 简称 AHP）

所谓层次分析法是指将一个复杂的多目标决策问题作为一个系统，将目标分解为多个目标或准则，进而分解为多指标（或准则、约束）的若干层次，通过定性指标模糊量化方法算出层次单排序（权数）和总排序，以作为目标（多指标）、多方案优化决策的系统方法，称为层次分析法。

1.5.10 语义差别法（Semantic Differential）

语义差别法是"语意学的解析方法"，即运用语意义学中"言语"为尺度进行心理实验，通过对各既定尺度的分析，定量地描述研究对象的概念和构造。

1.5.11 历史建筑遗产的评价体系

"历史建筑遗产的评价体系"为历史文化名城、名镇、名村、古村落、历史地段和单个历史建筑这些评价体系的总称。

本章小结：阐述本研究的研究背景，探讨历史文化村镇评价体系，国内外研究现状，总结评价体系在国内的研究成果以及综合评价方法在其他领域的广泛使用，本评价体系的研究意义和创新点。

第 2 章 现有历史建筑遗产评价体系综述

在各种社会科学中,要评价一个事物,必须要引用系统评价学基本原理。系统评价学是一门方法论或技术科学,作为方法论学科,它的研究内容包括两大方面。第一,研究系统评价活动本身的运动规律和各环节各组成部分的相互关系。比如,它研究评价过程的基本结构即步骤逻辑,研究评价过程中各种参与者的心理现象及规律,研究系统评价学科的发展规律等,我们称为评价原理。第二,系统评价学为具体的评价实践提供可用的技术方法,包括各种操作步骤、评价模型等,我们称为评价技术或评价方法,这两个部分是相辅相成的。简言之就是定性评价与定量评价相结合。定性评价就是研究事物本身的运动规律及其评价原理;定量评价就是借用相关的系统评价的技术方法对已经定性的事物进行量化比较。

2.1 现有历史建筑遗产评价体系的概述

为了更好地保护历史村镇,我国学者对历史文化村镇评价体系的现有成果进行深入研究。从表 1-2 我们可以看出:(1)李娜用层次分析法建立 AHP 模型,并构建综合评价体系;历史村镇和古村落的综合评价研究成果有朱晓明的古村落评价标准;赵勇等对历史名镇名村评价体系的研究;汪清蓉等的古村落定量评价方法。(2)历史地段的综合价值的评价方面有梁雪春等对历史文化地段的综合价值模糊评价研究;黄晓燕对历史地段综合价值评价的研究。(3)历史遗产评估方面有查群对历史遗产可利用性评估体系的研究;朱向东等对历史建筑遗产的历史价值评估;尹占群对苏州建筑遗产评估体系的研究。

以上的评价体系相同之处就是:这些评价体系都是一个多层次多指标的评价体系,都是以更好地保护历史文化遗产为目标。不同之处有以下几点:(1)评价的对象不同,范围不同,问题侧重点不同。历史文化名城的范围比历史建筑遗产要大,涉及的问题也多,评价体系更复杂。(2)评价因子的选择不一样。评价对象不同,决定了评价因子不同;对于相同的评价对象,不同的评价者,具有不同的知识背景,切入的角度不同,选择的评价因子也不一样。(3)评价方法不一样。评价方法的选择非常重要,是决定评价结果是否符合客观事实的关键。评价方法的选择在注重科学性的同时还要兼顾可操作性。上述评价体系分别运用因子分析法、聚类分析法、层次分析法、模糊综合评价法或以上几种评价方法结合使用来进行研究。例如,朱光亚等建立的建筑遗产评估体系在苏州被广泛运用并获得好评;赵勇等的历史文化村镇评价体系被国家采纳,成为我国目前试行的历史文化村镇评价体系,到 2010 年为止,通过该评价体系(下简称"现行评价体系")的评选,已经公布 4 批历史文化村镇。

2.2 浅析现有历史建筑遗产评价体系评价因子的组成

按照历史建筑遗产的规模大小,其评价体系可划分成四个类型:(1)历史文化名城评价体系;(2)古村落和历史名镇名村评价体系;(3)历史地段评价体系;(4)单个历史建筑遗产评价体系。研究这些评价体系如何选择评价因子以及如何确定评价因子的权重,借鉴以上评价体系,建立本研究的评价体系。

2.2.1 现有历史文化名城评价体系评价因子的构成

历史文化名城的评价因子分为四个层次:总目标层 A;准则层 B(3 个):B_1 社会效应,B_2 经济效应,B_3 环境效应;标准层 C(10 个);基本指标层 D,包括 27 个因子。

2.2.2 现有历史文化村镇评价体系评价因子的构成

朱晓明建立的古村落评价标准的评价因子构成有如下叙述:"将评估分三个层次,调查、评价,最终确定目标。"以客观感受和主观感受两方面为基础,从历史研究、基础评价和居民意向三方面提取评价因子。

汪清蓉等建立的古村落评价体系共四层,"即目标层 A、综合评价层 B(3 项指标)、因素评价层 C(11 项指标)、因子评价层 D(25 项指标)。"

赵勇等建立的历史文化村镇的评价体系是目前我国较系统、较完整的定量评价体系。评价因子主要包含"价值特色"和"保护措施"两大方面,价值特色主要从物质文化遗产和非物质文化遗产两方面展开研究,保护措施由保护规划、保护修复和保护机制三部分组成,一共提取了 13 个主因子,基本层评价因子有 24 个。

2.2.3 现有历史地段评价体系评价因子的构成

梁雪春等建立的历史地段评价体系的评价因子包括:(1)总目标层(综合价值);(2)准则层:人类活动、建筑物、空间结构、环境地带;(3)指标层;共三个层次的评价因子构成。

黄晓燕建立的历史地段评价体系的评价因子包括四层,"即目标层 A、综合评价层 B(3 项)、因素评价层 C(11 项)、因子评价层 D(41 项)"。

2.2.4 现有单个历史建筑遗产评价体系评价因子的构成

单个历史建筑的评估体系根据评价目的不一样,因子的构成也不同。查群的建筑遗产的可利用性评估体系的评价因子围绕建筑的可利用性展开,准则层评价因子有结构的安全性、环境状况、功能状况、道路状况和情感因素共 5 项,针对不同材料的建筑,评价因子的选择不同，分为木构建筑和砖混建筑的评价体系。

朱光亚建立的历史遗产评估体系也是对历史遗产综合价值评估深入的探索，评价因子的构成分四层，目标层是历史遗产的综合价值；准则层由历史建筑的本体价值、对建筑价值产生影响的外在因素2个因素组成；因素评价层由历史价值、科学价值、艺术价值、空间布局的价值和实用价值构成。该评价体系的评价因子选择范围已经突破了建筑遗产本身，扩大到历史建筑在历史地段和城市中的作用，并把对建筑产生影响的因素也作为建筑遗产的评估的因素，这是最具突破性的因子选择方法，对建筑遗产评价体系新的探索开辟道路。

2.2.5　现有的历史建筑遗产选择评价因子的发展趋势

通过以上对现有历史建筑遗产评价体系因子构成的分析，我们可以总结出评价体系因子构成的发展趋势具有以下特点：

（1）评价因子提取日趋全面。评价因子从单纯的价值特色扩大到包含历史文化遗产保护的各个方面。如朱晓明的古村落评分标准包括10个评价因子，汪清蓉等人的古村落综合价值定量评价体系包括28个评价因子，赵勇等人的历史文化村镇评价体系包括24个评价因子，评价因子的增加并非是盲目增加的，而是根据社会的发展趋势，针对历史遗产保护中日渐尖锐的问题，对历史遗产保护的全面衡量和反复思考后得出的，可见，对历史建筑遗产评价体系的评级因子选择日益全面。

（2）评价因子提取的焦点已经突破历史建筑本身的价值。评价体系的因子构成不再局限于价值特色，而是更重视历史文化村镇综合价值的评估。价值特色是历史文化村镇评价体系评价因子构成的基础部分，但是经过二十多年的发展，历史文化村镇的综合价值评价加入了很多新的评价因素。除了历史文化村镇的历史、文化、艺术和学术等方面的价值，历史建筑遗产的旅游开发条件、保护资金、居民的参与程度、村镇的基础设施、和区位条件、市场条件都成为历史文化村镇的评价体系因子构成的重要组成部分。这反映了历史建筑遗产的价值评估已经不仅停留在历史建筑遗产本身，而是更重视其对于社会的综合价值。这不仅仅是因子构成的改变，而是评价体系思维模式的变革。

（3）评价体系思维模式的变革。评价因子的选择日益全面、综合，这反映出历史文化遗产评价思维的变革。评价体系的评价因子构成不再局限于历史文化遗产的价值特色，而是更注重历史遗产的社会价值，因此历史遗产的改造再利用、历史村镇的旅游开发、公众参与等因素在评价体系中具有重大意义；评价体系的思维模式不再是一个静止的体系，而是一个"社会价值—保护措施—评价—保护措施—社会价值"的动态体系。从现行历史文化村镇评价体系中选择的保护规划、保护措施和保护机构等评价因子，我们可以看出评价体系已经不再局限于"评选出具有历史文化价值的村镇"这样单一功能的评价体系，而是能够反映历史遗产保护中的社会矛盾问题、历史村镇的社会价值、促进保护工作进行和唤醒地方政府保护地方历史遗产的复合评价体系。

2.3 现有的历史建筑遗产评价体系的方法

2.3.1 评价因子的选择

现有的历史遗产的评价体系评价因子的选择一般都是由评价者根据其知识背景预设评价因素集，再经过专家调查法和反复的专家意见反馈，不断进行调整，直到专家意见比较统一为止，根据这些意见，由评价者确定评价因素集。除此以外，还有用以下方法辅助确定评价因素集及建构。

2.3.1.1 因子分析法

因子分析的基本目的就是用少数几个因子去描述许多指标或因素之间的联系，即将关系比较密切的几个变量归在同一类中，每一类变量就构成一个因子（之所以称其为因子，是因为它是不可观测的，即不是具体的变量），以较少的几个因子反映原资料的大部分信息。

赵勇等建立的评价体系运用因子分析法对因子进行筛选，通过大量的问卷调查收集原始数据。要求专家选定一个熟悉的村镇作为参照，对22个历史村镇的15项评价因子进行打分，用SPSS软件计算出每个评价因子的贡献率，根据贡献率的大小，对评价因子进行聚类分析。

2.3.1.2 层次分析法

"层次分析法是将与决策有关的元素分解成目标、准则、方案等层次，在此基础之上进行定性和定量分析的决策方法。"

赵勇等建立的评价体系将评价因子分成6层，分层后，建立两两对比矩阵，算出每层各因素的权重值，并对结果进行修正。

2.3.2 确定权重的方法

确定权重的方法有多种，主要分为主观和客观两种。在综合评价中，不同类别的权重往往代表着不同的经济含义和不同的数学特点。"在综合评价中的统计权数主要有如下几种分类：按权数的表现形式划分，可分为绝对数形式权数和相对数形式权数（或称比重权数），相对数权数能较直观地显示权数在评价中的作用。按权数的形成方式划分，可分为自然权数和人工权数。由于变换统计资料的表现形式与统计指标合成方式而得到的权数即自然权数，这种权数也被称为客观权数。人工权数是指根据研究目的和评价指标的内涵，人为地构造出反映各个评价指标重要程度的权数，这种权数也被称为主观权数"。

确定权重的方法有熵权法（Entropy-Weighing Method）、主成分分析法（Principal Component Analysis）、灰色评价法（Gray Evaluation）、德尔菲法（Delphi Method）、层次分析法。

2.3.3 评价原理

评价体系的评价原理包括：评价标准的建立以及对评分的处理方法两大部分。

历史建筑遗产评价标准的建立步骤一般是运用层次分析法，建立评价体系的层次，并用德尔菲法（专家调查法）确定评价因子权重，并确定评价体系的评分标准，也称分数升降标准。

根据历史建筑遗产评分的处理方法分类，可分成两种：第一种，由专家直接打分评价，根据其熟悉程度加权平均，如朱光亚的苏州历史建筑遗产的评估、赵勇的历史文化村镇的评价体系和查群的建筑遗产可利用性评估等。一般方法是预先设置熟悉程度，熟悉=1，较熟悉=0.75，一般=0.5，不熟悉=0.25。将每个评估人的权重乘以每个人上一层的熟悉程度系数，进行累加，并除以每个人的熟悉程度系数之和，得出考虑熟悉程度的每一层的权重值。第二种，运用模糊数学建立评价模型，结合层次分析法，进行模糊综合评价，如梁雪春的我国城乡历史地段综合价值的模糊综合评判、汪清蓉的古村落综合价值的定量评价体系等。梁雪春的评价体系是利用模糊数学计算出评价者的综合评价满意的隶属度，如优秀、良和中三个评价等级，优良的隶属度占大多数，则村镇的评价为优秀；汪清蓉的评价体系也使用类似的方法。

2.4 历史建筑遗产评价体系应进一步完善的内容

建设部于 2003 年发布的历史文化村镇的评选总则，评价标准由原貌保存度、现状规模、价值特色认证等评价指标组成。现行的评价体系能比较系统地反映了这些原则，对历史文化村镇的评选起到很大的推动作用，但随着历史文化村镇保护工作的开展，评价体系也应随之发展。为了更好地适应时代的发展需要，历史文化村镇的评价体系应加强以下三大方面的研究：(1) 评价因子的选择。(2) 评价方法的选择。(3) 提高其可操作性、客观性。

2.4.1 评价因子应进一步完善的内容

通过对现有历史遗产评价因子构成以及发展趋势的分析，我们可以综合历史文化名城、历史文化村镇、历史地段和单个建筑遗产的评价因子选择的方法，选择本评价体系的评价因子。

2.4.1.1 历史建筑开发再利用的潜力

历史文化村镇中大量存在的历史建筑，改造再利用是对其生命延续的唯一可行办法。在历史建筑的保护过程中存在着不少困难，在众多困难中，"资金"是核心问题。我国对历史建筑的保护还没有形成规范的资金来源，保护资金非常缺乏，导致历史建筑的保护要么成为一纸空凭，要么成为商家谋取利益的对象。目前对历史建筑的开发再利用的重点在于历史建筑的经济价值，而非社会文化价值，这是因为缺乏监督部门所致，如果政府担任好监督的角色，历史建筑开发再利用可解决部分保护资金。历史文化村镇的评价体系中对历史建筑的评价应以"改造再利用"为目的，提取历史建筑与改造再利用有关的评价因子。

并非全部的历史建筑都适合开发再利用，只有建筑质量尚好，改造再利用能创造的经济价值和维修改造经费能相互抵消的情况下才可能进行。因此，历史建筑的再利用需要评估，评估内容应从以下方面进行：

（1）结构安全性评估。历史建筑大多使用多年，经历长时间的风霜雨露，结构安全性评估是决定能否开发再利用的关键。评估工作应根据历史风貌建筑的结构体系（砖木、木、砖混、钢混、钢等）、地基基础、构造措施、荷载分布、使用历史、损伤老化等特征，结合建筑材料力学性能的现场检测，建立合理模型进行结构验算，评估历史风貌建筑的安全性和耐久性，并根据其抗震构造措施和消防设施及通道的设置现状，合理评估其抗震防灾能力。

（2）配套设施适应性评估。对历史建筑的隔音、水、电、暖通、煤管线的容量和老化程度进行评估；对空调、采暖、电气、智能控制等系统进行评估。在以上多方面评估的基础上进行综合评估，为历史风貌建筑的改造利用和保护，提供科学合理的依据和建议。

（3）建筑空间的适用性评估。根据历史风貌建筑类型（住宅、公建、工业、办公和宗教等）及其功能的不同，对其平面与室内空间布局、自然通风、自然采光、日照、隔声、隔热、能源消耗、室内空气质量等进行评估，综合评价其建筑功能适应性，并做出改造利用的功能建议。

（4）历史建筑的整体风貌评估。历史建筑的风貌各有特点，建筑构件大多精雕细琢，有着独特的价值，因此是重点保护的对象。开发再利用前，必须要对历史建筑各类型建筑构件作出研究和评估，以免毁坏珍贵的文物；同时，这些特色的建筑构件会成为开发再利用后的价值所在。

2.4.1.2 文化景观

1. 加强文化景观评价因子的必要性和科学性

现行的评价体系中提及"景观环境视觉质量的评估"，这个名词起源于美国的视觉资源管理（Visual Resources Management，简称VRM），派生出来风景专家的视觉影响评估（Visual Impact Assessment，简称VIA），景观环境视觉评估主要包括景观视觉环境阈值、景观生态环境质量评估、景观视觉环境的景色质量等。本研究体系主要从景观设计的专业角度，结合地理学的景观含义，提出历史文化村镇中景观因素的保护价值，并提取景观因素的评价因子。美丽的景色自然有重要的审美价值和视觉价值，但村镇的人造景观对历史文化村镇的意义也同样重要。

2. 文化景观的含义

"文化景观"这一词自20世纪20年代起即已普遍应用。地理学家C. O. 索尔（Carl O. Sauer）在1925年发表的著作《景观的形态》中，认为文化景观是人类文化作用于自然景观的结果，主张用实际观察地面景色来研究地理特征，通过文化景观来研究文化地理。"景观"一词，原意是指风景，但在地理学中已赋予特殊的含义，更多的是指因人的活动而创造的叠加于自然景观之上的人造景观，称"文化景观"①。有学者定义文化景观为：人类为满足需要，把自己的某些思想形态或观念意识同自然景观相结合产生的一种复合景观，其实质就是人类活动对自然景观改造的结果，它包含人类的起源和演变、环境和地域特征、民俗和经济状况、艺术和信仰等多种内容，反映了人类与自然交流与抗争的历史。

可见，景观不仅是风景，而是包涵着深刻的文化含义；历史文化村镇的景观表现为一定地域人群所创造的村镇的自然形象，该地域人群的文化思想就通过这种独特的村镇的自然形象来表达。

3. 文化景观的类型

一般来说，文化景观有以下类型："（1）由人类有意设计和建筑的景观。包括出于美学原因建造的园林和公园景观，它们经常与宗教或其他概念性建筑物或建筑群有联系。（2）有机进化的景观。它产生于最初始的一种社会、经济、行政以及宗教需要、并通过与周围自然环境的相联系或相适应而发展到目前的形式。它又包括两种次类别：一是残遗物（化石）景观；二是持续性景观。（3）关联性文化景观。"这类景观列入《世界遗产名录》，以与自然因素、强烈的宗教、艺术或文化相联系为特征，而不是以文化物证为特征。

4. 历史文化村镇中的文化景观

历史村镇中的文化景观的评价与纯粹的景观专家的评价不同。历史村镇的文化景观的评价应以人造景观为主，人造景观属于历史村镇的文化遗产；景观专家侧重的是自然环境中自然景观的审美价值和视觉价值，其对象属于自然遗产。提取历史文化村镇的文化景观的评价因子，需要结合历史文化村镇的文化景观类型、文化景观意象和文化景观的外在表现形式结合起来研究。

历史文化村镇的文化景观可以分成村镇的聚落形态（面）、街巷肌理（线）、建筑景观因素（点）三大部分：

（1）村镇的聚落形态。村镇的聚落形态是指村镇与大自然结合的形式，反映在村镇的选址、朝向、格局、形态和规划等特征。中国历史文化村镇大多尊崇"风水"理论原则，历史村落的选址和布局体现出古人的和谐观、生态观及其追求诗画境界的环境观，"其中山水意象、生态意象、宗族意象和趋吉意象成为我国古村落景观的最基本意象。"我国历史文化村镇的布局和选址始终以"风水"理论展开，风水理论实际上是一种建筑生态科学。"所谓'风水宝地'确实有着较高的物质环境和自然景观质量，因为它们都符合我国的自然大气候，并依据当地的具体小气候和地形而选定，是古人长期生活经验的总结和智慧的结晶。"

（2）街巷肌理。街巷肌理的不同，村镇给人的意象是完全不一样的。街巷的肌理是指成群的历史建筑组合而形成街巷形态，历史建筑不同的平面组合形成各具特色的肌理，展现在人面前的街道景观也迥然各异。街巷空间分成直线与曲线两种主要形态，这两种形态在历史文化村镇中构成了丰富的透视效果，使景致变得生动。两种形态灵活组合，派生出直线型、折线型、曲线型、复合线型的街巷肌理，几种街巷肌理又因所在的地点环境而

---

① 这个概念是 1992 年 12 月在美国圣菲召开的联合国教科文组织世界遗产委员会第 16 届会议时提出并纳入《世界遗产名录》中的。

生，使村镇的街巷和建筑之间空间形态生动而丰富（图2-1、图2-2）。

图 2-1　曲线型街巷（重庆）　　　　　图 2-2　直线形街巷（旧州）

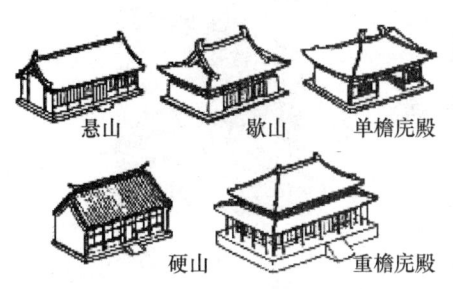 

图 2-3　不同形式屋顶的意象　　　　　图 2-4　不同形式山墙的意象

（3）建筑景观因素。历史建筑在文化景观方面起作用的主要是建筑的外观，大致分解为六个方面：屋顶造型，如平屋顶或坡屋顶，歇山屋顶或硬山屋顶（图2-3）；山墙造型（图2-4），如规整的人字形、生动的锅耳形、起伏有致的波浪形等；正立面形式，如一层或二层屋檐，干栏式或过廊式等；平面结构，如独栋式、单列式或四合院式等；细部装饰，如各种特色图案、符号元素、雕刻或者绘画等；建筑用材，如石材、岩石、木材、青砖、土墙等。

2.4.1.3　村镇自然环境

历史文化村镇自然环境的生态质量好坏也是衡量历史村镇整体水平的重要标准之一，美丽的自然环境加上古朴的历史建筑，构成美丽的画卷。在我们的印象中，古代村镇的重要标志之一就是环境优美，绝没有汽车尾气、嘈杂声、工业废料、空气污染、水污染、生活垃圾等。

历史文化村镇优美的自然环境是重要的旅游资源，旅游资源的丰富程度对历史文化村镇的保护与再生有重要的贡献。历史建筑的生态旅游主要是以欣赏古名居、古建筑、田园风光、感受古文化氛围从而达到修身养性，放松心情的目的。因此，历史村镇自然环境的好坏是生态旅游业发展潜力的决定因素；生态旅游是实现历史村镇可持续发展的有效途径。

2.4.1.4　街巷空间及其建筑空间形态

1. 街巷空间

历史村镇街巷空间形态的研究应从平面形式、比例与尺度、空间的模式语言、节点等方面来研究。

历史文化村镇的街巷空间是丰富的、具有活力的，这得益于街巷与大自然的和谐组合及其以人为本的街巷空间尺度和比例。街巷空间分成直线与曲线两种主要形态，两种形态灵活组合，派生出直线形、折线形、曲线形、复合线形的街巷肌理。从地形平陡的程度分类，历史文化村镇的街巷形式可分为平原、丘陵、山地几大类。平原中的村镇街巷一般恬静、开阔而令人神往；丘陵地带的历史街巷一般青山环抱，绿水西流，街巷空间娟秀美丽、小桥流水的美景别有一番风味（图2-5）；山地的历史村镇街巷空间以其宜人的尺度、淡雅的色调、丰富的形式、多向度的景观给人们留下了深刻的印象，如重庆山城的街巷空间（图2-6）。

图2-5　小桥流水的街空间　　　　　图2-6　山地的街巷

街巷的空间尺度包含人与实体、人与空间的尺度关系；实体的尺度关系，空间与实体的尺度关系；沿街建筑高度与街巷宽度的比例、两侧建筑之间或立面中各细部之间的比例关系，或立面高宽比例关系；街巷宽度、广场大小与周围建筑高度的比例。街道空间的模式语言是指街道空间的组合方式，或开、或合、或半开半合。中国的古建筑街道空间形态丰富，开合得当，单一而狭长的街道空间使人产生压抑的感觉，但是街巷转弯、交汇处或者节点空间有丰富的空间变化，加上立面轮廓有节奏地起伏变化，不仅可打破单一狭长街道给人的沉闷和压抑感，空间开合变化的起伏还使人不时有惊喜，产生愉悦感。历史文化村镇的街巷节点和广场是街道的空间组合开合变化的集中表现。节点、广场空间或是街巷与建筑的围合空间，或是街巷局部的扩张空间，或是街巷交叉汇集空间。其形成一般是被动式的，是因地制宜利用剩余空间的结果，大多只是自然形成的。其特点形状灵活自由，边界模糊不清，基本功能仍是交通和交往，衍生出休憩、家务、商业、旅游和聚会等功能。

我国历史建筑由于历史的变迁、战乱、社会发展等原因，地理分布上总体特征就是比较分散。因此，保存成片规模的历史建筑显得更重要，成群的历史建筑、历史街巷在历史文化村镇的评价体系中也更显其重要性。

2. 建筑空间形态

建筑空间形态是指建筑的围合结构通过不同的组合方式，围合出不同的建筑空间形式。有学者曾把世界的建筑空间归纳成三种体系，其一：古埃及、希伯来及希腊、罗马神庙中，以小而封闭的密室作为神灵居所的至圣空间。这种空间形式着眼于分层次地营造神圣空间的创造，着重于从非神圣空间到达神圣空间的路径和终点。其二：印度教与佛教的至圣空间，蕴含着"舍利子""中胎"的密室空间。这种空间以曼荼罗为基本空间模式，着眼于空间由四周向中央的汇聚，中间是象征生生不息的佛国宇宙力量，四周是层层递推的等级空间，至四周边则是与外界隔绝的空间实体。其三：以儒家学派为基础的传统中国空间，基本上尊崇着平面的"九""五"方位的空间格局。这种空间格局强调的是以柱子限定的"气空间"，即我们现代建筑里面的"通透空间"或者是"灰空间"。中国建筑空间讲究的是利用各种方法，应用各种元素营造"负阴而抱阳，冲气以为和"的气空间。

我国祖先首个"一"空间方位是由"未知"开始，随着认知力的提升，原始人意识到人本体的存在，形成了"一""中央"这个核心空间。但是人类并未忘记"未知"存在，因此，"中央"空间在中国古代演变成人和"未知"交汇的场所。古代儒家思想的"圣人"就是中央空间的最好体现。由"中央"空间逐渐发展成为成多方位的空间模式，其中有三方位空间（天地人），五方位空间（东南西北四方＋人本体方位），七方位空间（六合＋人本体方位），九方位空间（八方＋人本体方位）。其中"九""五"方位空间模式是贯穿中国建筑历史的最主要的方位模式，这些方位模式在三维形成的空间都以"负阴而抱阳，冲气以为和""藏风纳气"为主要内在特征。

其基本型空间模式是"四柱间"。"四柱"是就其支撑结构而言，即是在东南西北四角立柱；"间"指的就四柱围合的空间。古文字当中的"间"字指的就是在一个门型结构中能透见日月之光的场所。能表现这种空间模式的建筑类型有我国的古建筑名堂、四合院、一颗印、徽派民居等。

我国历史文化村镇中，保留着很多这样的民居，这些民居的建筑空间组合形式无论在建筑设计研究上，村镇的文化景观意象上或者是村镇的街巷肌理上都起着重要的决定作用。

2.4.1.5 非物质文化遗产

非物质文化遗产的重要物质载体之一是历史文化村镇，非物质文化遗产是历史文化村镇的灵魂，也是解读历史文化村镇的钥匙，是历史文化村镇的文化存量的最主要的组成部分和文化增量的基础。因此，非物质文化遗产在历史文化村镇的评价体系中占的比重应该加重（图2-7）。

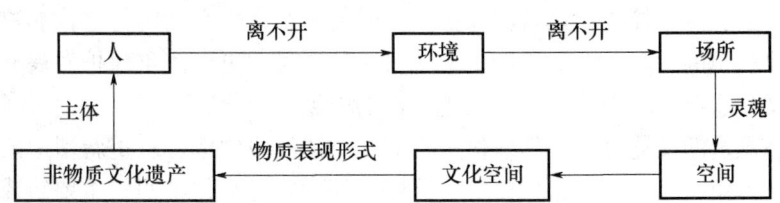

图2-7 非物质文化遗产与物质遗产之间的关系图

1. 非物质文化遗产在历史文化村镇保护中的重要性

（1）历史文化村镇是非物质文化遗产的物质载体之一。任何一种非物质文化遗产的创造和传承都与特定的环境密切联系，因环境而生，因环境而发展，因环境而变化，因环境而衰败。非物质文化遗产的最大特点就是必须依托人本身而存在通过语言、动作和特定的空间来传播和延续，它与人的活动息息相关是靠人传承下来的，如果从事民间艺术和技艺的艺人日益减少，非物质遗产就很有可能就此失传。因此，在非物质文化遗产的传承过程中，"人"这个载体就显得尤其重要。而人又离不开其活动场所；历史文化村镇是非物质文化遗产赖以生存的、最原始、最真实的"场所"。

（2）非物质文化遗产又是文化空间的灵魂，也就是历史文化村镇的灵魂。非物质文化遗产的活动离不开环境，也就离不开空间，离不开"场所"，而历史文化村镇是天然的文化空间。因此，历史文化村镇是非物质文化遗产生存及发展最理想的"场所"。"场所之所以成为场所，在于它是人们活动的场所；而建筑之所以成为建筑，在于它提供人们活动的空间。显然，空间才是场所以及场所中建筑的灵魂。"

从以上概念可知：文化空间最重要的构成要素是"空间""人"和"事件"。其对应关系可以用图2-8表示：

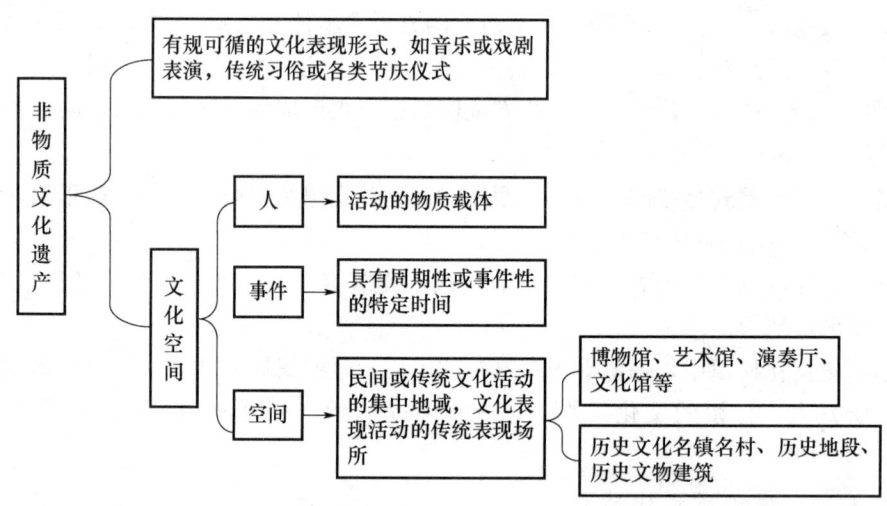

图2-8 非物质文化遗产的类型

从上面关系图，可以看出：

（1）历史文化村镇是"文化空间"（文化场所），是一个原创的、原汁原味的文化空间，其形式的产生和存在承载着其独有的非物质文化遗产。因此，在历史文化村镇的保护措施中，不但要注重个体文物建筑的保护，同时要注意文化空间的保护；非物质文化遗产是该历史文化村镇的灵魂，在保护历史文化村镇的同时，更要注重保护发展非物质文化遗产，非物质文化遗产赋予历史文化建筑更丰富的内涵和价值。

（2）重新塑造的文化空间不能取代历史文化村镇的原创地位。重新塑造的文化空间是指博物馆、艺术馆、演奏厅、文化馆等，这些空间形式是文化空间的重要组成部分，是非物质文化遗产流传和继承的重要场所，是重塑非物质文化遗产文化空间或者静态传承非物质遗产的重要手段，但是还是不能取代历史文化村镇原创物质空间的地位。非物质文化遗产的传承方式有口头传授、表演、文字记录、录像记录、照片、图画等方式，这类文化空间是非物质文化遗产传承活动的重要场所，我们可以把这类文化空间看成是原创文化空间的延伸。在博物馆、艺术馆、演奏厅、文化馆等场所体会到的非物质文化遗产是有限的，不及置身于在原创的文化空间。现代博物馆等文化空间能展现的非物质文化遗产相对于保留下来的历史文化建筑场所是有一定缺失的，再有真实感的文字记录、立体电影、录像、照片、图画等都不如"亲临其景"，因此，对现存的历史文化村镇，我们要科学地评价与保护。

（3）非物质文化遗产是解读历史文化村镇的钥匙。任何一个历史文物建筑、任何一个历史文化村镇或者历史地段的存在意义都在于她曾经承载的非物质文化遗产。历史建筑、历史文化村镇或者历史地段承载我国不同时代的空间组织科技、建筑科技、建材科技、结构科技、朴素的生态科技、民俗文化和传统审美情趣，同时还反映当时的政治制度、生活方式。

因此，历史文物建筑是非物质文化遗产的物质载体之一，其精神蕴涵深邃，并且已远离它的生态环境，必须依靠文字、电影、录像、图画等非物质文化遗产去感受和解读，否则，是很难把历史文物建筑的价值全部激活、接受和传递的，因此，非物质文化遗产在历史文物建筑保护中有重要地位，反之，历史文物建筑是非物质文化遗产赖以生存的重要物质场所。

（4）非物质文化遗产是历史文化村镇的文化存量的主要组成部分。在研究某个地区空间中的文化价值量时，一般的方法是通过计算了解现有的文化价值总量，即文化存量。历史价值的人、物和事件的发生地点是一个地区文化存量的最主要组成部分。历史文化村镇的主要组成部分就是具有历史意义的建筑、街区等文化空间。生活在其中的居民是既传承了传统文化，又受到现代社会文化影响的人群，因此整个村镇的文化存储量主要由传统的非物质文化遗产与现代的非物质文化两部分组成。对于历史文化村镇来说，其非物质文化遗产理所当然是文化存量的最主要组成部分。

（5）非物质文化遗产是历史文化村镇文化增量的基础。当代计算某个地区的全部文化存量，特别重视具有历史价值的人、物和事件的发生地的建筑和有关景物是否得以保存，在此基础上进一步追求该地区文化的增量。文化存量是文化增量的基础，因此在历史文化村镇，非物质文化遗产是该地区的文化存量的主要部分。

总的来说，历史文化村镇是非物质文化遗产的重要物质载体之一，非物质文化遗产是历史文化村镇的灵魂，也是解读历史文化村镇的钥匙，是历史文化村镇文化存量的最主要的组成部分和文化增量的基础。目前，无论是对历史建筑的修复和重建，还是对历史街区或地段的规划保护都较多地关注空间和物质层面的问题，对非物质文化遗产缺乏关注，割裂了非物质文化遗产与历史文化村镇之间的关系，会导致非物质文化遗产失去原有的文化空间，导致非物质文化遗产难以流传，历史文化村镇也随之失去灵气。因此，历史文化村镇的保护体系中应该加倍重视非物质文化遗产的保护。

2. 文化空间的保护

"文化空间"保护代表国际上非物质文化遗产保护的新思路，文化空间是非物质文化遗产和物质文化遗产间最直接的纽带。将"文化空间"保护思路引入历史文化村镇保护中，更有利于历史文化村镇的非物质文化遗产及与之相关场所的保护。历史文化村镇中"文化空间"的分类归纳，使历史文化村镇中的"文化空间"更清晰明了，有利于促进历史文化村镇非物质文化遗产和物质文化遗产的研究与保护。

1）文化空间的提出

"文化空间"这一概念是在 1997 年 11 月召开的第 29 届联合国教科文组织（United

Nations Educational, Scientific, and Cultural Organization，简称 UNESCO）成员国大会上正式通过的 23 号决议所接受的非物质文化遗产概念中的一部分。之后，UNESCO 发布的《人类口头和非物质遗产代表作申报书编写指南》中，再一次将"文化空间"这一概念阐述如下："宣布人类口头和非物质遗产代表作针对的是非物质文化遗产的两种表现形式：一种表现于有规可循的文化表现形式，如音乐或戏剧表演，传统习俗或各类节庆仪式；另一种表现于一种文化空间，这种空间可确定为民间或传统文化活动的集中地域，但也可确定为具有周期性或事件性的特定时间；这种具有时间和实体的空间之所以能存在，是因为它是文化表现活动的传统表现场所。"此后，为了使我国公众易于理解"文化空间（cultural space）"这一学术概念在《国家级非物质文化遗产代表作申报书》中被本土化为"文化场所"。

2) 当前国际"文化空间"保护的启示

在进行历史文化村镇保护的研究中，国际文化空间给我们的启示如下：第一，历史文化村镇的评价和保护工作要与世界非物质文化遗产保护接轨。近十多年来，非物质文化遗产的保护在国际上循序渐进地进行着，至今，已经颁布三批世界非物质文化遗产，其中包括文化空间、戏曲等形式的非物质文化遗产，因此，在进行历史文化村镇价值评价的过程中我们要注意挖掘历史文化村镇的非物质文化遗产。第二，"文化空间"是孕育非物质文化遗产原创的舞台，是其赖以生存的重要的物质载体之一。失去了"文化空间"，表演艺术、诗歌、戏曲和宗教礼仪等珍贵的非物质文化遗产会因失去表现舞台和重要的物质载体而黯然失色。因此，在历史文化村镇的评价与保护工作中要注意发掘"文化空间"，并对之进行重点保护。

3) 历史文化村镇中的文化空间形式

历史文化村镇承载着丰富的人类历史发展信息，因此其评价与保护工作涉及广泛的领域。在历史文化村镇保护的过程中，要从各个方面充分认识历史文化村镇的价值。

以"文化空间"在历史文化村镇的存在形式分类，其存在方式离不开点、线、面三种形式。(1) 单个的历史建筑、街道广场以及街道节点都是"文化空间"点状存在的方式；(2) 历史街道自然构成了"文化空间"的线状存在方式；(3) 整个村镇及其周围的自然环境、人文景观构成了"文化空间"面状存在方式。

4) 历史文化村镇中"文化空间"保护的重要性

历史文化村镇物质遗产的保护一般分为两类：单体建筑的保护和历史街区的保护。但是"文化空间"为历史文化村镇的保护提供了崭新思路，因此，把"文化空间"单独提出并作为保护对象。其创新性归纳起来有如下几点：

(1) "文化空间"是历史文化村镇非物质文化遗产的原创之地及其赖以生存的舞台，这句话是对文化空间和非物质文化遗产之间关系最简洁、最直接的阐述。在历史文化村镇的保护措施中，不但要注重个体文物建筑的保护，同时还要注重文化空间的保护；非物质文化遗产是历史文化村镇的灵魂，是解读历史文化村镇的钥匙，在保护历史文化村镇的同时，更要注重保护发展非物质文化遗产，非物质文化遗产赋予历史文化建筑更丰富的内涵和价值。

(2) "文化空间"保护的提出促进了历史文化村镇非物质文化遗产与物质文化遗产的

保护工作的互动。"文化空间"概念在历史文化村镇保护工作中提出，将会引起国内各领域的影响，促进建筑设计和建筑历史、传统手工业艺术、传统书画艺术、表演艺术等行业的互动。在此基础上，从事历史文化村镇保护的工作者会对保护历史文化村镇的物质空间与非物质文化空间之间的联系有更深刻的理解，从而达到促进物质文化遗产和非物质文化遗产保护工作同步进行的效果。

（3）"文化空间"对现代设计理论有指导作用。"文化空间"引起当代观演建筑设计者的重视，设计者开始思考创造艺术表演原创空间的设计思路，该思路在指导现代文化空间设计时有着重大的意义。设计者在设计传统艺术表演空间的过程中不再只满足于现代高端技术创造的空间氛围，而转向挖掘传统艺术的"神韵"所在，力求在现代观演建筑中表现传统原创空间的神韵，历史文化村镇中的"文化空间"就是他们寻找灵感、寻找原创思路的最佳场所。

（4）"文化空间"的提出为现代历史文化村镇的旅游业提供新的概念。旅游业是历史文化村镇发展经济的主要途径之一，"文化空间"是国际化的新理念，旅游业可就这个新概念提供新的旅游路线。与"文化空间"类似的概念有"文化路线"（cultural routes or cultural itinerary，该概念是1998年的特内里弗召开会议正式确定的文化遗产新概念）。"文化路线"是在更大的范围内把点状的"文化空间"按历史事件串联起来。如"丝绸之路文化路线保护"就是把历史上丝绸之路经过的城市串联起来，形成一条"文化路线"并进行保护，另外还有"长征之路""印加文化之路"等。事实证明"文化路线"已经引起广大旅客的兴趣，昔日的文化之路将会再次闪亮。借鉴此经验，"文化空间"的提出给了历史文化村镇一个新的理念，也给了广大旅客一个体验历史、体验文化的机会，同时为历史村镇带来新的发展机会。

（5）"文化空间"保护工作的开展使我国历史文化村镇的保护工作与世界文化遗产保护工作接轨。"文化空间"是近年来世界非物质文化遗产保护工作过程中提出的创新理念，把它引进我国历史文化村镇的保护工作中，必将促进保护工作，使之早日与世界文化遗产保护接轨。如此一来，历史文化村镇的保护不但会引起国内各界的影响，更会引起国际友人的关注，为我国历史文化村镇的保护与发展带来更多的机会。

"文化空间"是在传统的非物质文化遗产和物质文化遗产的基础上提出的概念，它是连结无形的非物质文化遗产和有形的物质文化遗产的纽带，是时间与空间的混合。把"文化空间"概念引入历史文化村镇的保护工作中，有利于非物质文化遗产原创空间的发现，有利于历史文化村镇中具有珍贵价值的空间的保护，从而达到同时促进非物质文化遗产和物质文化遗产的保护工作。

3. 非物质文化线路的保护

近年来，在世界遗产保护领域出现的最重要的新动向之一就是所谓"文化线路"（cultural routes or cultural itinerary）。2003年3月17日—22日，世界遗产委员会在巴黎总部召开的会议上，把对《行动指南》的修订作为第5项议程，这一修订的重要目的之一就是加入有关文化线路的内容。《行动指南》中加入文化线路的有关内容，标志着文化线路的保护已经成为世界遗产保护事业的重要内容，在文化线路发展历程中无疑具有里程碑意义。

在 2003 年的《行动指南》修改议案中，文化线路的定义是："文化线路是一种陆地道路、水道或者混合类型的通道，其形态特征的定型和形成基于它自身具体的和历史的动态发展和功能演变；它代表了人们的迁徙和流动，代表了一定时间内国家和地区内部或国家和地区之间人们的交往，代表了多维度的商品、思想、知识和价值的互惠和持续不断的交流；代表因此产生的文化在时空上的交流与滋养，这些滋养长期以来通过物质和非物质遗产不断地得到体现"。

非物质文化线路的保护是一个宏观而且整体的保护概念，"文化线路"就是一条纽带，把重要的历史城市串联起来，使这些本来在地理上分散的城市空间因某种关系形成一个整体。如"丝绸之路""文化线路"的保护给予历史文化村镇的保护启示。在历史文化村镇中，重大历史事件的组成往往是由几个关键事情组成的，而每个关键事情对应着几个时间点，对应着几个关键地点，因此，历史事件的非物质文化遗产可以借鉴"文化线路"的理念进行保护，把重大历史事件对应的空间场所可以序列形式进行整体保护。如此一来，重大历史事件的非物质文化遗产可得到更完整的保护，重大历史事件也可以更完整地被现代人理解。

2.4.1.6　历史文化村镇旅游规划

发展旅游是解决保护资金的重要方法之一，但是旅游的不适当开发也给历史文化村镇带来不可估量的破坏，因此为了平衡好旅游为历史文化村镇带来的好处和坏处，评价体系应当把旅游开发的强度作为其中一个评价内容。评价内容应该分两个方面：

1. 旅游给历史文化村镇所做的贡献

旅游业为历史文化村镇带来的贡献，包括改善当地居民生活设施、提高就业率、带动当地经济、解决保护资金的百分比等。

历史文化村镇旅游开发的价值有以下两方面：（1）蕴含着丰富的物质文化遗产——古代遗留历史文化建筑。徜徉于这样的历史文化建筑群中，既能感受到在这里生活过的那些历史名人的丰功伟绩，又能从秀美、各具特色的古代建筑艺术中领略历史文化村镇独有的闲适与安逸的生活气息，加上历史文化村镇天然的、未受污染的大自然环境，使饱受大都市喧嚣吵闹充斥的游客们的身心得以放松。（2）历史文化村镇中包含着丰富的非物质文化遗产。首先建筑的布局凝结了古人营造村庄时选址、规划布局等的环境科学的智慧；历史建筑是建筑艺术和艺术集合体。木雕刻艺术、砖雕艺术、石雕艺术和彩画艺术一般集中在历史建筑的构件上；手工艺、民俗文化等珍贵的非物质文化遗产的传承人又大部分居住在历史文化村镇当中。

发展旅游业，可以带动当地经济整体发展。为适应旅游业的发展，发展交通是首要的，另外公共设施也需要相应改善，酒店、度假村、娱乐场所、餐饮和银行服务、公共设施以及配套的市政设施会相应地发展起来。这些发展不仅方便旅客和当地居民，还改善当地的生活设施，提高当地居民的生活水平。另外，旅游业的发展还为居民提供很多就业和创业的机会。居民可从事导游职业、旅游交通、旅游经营管理或者与旅游相关的个体户、小商业、房屋租赁者等。此外，旅游业的收益还为历史文化村镇的保护资金提供支持，纳入旅游范围的历史文化建筑的修缮一般由旅游区包办。

2. 旅游业给历史文化村镇带来的不良影响

历史文化村镇旅游正成为新的时尚，但因开发不当所造成的破坏也令人堪忧，如果不及时予以纠正，势必会对历史文化村镇周围的自然生态环境造成不良的影响，这些不良影响包括历史风貌的破坏、生态环境的恶化、生活环境的污染、当地自然资源的过度消耗等。旅游业的不当开发包括以下几个方面：

(1) 历史文化村镇旅游开发模式的不足之处：盲目开发历史建筑和再利用旧建筑。在历史文化村镇中，由于兴起历史建筑的保护热潮，有些地方政策盲目投资开发新的历史建筑，以至于短期内出现一大批"假古董"。这样做不仅浪费大量的人力物力，没有为村镇的历史建筑保护做出贡献，反而对村镇的历史风貌造成破坏。这些假古董在形式上仿历史建筑，甚至有些假古董仿造"沧桑的痕迹"技术非常高超，人造的历史痕迹几乎乱真，但这都是伪造的，并非真的历史，破坏了历史文化村镇的价值。另一个方面，历史建筑的不当改造也是破坏村镇历史风貌的主要原因。为了节省经费，开发商不会请专业人才来设计改造利用的旧的历史建筑，非专业人员对历史建筑的改造只会毁坏有价值的建筑构件，破坏历史建筑原有的风貌。

(2) 旅游开发历史文化村镇的非物质文化遗产方法不恰当。历史文化村镇的价值在于其独特的非物质文化遗产，保护历史文化村镇是物质文化遗产的同时，要保护其独特的物质和非物质文化遗产。为了提高本地的历史价值，盲目照搬其他村镇的非物质文化遗产，在本地"发扬光大"，在本地盖起非物质文化遗产的"假古董"的表演舞台，上演着非物质文化遗产的"假戏"，这种做法是不对的，如此一来不单破坏了本地风貌，还令本地非物质文化遗产失去原真性。

(3) 旅游业的开发不够重视"生态性"，使历史文化村镇的自然生态环境遭到破坏。旅游业的发展吸引来自各地的旅客，村镇的交通也会随之发展。度假村、酒店和其他的娱乐场所也会以村镇为中心逐渐建立起来，历史文化村镇就会失去了原来的宁静景象。旅游业给村镇带来发展，也带来大量的生活垃圾、废水和废弃。村镇出现了土壤被踩踏板结，一些珍贵动物的生存繁衍受到影响。旅客自觉保护环境的观念薄弱，不文明的旅游行为对村镇环境造成极大的伤害。

(4) 旅游的发展令历史文化村落经济结构起了变化，使历史村镇的经济发展风险变大。旅游开发在改变古民居社区原有的社会结构的同时，也带来社区产业结构的改变，传统的农业、手工业被旅游业所替代，当地居民大多依据自己的能力和相应的产权形式转化为个体或小集体旅游经营者和房产租赁者，社区经济发展呈单一化的旅游经济发展趋势，原生态的手工业、农业在旅游业的冲击下日渐消失，社区经济发展风险加大。

3. 历史文化村镇的生态旅游规划

1992年生态旅游学会将生态旅游定义为：为了解当地环境的文化与自然历史知识，有目的地到自然区域所做的旅游。保护当地自然、历史和文化资源，提供旅游者高质量的旅游经历，带动当地经济发展，既是生态旅游的三个目标，也是三个基本要件或条件。

历史文化村镇的旅游必须以保护优先，坚持以政府为主导及政府监督工作，开发商参与，居民自主参与为开展工作的方针，以适度开发为基本原则。为了更好地合理地促进历史文化村镇旅游的发展，开发生态旅游是历史文化村镇的必由之路。历史文化村镇的评价体系应包含村镇的生态旅游规划内容。

2.4.1.7 历史文化村镇的社会经济措施

社会经济措施是历史文化村镇解决保护资金的核心。历史文化村镇的社会措施指的是所有与保护有关的资金运作采取的措施，如划拨建设资金、旅游业收益的为划拨给历史建筑的资金分成、申请国家专项保护资金等。保护资金的缺乏只能使保护措施停留于纸面，落不到实处，历史建筑也会因此而日渐衰落。因此，历史文化村镇保护资金的良好运作与否是决定历史建筑能否受到良好保护的直接原因。要做好这方面的工作就必须弄清历史文化村镇保护资金的来源及其运营管理。

1. 历史文化村镇保护资金的来源

（1）国家财政资金。目前，我国政府法定的财政预算中用于历史文化遗产保护的经费，主要针对文物保护单位的保护而设的。2009年1月从住房和城乡建设部获悉，"十一五"期间，中央财政投入9.8亿元的补助资金，专项用于103个历史文化名城、80个历史文化村镇的基础设施改造和环境整治工作。之后，一些历史街区和历史文化村镇内的基础设施已有改善，居民生活居住环境得到逐步改善。不少省、市还以历史文化村镇申报为契机，极大地促进历史文化村镇中建筑遗产的保护及村镇环境的改善。目前，中国已有60%的省、市、自治区积极开展了省级历史文化村镇的命名工作，极大地推动了地方乡村文化遗产的保护工作。

（2）地方政府资金。此类资金根据当地政府的年度计划，按照实际项目的规模和整治内容，由地方财政划拨，主要用于街区道路、广场、桥梁、街道设施等整治项目以及其他多种费用，包括设计费、拆迁补偿费和奖励等，各地根据实际情况有一定的差别。

（3）企事业单位资金。这类资金主要用于公房、单位房的修缮、改造、拆迁以及拆迁补偿等费用，由房屋产权所属的房管局和企事业单位自筹资金解决。在整治工程中，一些企事业单位的产权房为风貌不协调建筑，需要进行改造甚至拆迁，而这些单位经济效益较差，自筹资金困难，因此需要政府做更多工作进行劝导和协调，以及出台相应的土地使用优惠政策来配合拆迁和安置，这是历史文化村镇整治中的难点。

（4）个人资金。个人资金的使用主要是私人住户的房屋整治。某些私人住户的建筑破坏历史文化村镇的整体风貌，由政府劝其改变房子的外观，这部分的费用大部分由住户自己支付，政府会根据财政预算适当给予帮助及放宽建设限制。

（5）募捐筹款。部分历史文化村镇有深厚的海外关系，村镇里富裕的华侨不少，据调查，由于海外的华侨饮水思源，他们大部分人都不希望自己在家乡的祖屋毁坏，愿意出资修缮家乡的祖屋，经济条件好的，会雇人居住在历史建筑里面，以维护建筑。每年或者隔几年都有华侨募捐活动，这笔费用全部用于本村镇的历史建筑的修缮。另外，某些村镇也有民间自筹资金去修缮本地的历史建筑。

2. 资金的运营管理

为了便于保护资金的统一管理，应当设立专门的机构，按国家要求进行管理。这个机构主要负责申请保护资金，筹措来自政府、企事业、社会和个人的资金，在保护工程实施中实行专款专用。工程结束后，负责还贷还息，接受由于街区整治带来的土地和营业效益增值，使之有效地用于历史街区日后的维护和整治。

目前各地在历史文化街区保护实施过程中，一般设立一个专门的资金账户，由整治工程指挥部进行管理。如阳朔在西街整治中，保护资金由"西街保护性改造工程指挥部"下的计财工作部进行统一管理；在建委设立一个老城保护资金的专门账户。但无论国家或地方，管理历史文化街区保护资金的独立机构尚未设立，这不符合历史文化街区保护工作长久性和持续性的要求。

2.4.1.8 提高公众参与办法

1. 公众参与的重要性

历史文化村镇的保护工作与公众有切身的利益关系，跟自然遗产、文化遗产、全国重点文物保护单位、历史文化名城的保护相比较，历史文化村镇的保护更依赖于人民群众。原因有以下几个：(1) 历史文化村镇的物质遗产大多数产权为居民历代所有，产权所有情况比较复杂，通常产权不是控制在一个人手中，有些历史建筑的产权所有人多达100人以上；产权所有人分散广，有些产权所有人早就迁居国外。没有公众的配合，历史建筑的改造工作难以开展。(2) 历史文化村镇的居民是当地非物质文化遗产主要的、活生生的载体，离开了居民，当地的非物质文化遗产难以完整保存。(3) 当地群众是最关心历史文化村镇的群体之一，公众的参与，是历史文化村镇保护的主力军。许多民间志愿者保护团体为当地的历史建筑保护资金筹集不少保护资金；在保护工作开展的时候，当地居民成立的志愿者团体配合政府，使保护工作顺利进行；民间成立的团体还会出台相关的乡规民约，对本地居民进行保护意识的提高，以及对村民的行为起到限制作用，这些民间组织的作用都是政府部门难以替代的。

2. 历史文化村镇公众参与的现状

公众参与是城市规划中的一个重要组成部分，只有建立在公众参与基础上的城市规划，才能正确反映规划区域的客观实际，才能针对规划区域的社会经济环境协调发展的要求，做出合理的设计。同样的，历史文化村镇的保护与公众密切相关，保护政策和保护措施也需要得到公众的支持才能结合客观实际，才能顺利开展。有学者提出我国群众参与分三个阶段，见表2-1：

表2-1 公众参与的成长模式

公众参与阶段	公众参与主体	公众参与方式	公众参与深度
萌芽阶段	规划专家、媒体和规划学者等	专家会议、媒体报道和访问等	城市规划编制的参与
成长阶段	专业团体、媒体、公众代表等	座谈会、接待现场、展览会等	城市规划编制和立法的参与
成熟阶段	各层次公众	讨论会议、热线、图形模拟展览、公众听证会等	城市规划编制、立法、执法和监督的参与

明显可见，历史文化村镇的保护与决策的群众参与也同样处于萌芽阶段。通过实地调研了解到我国的历史文化村镇的保护措施执行中，居民参与的形式大多数也只是通过一些专家学者交谈的方式，或通过回答调查问卷反映自己的意愿。居民对整体的保护规划、保护措施和历史建筑的保护措施并不了解，更不用说参与编制与决策。

根据谢莉·安斯汀提出的"市民参与阶梯"理论（图2-9），我国的公众参与尚处于较低层次，属于"象征意义的参与"，与真正意义的公众参与还有一定的差距，因而也就不可能发挥实质性作用。

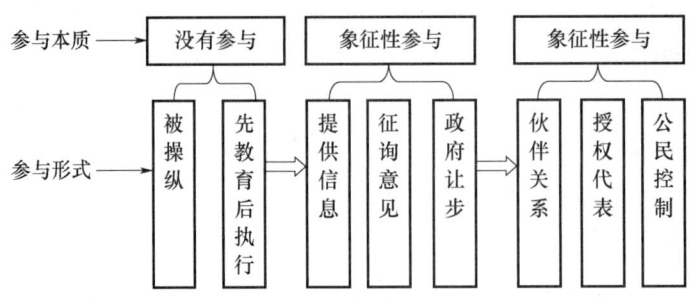

图 2-9 "市民参与阶梯"理论

少数经济较发达的地方有自发组织的草根团体。他们公众参与的程度已经处于"成长阶段"。中国文化记忆论坛借助网络交流平台，通过与地方团队的合作，间接调动起三百多名不同年龄、性别和社会阶层的文保志愿者。这些草根团队一般不以营利为目的，以他们共同确立的保护目标为奋斗动力。他们的人员同属一片地区，有着共同的价值观，有事商议很便捷，做事配合也得心应手。有些民间团队本身就有自己的工作目标和计划，身体力行，实践能力和管理水平在经常性区域规模的活动中逐步提高。

民间团体力量也许小，但积少成多，日后能发挥更大的能效与影响。从我国目前公民素质以及公众参与的状态看，形态多样、小而有序的草根团队比社团组织要优胜。特别是历史文化村镇的保护工作，这些民间团体更符合发展的形势。原因是历史文化村镇大多处于经济落后、社会相对封闭的状态，现代化的社会价值观、一体化管理等意识形态还没有渗透到当地居民的意识形态中。大型的管理机构的管理方式是难以深入村镇具体的事务管理当中，只能以当地政府成立的村镇办事处为引导，以村镇级别的行政管理机构面对村镇自发形成的小型民间集团对话，才能保证具体的保护措施、保护管理以及保护规划的执行。即使民间团体只是星星之火，在一定的发展阶段和条件下，只要它们保持平等、自觉、自愿的合作关系，就能让民间团体的公益力量发挥出联动的社会价值，从而照亮了整个国家，令历史文化村镇的保护工作落到实处，从而让历史文化村镇的保护除了有保护历史的重要意义以外，还可以改善当地居民的生活环境，让历史文化村镇走上可持续发展的道路。

2.4.2 评价方法的优化

（1）优化提取评价因子的方法。提取评价因子的方法无论是哪一种都要受到评价体系建立者知识水平的限制，文献参考法、预设指标法、专家调查法到后面的因子分析法和层次分析法在本评价体系的因子提取中都起到重要的作用。因此评价体系的评价因子的建立应结合这几种方法一起使用，力求把每种评价方法的优势发挥到极致；而且，应反复使用这几种方法，使评价因子的构成经过一个循环反复的思考过程，以求得到有代表性、典型性又全面的评价因子集，从而达到优化提取评价因子的方法。

（2）优化确定评价因子权重的方法。确定评价因子的权重的方法主要分成主观、客观赋权法和综合赋权法。主观赋权法客观性较差，客观赋权法确定的权数有时与指标的实际重要程度相悖，综合赋权法兼容二者的优缺点。历史文化村镇的评价体系中的权重主要是人工权重，专家调查法和层次分析法计算出来的都是人工权重；总的来说，历史文化村镇使用的是主、客观赋权的综合方法。二者结合使用，能优化确定评价因子权重的方法。

（3）优化评价的原理。评价体系的评价原理包括评价标准（评价分数升降标准）和操作方法两大部分。

现有的历史建筑遗产评价体系的评分标准确定，一般是借鉴已有文献的研究成果或者借助其他学科的量化方法确定，应延续并不断吸收其他学科先进的量化方法对评分标准进行量化。

评价体系的操作方法涉及操作程序和评分的数据处理等方面。目前在其他学科的评价体系已经引入如灰色系统评价方法、层次分析评价方法和模糊综合评价方法等对评分数据的处理，力求评价结果更客观。历史文化遗产也应相应地引入先进的评价方法，优化评价原理，从而优化评价的结果。

2.4.3 指标量化应加深

我国历史文化村镇的评价体系尚未进入系统量化评价阶段，虽然有不少学者开始探索指标量化的方法，并有学者尝试建立了古村落价值的模糊综合评价体系、绿化系统评价体系、古村落环境评价体系、旅游资源评价体系等，但始终未得到国家有关部门的认可。

现行的评价指标体系虽然是试行评价体系，却是我国首个被国家采用的评价体系，也是至今最系统和最完整的定量评价体系。但毕竟量化评价在我国的研究只处于探索阶段，现行的评价体系研究者也曾指出评价体系中的部分指标的量化仍需深入研究，如"历史事件"的影响大小，该指标对历史村镇的历史价值有着重大影响，但却无论从哪个学科进行研究，这个指标始终未能量化；另外有些指标应丰富其含义，同时进一步量化其评分标准，如评价"保护规划"的指标，不应简单地以"有"和"无"去评价，应从保护规划的质量入手。

指标体系除了部分能直接测量的指标以外，还应对一些不可直接测量的指标进行量化评价。如：传统历史街巷、居民的生活延续、居民参与保护工作的情况、保护管理制度、保护管理机构、可开发利用的建筑遗产及地段、保护资金及其来源、非物质文化遗产等指标均可量化成可比较的指标。这类指标可引入主观评价中的 SD 语义差别评价法，对指标根据程度的渐变进行评价，程度词一般由一对相反语义的词组成，前面可加程度性形容词进行分级。如"精致"和"粗糙"一对相反语义的词，前面可加上"非常"和"比较"两个程度性的形容词，就可组成"很精致、比较精致、一般、比较粗糙、非常粗糙"5 个程度词，这个因素就可以分成五级去评价。

（1）历史街巷的特征、典型性、完整性等指标的量化评价应进一步发展。传统街巷的特征性及典型性可以通过一些定性的描述，根据同类型案例典型性例子的定性描述，运用程度性的形容词对这些特质进行程度性描述，根据程度词分等级。

（2）居民生活延续的量化评价。现行的评价体系只用原居民人口的数量去衡量"核心区生活的延续性"，除此以外，还应考究居民的生活受现代生活习惯的影响程度，传统的生活习惯都是衡量"生活延续"程度的指标。此指标同样可用程度性描述分等级量化评价。

（3）公众参与的量化评价。现行评价体系的基础工作中也有涉及公众意见调查工作，但并未深入探讨。事实上，公众参与在历史文化村镇的评价中至关重要，应提高公众参与的程度。衡量一个地方的居民参与保护工作情况可以从几方面量化评价：公众参与的法律政策保障；保护历史遗产乡规民约的成立；保护历史遗产的民间组织团体；公众参与途径及程序；提高居民参与积极性的办法；鼓励居民参与古村镇旅游发展的方法；居民自筹资金保护村镇历史文化建筑的情况。

（4）历史文化村镇保护管理制度的量化评价。现行历史文化村镇评价体系提及保护管理制度评价因子，但只是以"有"和"无"两种判断确定评分值，应根据其管理体系的完备性和所起的作用分级评价。

（5）历史文化村镇管理机构工作质量的量化评价。中国历史文化名城实行国家及地方两级管理。住房和城乡建设部、国家文物局共同负责全国历史文化名城的保护管理、监督及指导工作；地方一级名城保护管理的机构设置有以下两种情况：一是由地方城建或规划主管部门、地方文物、文化主管部门共同承担。二是设立专门的名城保护机构。据笔者调研所得，历史文化村镇目前大多数采用前述第一种方式。但历史文化村镇的众多管理部门（如规划局、建设局、文化局等）管理权利和责任分工不明确的混乱的情况出现，规划部门、建设部门、文化部门责权不明，出现"管理部门太多"或者"没有部门管理"的局面。管理机构方面的量化评价指标可以分成管理部门的协调性好坏、责权明晰度、法规执行情况等方面描述。该指标的量化评价同样地通过程度性形容词区分等级，进行量化评价。

（6）可开发利用的历史建筑及地段的量化评价。历史文化村镇中存在部分质量较好的历史建筑，延续其生命最好的方法是改造再利用。现代社会提倡生态建筑观——可更新、可循环、可再用、减少能耗与污染。在满足使用功能的前提下，历史建筑的再利用比拆除重建、空置等方式优胜许多，既可减少资源浪费、减少环境污染，又能给历史建筑注入新生命。同样，历史地段也可根据其过去的功能，结合其在现代的社会地位进行改造再利用。历史建筑和历史地段改造再利用方面应采用一定量的评价因子，将具有可改造再利用价值的历史建筑和历史地段的质和量统计出来，进行分级评价。

（7）社会经济措施的量化评价。资金是文化遗产管理成功的重要保障，给保护对象提供资金保障也是各国法律的重要内容之一。保护资金的来源一般有以下几个：国家专项基金、中央和地方政府拨款、历史建筑遗产开发在利用的保护资金、民间自筹捐赠资金、开发旅游所得资金。这些资金的来源及其在解决保护建筑遗产实际问题中所占的比例可进行量化评估。

（8）非物质文化遗产的量化评价。非物质文化遗产亦可按等级划分，可分为世界级、国家级；省级、市级与县级。利用非物质文化遗产的等级划分在旅游开发评估中早有应用，国家非物质文化遗产旅游开发优先级的问题就对我国非物质文化遗产的内涵与等级综合评价就是其中一个典型例子。非物质文化遗产的等级划分法也是我们量化非物质文化遗产评估的依据。历史文化村镇的非物质文化遗产的量化评估可根据非物质文化遗产的等级和数量进行量化评价。

本章小结：本章对现有的历史建筑遗产评价体系的因子提取方法、因子权重确定方法和评价方法做简单的介绍；分析评价因子组成的发展方向，确定因子权重方法的优化组合以及评价方法的优化；总结历史遗产评价体系的发展趋势。

第 3 章　本历史文化村镇评价体系的建构

历史文化村镇评价与保护体系是个不断发展的系统。随着社会的发展，社会价值观会有所改变，历史文化村镇评价体系的评价因子也会有所改变，应该及时更新；另外，主观评价方法也在不断更新中。

一个评价体系的建立有五个关键环节：(1) 评价因素的确定；(2) 建立评价体系的层次结构；(3) 确定评价因子的权重；(4) 制定评分标准；(5) 评价体系的操作。由于本评价体系会分离成客观评价体系和主观评价体系，本章将对 (1)、(2)、(3) 个环节进行介绍；(4)、(5) 个环节将会在第四和第五章详细介绍。

3.1　确定本评价体系的评价因素集

3.1.1　预设评价因素集

选择评价因子是整个评价体系的基础部分，评价因子选择恰当与否会直接影响到评价体系的科学性。评价因素要经过筛选、调查、分析处理，最后构成一个多层次的研究构架。

本评价体系的评价因素集是在参考前人的研究成果而来的，第二章中，我们已经对建筑遗产评价体系的评价因素集做了总体分析，以赵勇等的历史文化村镇的评价体系和朱光亚等的建筑遗产评价体系最有参考价值，其次是黄晓燕的历史地段的价值评估和查群的历史建筑再利用性评估；还有孟丹等的公众参与城市规划评价体系研究等。评价因子涉及的范围呈日益综合、全面的趋势，在这个发展趋势下，本评价体系除了考虑历史建筑本身的价值外，把公众参与、保护措施、社会经济措施、历史建筑的再利用等因素也纳入评价范围内，这样更符合历史文化村镇的综合价值。

评价体系指标选择的基本原则：(1) 数量宜中等，不能太多也不能太少，太多，会有重复性；太少，会缺乏代表性；(2) 评价指标体系要求有代表性、独立性、差异性、典型性和可行性。

3.1.2　确定评价因素集

评价因素集可通过以下方法和步骤来确定：(1) 问卷设置。评价因素集问卷设计为传统问卷形式；(2) 专家调查。调查对象为校内从事历史文化村镇研究的学者，在规划局、建设局、文化局和旅游局等部门从事历史文化遗产保护工作的人员。问卷调查时间为2009年6~9月，共发放100份，回收92份，有效问卷为88份；（3）数据统计。对收集到的数据，先根据熟悉程度，加权平均处理数据，求得平均数，并确定最终的因素集范围。（4）得出结论。调查结果显示，历史文化村镇的"卫生状况"这一因子应该被排除。评价因子组成和层次结构的初步确定，见表3-1。

表3-1　历史文化村镇总评价体系评价因子的构成

目标层	第二层	第三层	第四层
历史文化村镇的评价体系	B1 物质文化遗产	C1 建筑遗产	D1 文物保护单位的原真性
			D2 历史建筑原真性
			D3 历史建筑的艺术价值度
		C2 历史街区	D4 历史街区整体风貌的完整性
			D5 街巷格局的完整性
			D6 街巷空间格局的审美价值度
		C3 自然环境与景观质量	D7 聚落与自然环境的和谐度
			D8 村镇文化景观的艺术价值度
	B2 非物质文化遗产	C4 历史影响	D9 历史事件和名人影响程度
			D10 村镇的历史久远度
		C5 非物质文化遗产	D11 民俗文化、方言、民间音乐、民间舞蹈、传统戏剧、曲艺、传统节日、传统手工艺等的传承度
		C6 生活延续	D12 核心区原住民的完整性
	B3 保护措施	C7 保护机制	D13 管理办法的完备性
			D14 机构及人员的完备性
		C8 保护修复	D15 保护修复措施的实施性
		C9 保护编制	D16 保护规划的完备性
		C10 社会经济措施	D17 社会经济措施的有效性
		C11 公众参与	D18 公众参与的程度

3.2　本评价体系的评价因子释义

3.2.1　物质文化遗产

3.2.1.1　重点文物保护单位
全国重点文物保护单位是中华人民共和国对不可移动文物所核定的最高保护级别。

3.2.1.2　历史建筑
重点文物保护单位属于历史建筑的范围，但两者有区别：（1）历史建筑不一定都具有很高的建筑价值，却是构成城市整体空间结构和环境地带不可缺少的因素，是形成一个村镇整体历史风貌的主要载体，单个文物建筑是无法形成历史风貌的，因此历史建筑往往要成群出现，才具有重要的社会文化价值。构成城市历史文化环境与风貌的主要是现存的历史建筑，历史建筑多而集中的，历史风貌就比较完整，反之，历史建筑如果零散分布，就难以反映村镇的历史文化；在物质文化价值上，历史建筑比重点文物保护单位具有更重要的经济与物质价值；在社会文化价值上，正是大量历史建筑构成的文化环境，对村镇历史文化风貌的延续起着重要的作用。（2）历史建筑和文物保护单位的不同还体现在保护原则上的差异，对于珍贵的重点文物保护单位来说要以"修旧如旧"为保护原则；而对于数量较多，价值比文物建筑稍低的旧建筑要以"改造再利用"为保护原则。在历史文化村镇的评价体系中也要把两者分别进行评价，以便分类保护。

3.2.1.3 历史街区

街巷的空间结构、界面的控制、空间节点的处理以及空间尺度的把握等方面是评价因素集的主要内容，这些方面是构成历史街巷传统风貌的主要因子。沿用传统的城市空间设计手法，不仅可以实现对古城肌理的延续，也可以将社会网络和生活网络的缝合起来，达到保护古城风貌的目的；古城街坊界面多样性的统一，它们既存在统一的风貌，各个街坊又各具特色；传统街巷空间节点的处理也是体现街巷历史风貌独特性的重要因素之一，传统街巷的转折、收放都能体现其特点。

3.2.1.4 自然环境与文化景观质量

在村镇形成与发展的过程中，自然环境是最为基本的物质载体，也是村镇文化景观的"底色"。自然环境为历史村镇提供了丰富、生动的自然景观元素；形成了村镇尺度适宜的四维空间；使历史文化村镇拥有优美的自然环境；为形成丰富的文化景观提供基本的物质条件。

文化景观是人类为满足需要，把自己的某些思想形态或观念意识同自然景观相结合产生的一种复合景观，其实质就是人类活动对自然景观改造的结果，它包含人类的起源和演变、环境和地域特征、民俗和经济状况、艺术和信仰等多种内容，反映了人类与自然交流、抗争并最后达到统一和谐的历史过程。

村镇的聚落与自然环境的和谐度是指村镇的聚落形态与周围自然环境结合的好坏程度。千姿百态的聚落空间与村镇周围的环境是相得益彰的，村镇与周围环境的和谐程度反映了聚落形态是否科学，是否符合大自然的规律。

3.2.2 非物质文化遗产

（1）历史影响。历史影响包括村镇中的重大历史事件和历史名人、村镇历史建筑的年代。

（2）非物质文化遗产。非物质文化遗产包括以下六个方面的内容：口头传承，包括作为文化载体的语言；传统表演艺术；风俗活动、礼仪、节庆；有关自然界和宇宙的民间传统知识和实践；传统手工艺技能；与上述表现形式相关的文化空间。

（3）生活延续。生活延续是指村镇原住民的多少和这些原住民的传统生活习惯保留的状况。传统的生活习惯包括居民的服饰、语言、娱乐方式、饮食习惯等方面。

3.2.3 保护措施

（1）保护机制。该指标反映历史村镇保护在政策法规及制度上的保障情况，主要涉及的是保护管理办法的制订、颁布及其可行性，包括了管理办法的完备性和保护机构的设置和人员配备两个方面。

（2）保护修复。这个指标用来衡量保护修复措施的实施情况。保护修复是指为保护历史建筑进行的具体工作，包括对历史建筑和文物古迹进行登记建档并实行挂牌保护、对已经修复的建筑建立公示栏、对居民和游客建立有警示意义的保护标志等几方面的内容。

（3）保护编制。保护编制主要是指保护规划，其中包括保护规划的编制、实施及其与城市规划的一致性、和谐性、可操作性方面的评价。

（4）社会经济措施。社会经济措施是指保护历史村镇的所有资金来源、资金运作等方面的内容。资金问题一直是历史文化街区保护与整治实施中的主要问题之一。为了避免保护规划和保护政策成为一纸空文，历史文化保护区必须在各个方面成为市场经济、社会发展政策以及环境规划政策的有机组成部分。

（5）公众参与。公众参与是历史文化村镇保护工作中不可忽视的关键，历史文化村镇的保护工作与村镇的居民有着密切的关系，历史建筑的保护关系着居民的切身利益。没有人民群众的积极配合，村镇的历史建筑保护工作就无法顺利进行。

3.3 本评价体系一分为二

评价分为定性评价和定量评价，量化评价分为客观评价体系和主观评价体系，其中主观评价体系又是定量评价和定性评价的结合。历史文化村镇的评价体系是定性评价和定量评价紧密结合的体系，只有以定量评价为基础，以定性评价为辅助，才能使历史文化村镇评价体系更合理、更深入、更系统、更全面。单一的评价方法是不能满足历史文化村镇的评价要求的，定性评价和定量评价结合使用，客观评价与主观评价相结合才是科学的方法（图3-1）。

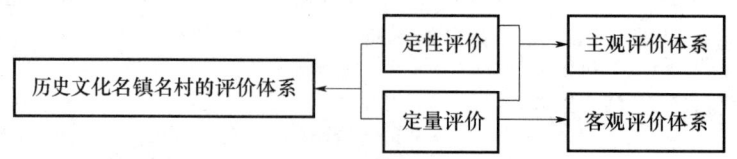

图 3-1　历史文化村镇评价体系的总体构思

3.3.1 本评价体系中的定性评价与定量评价

3.3.1.1 定性评价

1）定性评价的定义。定性评价是根据评价者对评价对象平时的表现、现实状态或对相关文献资料的分析，直接对评价对象做出定性结论的价值判断，如用调查法、观察法、哲学分析法、系统分析法和逻辑分析法等收集、处理评价信息，做出判断，进行定性描述。定性评价是利用专家的知识、经验和判断通过记名表决进行评审和比较的评价方法。定性评价强调观察、分析、归纳与描述。

2）种类。（1）专家评价法。专家评价法是"一种由科学共同体来做出有关科学真理性评价的制度"。其实质就是针对某一个具体的学术领域，组织该学术领域学者与该学术领域相关的专家，按照一定的标准，对涉及该领域的研究成果进行评价的活动。它是在定量和定性评价的基础上，以打分等方式做出定量评价，其结果具有数理统计特性[①]。（2）公众评价方法。公众评价方法是对专家评价方法的补充，其自身的重要性也不容忽视。公众评价方法的优点：在科学研究成果评价体系中增加公众评价的内容，可以提升研究成果的理论价值和实践价值。缺点：公众的总体素质参差不齐，难免会使评价产生偏差，因此对公众评价的意见要批判地继承，以达到科学、公平、公正的评价效果。

3）优缺点。（1）优点：能整体把握评价态度，易于把握评价对象的复杂性和模糊性，能真实反映问题的本质。（2）缺点：结果容易受到操作人知识水平的限制，因此，对操作人的专业素养要求比较高；评价难于标准化，因此推广性比较差；没有量化，缺乏一个统一的标准去衡量比较，因此可比性比较差；评价表述方法大多以文字描述为主，这与评价者本身的文学修养有直接关系，单纯的文字描述容易造成偏差。

4）定性评价在历史文化村镇中的应用。目前历史文化村镇大多是以定性评价为主，由专家进行调研，根据专家的经验、认识来评价历史文化村镇的，从而选出各级的历史文化村镇，列入保护范围内。评价的成果往往是专家用文字或者图片对历史文化村镇历史、概况等的定性描述。这种方法主观性比较强，评价结果决定在有限专家手里，专家的本身素质、修养和知识背景起了很大的决定作用，而不是历史村镇本身的质量。为了改善这种依赖于有限专家的主观评价的弊端，将定性评价与定量评价有机结合，共同构成历史文化村镇的评价体系。

3.3.1.2 定量评价法

1）定义。定量评价是采用数学的方法，收集和处理数据资料，对评价对象做出定量结果的价值判断。但定量评价往往只关注可测量的品质与行为，如果处处、事事都要求量化，强调共性、稳定性和统一性，过分依赖数字形式，有些内容勉强量化后，只会流于形式，并不能对评价结果作出恰如其分的反映。因而，它忽略了那些难以量化的重要品质与特征，忽视个性发展与多元标准，把丰富的个性心理发展和行为表现简单化为抽象的分数表征与数量计算。

2）种类。定量评价方法的目的是避免定性评价法的主观性，其最大的优势就是具有客观性。定量评价的方法主要有：（1）引文分析法；（2）文摘法；（3）层次分析法；（4）模糊综合评判法；（5）数据包络分析法（Data Envelopment Analysis 简称 DEA）；（6）熵

---

① 专家评价法的优点在于，能够在缺乏足够统计数据和原始资料的情况下，可以做出定量估计。传统的专家评价方法的优点：首先，同一学术领域的专家比较了解自身学科的研究现状，能够客观地评价出成果的创新之处；其次，对于无相关文献可供参考的评价对象，可以充分发挥同领域专家的经验智慧开展评价工作，减少或免了因资料缺乏而带来的局限性、片面性；最后，当评价指标难以量化时，专家评价就显示了它独特的优越性。局限性：首先，马太效应不可避免，专家的名望在参与专家评议的同时，也引发由机会不均匀带来的评审不公。

值法；(7) 主成分分析法。

3) 优缺点。(1) 优点：易于规范化，易于推广；有较强的可比性。(2) 缺点：评价系统易于僵化，操作者要善于利用数学模型，以便解释数学模型的含义；另外预设评价指标带来的局限性。

4) 指标量化在历史文化村镇评价体系中的重要性。指标的量化是建立评价体系的一个重要的部分，评价体系的成熟程度与指标的量化方法和深度有着直接的关系，其重要性如下：(1) 指标的量化使不同的事物具有可比性。不同的历史村镇各具特色，差异化的地理位置形成了独特的空间格局、独特的人文历史、独特的人物风情、独特的建筑风貌等独特的品质，但它们同属性的因素可以通过量化成为可比较的量化指标。指标量化后，通过比较，便可选出评价目标层需要的对象。(2) 量化的指标给历史文化村镇的分级体系提供依据。指标的量化为历史文化村镇的各个分级体系提供数据支撑。数量级最高的是国家级，依次是省级、市级、县镇级。定量评价在历史文化村镇评价体系中的应用模型如图 3-2 所示：

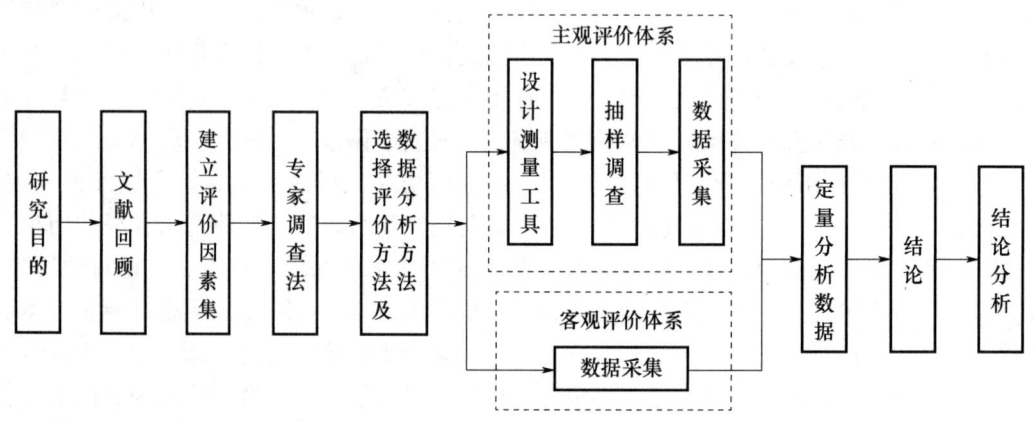

图 3-2 定量分析模型设计步骤

3.3.1.3 定性与定量评价在历史文化村镇评价体系中的结合使用

历史文化村镇评价体系定性评价与定量评价的结合使用，如图 3-3 所示。

3.3.2 本评价体系中的客观评价与主观评价

1. 客观评价

客观评价是指以行业技术性质量规范为标准，分级对事物做出等级判断的方法。规范标准大部分已经定量化、条文化，并具有法律效力，因此客观评价方法的标准要以这些量化标准为基础，深化对象的等级评价。

2. 主观评价

主观评价方法的前提假设是基于人的理性和知识的基础上，认为评价者是对历史文化村镇有一定的熟悉程度，评价者对历史文化村镇的评价虽然有许多不确定性，但理性加上评价者本身的知识使其主观判断具有科学价值，并可正确反映客观事物的现象。

3. 客观与主观评价方法的对比

客观评价方法和主观评价方法都各有优缺点，因此历史文化村镇的评价体系应该兼容并蓄，取两种方法的优点，利用两种方法各自的优点去弥补另一种方法的缺点（表 3-2）。

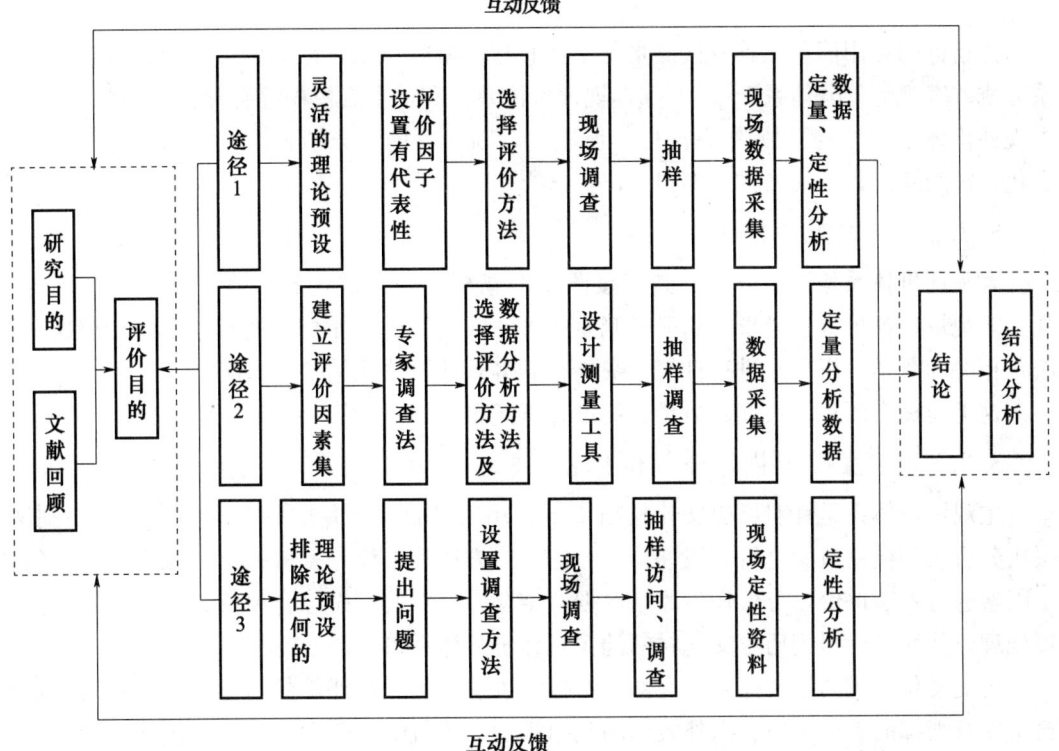

图 3-3　定性分析和定量分析结合使用关系图

表 3-2　客观评价方法和主观评价方法的对比

对比的项目	客观评价方法	主观评价方法
评价主体	专家（或者部分管理使用者）	专家（或者相关政府部门管理者、设计者、使用者、投资者等）
评价对象	物质环境	"人—物质环境"整个系统
方法论	科学主义、还原论	多元主义
研究技术	以调查、勘测、测量为主，定量化技术为中心，兼顾定性技术	定量和定性技术结合，以多元方法为主
研究策略	实证策略	描述、解释、验证
逻辑	演绎	归纳、演绎、类比
变量之间的关系	因果关系	相关关系
优点	结论有比较强的理论依据，可清晰地对比对象之间的性质，可清晰反映对象的物理性质	真正从使用者的需求出发，结合优化设计策略，可全面的综合评价，形成与时俱进的可持续发展的研究机制
缺点	局限于客观的参考标准，缺乏自我更新的能力，容易陷入僵化标准的条框中	评价标准不统一，结果容易产生片面的毛病

3.3.3 本评价体系一分为二

按指标的可用简单工具直接测量与不可直接测量的原则，把历史文化村镇评价指标体系分成"客观评价分体系"（以下称客观评价体系）和"主观模糊综合评价体系"（以下称主观评价体系），二者的操作方法也有所不同，因此可用统分结合的科学方法来进行历史文化村镇的评价，下文将详细探讨。

3.3.3.1 客观评价体系

客观评价体系是针对可用工具直接测量的指标，该方法比较直观，而且可行性比较强。客观量化评价方法是指利用科学测量的方法收集历史文化村镇的数据，应用层次分析法及相关的数学分析方法进行计算，最终得到客观评价体系结果的方法。

这类指标有面积、长度、数量、高度、宽度等。

3.3.3.2 主观模糊综合评价体系

主观评价体系是针对历史文化村镇中不能用工具直接测量的指标，结合语义差别法、层次分析法和模糊数学进行分级评价的方法。该方法是参评专家根据评分原则对村镇的各个因素进行主观评价，分数作为原始数据；结合多层次的模糊综合评价方法对原始数据进行处理，从而最后得到历史文化村镇的主观评价分体系得分。

历史文化村镇的评价体系中大部分指标均可量化成主观评价的指标。例如建筑风格的典型性及细部的工艺价值、内外表面的破损程度、建筑的安全性、空间适应新功能的可改造性、建造的技术水平、材料应用的典型性、街道节点的适用性、建筑群风貌的原真性、街道空间布局及肌理的可识别性、街道景观元素的布置适宜性、生态系统的协调性（自然灾害、环境污染程度及其处理）、村镇周边文化景观的状况、与重大历史事件的关联性、名人故居保存的原真性、非物质文化遗产的流行程度、传统生活习惯的延续情况、保护管理办法制定的完备性、保护的专门机构和人员情况、保护规划的编制与实施的良好程度、保护规划与城市规划的和谐性及可操作性、民间保护组织的建立及其作用、公众参与保护措施的决策力度、乡规民约及其作用、居民的好客度和自豪感等指标可以采取专家分级评判方法量化，进而采取有效的量化评价方法处理数据，最后算出各个指标的最终得分，从而达到筛选不合格对象的目的。

3.4 建立本评价体系的层次结构

本研究体系将层次分析法和模糊综合评价法相结合来建立评价体系的数学模型。层次分析法结合定性分析和定量分析，对历史文化村镇的评价提供有力而有效的支持；模糊综合评价能消除对事物主观评价带来的不确定性和模糊性，模糊数学方法对各个层次的模糊综合评价数据进行处理，最后得到综合评价的结果。

在历史文化村镇因素集的研究基础上，进一步把客观评价因子和主观评价因子分离，并按照其所在的层次排序，建立历史文化村镇的总层次结构（表3-3）。

表 3-3　历史文化村镇总体系的层次结构

目标层	第一层	第二层
历史文化村镇的评价体系	物质文化遗产	U_{11} 文物保护单位等级
		Y_{11} 文物保护单位数量
		U_{12} 历史建筑质量
		Y_{12} 历史建筑数量
		U_{13} 历史街区质量
		Y_{13} 历史街区之数量
		U_{14} 自然环境与景观质量
		Y_{14} 自然环境与景观数量
	非物质文化遗产	U_{21} 历史影响（历史事件和名人的影响力、文化空间的原真性）
		Y_{21} 历史影响（历史空间序列、名人故居、文化空间的数量）
		U_{22} 非物质文化遗产等级
		Y_{22} 非物质文化遗产数量
		U_{23} 生活延续（U_{231} 传统的生活习惯的延续情况）
		Y_{23} 生活延续（Y_{231} 核心区原住民的居住人数的百分比）
	保护措施	U_{31} 保护机制（管理办法、机构及人员等）
		Y_{31} 保护修复（建档、公示、警示标志、挂牌等）
		U_{32} 保护编制（保护规划）
		Y_{32} 社会经济措施
		U_{33} 公众参与

注：为便于文章后面的研究，客观评价的指标用 Y_{ij} 表示，主观模糊综合评价指标用 U_{ij} 表示。

3.5　确定本评价体系评价因子权重

确定评价因素集后，制定评价因子权重值调查问卷，采用专家调查法进行调查。对地区旅游局、文化局、史志办、高校、旅游、环境、园林、地理、民俗等相关专家 60 人发出征询问卷，回收 58 份，有效问卷 50 份。具体步骤如下：

第一，编制权重值调查表：调查的对象来自各个历史文化村镇的人员，他们从事的领域有政府机关、旅游局、规划局、建设局和各大院校的硕士学历以上的高等知识分子。所有调查对象在接受该调查之前都对历史文化村镇的保护工作有一定的熟悉程度。经过前一轮的调查，权重因素集可以避免问题重复及删减不必要的因素，术语也经过规范化处理。设计成调查表格，以广泛征求意见，达到以下目的：让被调查对象明确调查目的；让被调查对象了解评价指标的结构体系；让被调查对象可以准确表达自己的意见。

第二，受访者对问卷进行评估：通过"面对面"的交流的方式或通过电话、网络方式请受访者对问卷进行评估。问卷设计成四个层次，请受访者给每个层次的评价因素打权重，每层权重值之和为 100，下层因素权重值之和应对应上层因素权重值。

第三，第一轮结果统计：根据专家们所给出的各个指标的权数，分别计算各指标权重的均值和标准差。对评估的结果计算平均数。当我们对若干人的不同判断结果取平均数值时，应该使用几何平均数而不是算术平均数。假如两个人的判断值其中一个为 N，另一个为 1/N，算术平均数是（N+1/N），几何平均数为 N 乘 1/N 的平方根，就是 1，这样更具科学性。因此，n 个判断值，取他们乘积的 n 次方根作为平均数。对于历史文化村镇评价体系的各个因素的判断值，我们对每个层次的每个因素提取其几何平均数，为下一步分析做准备。

第四，信息反馈：将所得均值和方差的资料反馈给专家，要求专家再次提出修改意见或更改指标的建议，并在此基础上重新确定权数。由于各个领域的从业人士对历史文化村镇的理解不同，侧重点也不一样，有些因素的评判会存在比较大的分歧。采取信息反馈再咨询的方法把第一轮的统计结果反馈给受访者，请受访者再次对评价体系各因素的权重集进行评判。

第五，再次征询意见：回收数据，统计第二轮评判的结果。重复以上 2~4 的步骤，直至获得较为满意的结果（或各专家对各个评价项目所确定的权数趋于一致）为止，便得到初始权重，结果产生的分歧逐渐减少，对少量的分歧还比较大的问题再进一步进行评判。经过几轮的调查与讨论，最终得到基本一致的专家意见。

第六，最终结果统计：对收集的专家评判数值进行平均数处理，和步骤 3 用的方法相仿，计算各个因素的专家评判值的几何平均数，为下一步层次分析法打好基础。

第七，构建评价体系的层次结构。将复杂问题分解成元素，把这些元素按不同属性分成若干组，以形成不同层次，同一层次的元素，对下一层次的某些元素起支配作用，同时它又受上一层次元素的支配。这种自上而下的支配关系形成了一个递阶层次结构。处于最上面的层次只有一个元素，一般是评价或者分析问题的预定目标或者理想结果，称之为目标层。中间的层次一般是准则、子准则，最低层是基本评价因素层。

第八，层次结构建立好后，构建评价体系评价因子之间的两两对比矩阵，并进行各个因素的权重计算。层次分析法求权重法的步骤如下：

(1) 建立一个构造合理且一致的判断矩阵，两两对比矩阵（表 3-4）。

表 3-4　两两对比矩阵

A_{ij}	1	2	3	…	n
1	1	W_1/W_2	W_1/W_3	…	W_1/W_n
2	W_2/W_1	1	W_2/W_3	…	W_2/W_n
3	W_3/W_1	W_3/W_2	1	…	W_3/W_n
…	…	…	…	…	…
n	W_n/W_1	W_n/W_2	W_n/W_3	…	1

注：判断矩阵 A 具有三个基本性质：$a_{ij}>0$，$a_{ij}=1/a_{ij}$，$a_{ij}=1$。

(2) 选择合适的对比标度。标度是指人们对各个评价指标（项目）重要性的等级差异进行量化。确定指标重要性的量化标准常用的方法有：比例标度法和指数标度法。以比例标度法为例，比例标度法是以人们对事物本质区别的评判标准为基础，一般地，以 5 种判别就可以很好地表示事物本质的等级差别。当评判需要更高的精度时,可以在相邻判别之间做出比较,形成9种判别[①],对判别等级量化,用数值表示就是9个标度。常见的标度值体系见表3-5。

表3-5 比例标度值体系(重要性分数 x_{ij})

取值含义	1~9标度	5/5~9/1标度	9/9~9/1标度
i 与 j 同等重要	1	(5/5=)1	(9/9=)1
i 比 j 稍微重要	3	(6/4=)1.5	(9/7=)1.286
i 比 j 明显重要	5	(7/3=)2.33	(9/5=)1.8
i 比 j 强烈重要	7	(8/2=)4	(9/3=)3
i 比 j 极端重要	9	(9/1=)9	(9/1=)9
介于上述相邻两级之间重要程度的比较	2、4、6、8	(5.5/4.5=)1.222 (6.5/3.5=)1.875 (7.5/2.5=)3 (8.5/1.5=)5.67	(9/8=)1.125 (9/6=)1.5 (9/4=)2.25 (9/2=)4.5
j 与 i 的比较	上述各数的倒数	上述各数的倒数	上述各数的倒数

实际生活中,一个从0到∞的标度是没有意义的。人的判断力不能对任意两个对象的关系作出比较,当两个比较的事物相差无穷远的时候,我们的估计就会失准,会远离实际数值。为改善判断矩阵的一致性,近年来,研究系统工程的学者提出了转换标度的方法。新的标度方法经调查比较符合人们的心理习惯:两个"比较重要"的叠加等于"重要",两个"重要"的叠加等于"很重要",两个"很重要"的叠加等于"极重要"。假设人们对考虑的因素的两两比较判断,其重要程度呈指数函数关系:$\mu A = e\lambda x$ 表示重要程度,分为五级:原级、比较重要、很重要、极端重要(原级为同一因素比较)。

(3)计算权重。两两对比矩阵中,在对比矩阵中的交叉点数值就是列向量/行向量的重要程度,根据实际情况(根据步骤六所得专家评判值的几何平均数),从步骤二中选定的标度中选择一个适合的重要程度,得到如下结果(表3-6~表3-9):

表3-6 历史文化村镇的评价体系

历史文化村镇的评价体系	物质文化遗产 U_1	非物质文化遗产 U_2	保护措施 U_3	W_i
物质文化遗产 U_1	1.0000	1.4918	1.8221	0.4506
非物质文化遗产 U_2	0.6703	1.0000	1.2214	0.3021
保护措施 U_3	0.5488	0.8187	1.0000	0.2473

注:判断矩阵一致性比例:0.0000;对总目标的权重:1.0000。

[①] 九个标度的合理性如下:(1)被比较对象关于所比较的性质在量化数值上应该同属一个数量级,这样的比较才有实际意义,比较也要保证有一定的准确性。对相差接近无穷远的两个事物比较在实际应用上意义不大。(2)通过5个比较判断等级能够很好地反映人的定性区别能力。5个等级为:相同、微弱差异、明显差异、强烈差异、极端差异。加上它们的中间值,就有更高的精度,一共9个等级。(3)有学者曾经得出结论:人对不同程度刺激的感觉区别,使用7个标度点就足够了,因而9个标度已经足够精确了。(4)在心理学上,人只能同时对有限数目的对象进行比较。在一般情况下,其极限数目为7±2。

表 3-7　物质文化遗产 U_1（对总目标的权重：0.4506）

物质文化遗产 U_1	文物保护单位的等级 U_{11}	历史建筑的质量 U_{12}	历史街区的质量 U_{13}	自然环境与景观的质量 U_{14}	文物保护单位的数量 Y_{11}	历史建筑的数量 Y_{12}	历史街区的数量 Y_{13}	自然环境与景观的数量 Y_{14}	W_i
文物保护单位的等级 U_{11}	1.0000	0.3012	0.3679	0.4493	2.2255	0.3679	0.5488	0.8187	0.0668
历史建筑的质量 U_{12}	3.3201	1.0000	1.8221	2.2255	4.0552	1.4918	1.8221	4.0552	0.2450
历史街区的质量 U_{13}	2.7183	0.5488	1.0000	1.8221	4.0552	0.8187	1.8221	1.4918	0.1642
自然环境与景观的质量 U_{14}	2.2255	0.4493	0.5488	1.0000	1.8221	0.5488	0.6703	1.2214	0.0996
文物保护单位的数量 Y_{11}	0.4493	0.2466	0.2466	0.5488	1.0000	0.3012	0.4493	0.5488	0.0471
历史建筑的数量 Y_{12}	2.7183	0.6703	1.2214	1.8221	3.3201	1.0000	2.2255	1.8221	0.1815
历史街区的数量 Y_{13}	1.8221	0.5488	0.5488	1.4918	2.2255	0.4493	1.0000	1.2214	0.1101
自然环境与景观的数量 Y_{14}	1.2214	0.2466	0.6703	0.8187	1.8221	0.5488	0.8187	1.0000	0.0857

注：判断矩阵一致性比例：0.0138。

表 3-8　非物质文化遗产 U_2（对总目标的权重：0.3021）

非物质文化遗产 U_2	历史影响（历史事件和名人的数量/文化空间原真性）U_{21}	非物质文化遗产的等级 U_{22}	传统生活习惯的延续情况 U_{23}	历史影响（历史序列空间/名人故居/文化空间的数量）Y_{21}	非物质文化遗产的数量 Y_{22}	核心区原住民的居住人数百分比 Y_{23}	W_i
历史影响（历史事件和名人的数量/文化空间原真性）U_{21}	1.0000	0.6703	2.7183	0.8187	1.2214	4.0552	0.2085
非物质文化遗产的等级 U_{22}	1.4918	1.0000	1.8221	1.8221	2.2255	4.0552	0.2814
传统生活习惯的延续情况 U_{23}	0.3679	0.5488	1.0000	0.3679	0.3679	1.4918	0.0876
历史影响（历史序列空间/名人故居/文化空间的数量）Y_{21}	1.2214	0.5488	2.7183	1.0000	0.8187	1.4918	0.1707
非物质文化遗产的数量 Y_{22}	0.8187	0.4493	2.7183	1.2214	1.0000	2.7183	0.1824
核心区原住民的居住人数百分比 Y_{23}	0.2466	0.2466	0.6703	0.6703	0.3679	1.0000	0.0694

注：判断矩阵一致性比例：0.0330。

表 3-9 保护措施 U_3（对总目标的权重：0.2473）

保护措施 U_3	保护机制（管理办法/机构及人员）U_{31}	保护编制（保护规划）U_{32}	公众参与 U_{33}	保护修复（建档/公示/警示标志/挂牌等）Y_{31}	社会经济措施 Y_{32}	W_i
保护机制（管理办法/机构及人员）U_{31}	1.0000	1.0000	1.2214	1.2214	1.2214	0.2241
保护编制（保护规划）U_{32}	1.0000	1.0000	1.2214	1.2214	1.2214	0.2241
公众参与 U_{33}	0.8187	0.8187	1.0000	1.2214	1.2214	0.1988
保护修复（建档/公示/警示标志/挂牌等）Y_{31}	0.8187	0.8187	0.8187	1.0000	0.8187	0.1694
社会经济措施 Y_{32}	0.8187	0.8187	0.8187	1.2214	1.0000	0.1835

注：判断矩阵一致性比例：0.0025。

（4）进行一致性检验。判断矩阵的一致性是指比较过程的传递性要符合逻辑，比较结果要避免犯 a 好于 b，b 好于 c，c 好于 a，或是 c 与 a 一样好的逻辑错误。由于客观事物的复杂性和专家占有资料的不完全性，以及其他多种因素的影响，要构造出完全满足一致性要求的判断矩阵是困难的，甚至是不可能的，经常会带有某种偏差，破坏了一致性。为了保证决策正确，必须对判断矩阵作一致性检验，把偏差限制在一定范围内。在层次分析法中，Saaty 提出用一致性比率 $C.R.<0.1$ 作为判断矩阵具有满意一致性的条件，至今人们已提出许多改进判断矩阵一致性的方法，这些方法尽管具体原理、算法不同，但均以 $C.R.<0.1$ 作为终止调整的标准。

用层次分析法虽然能简单地将综合指标定量化，反映决策人的意向，但其权重确定的主观性较大。因为构造判断矩阵时，经常碰到两个指标的重要性相当，难以界定的情况；而且当某一层指标较多时，经常会犯逻辑上的错误，产生循环而不满足传递性公理，导致标度把握不准并丢失部分信息，造成判断矩阵不能通过一致性检验。即使经过矫正后判断矩阵可通过一致性检验，也会使初始判断信息产生影响，很难对对象进行正确客观地评价。

本评价体系的判断矩阵的一致性数值见表 3-6～表 3-9 底部注释，结果显示判断矩阵都通过一致性检验。

（5）第二层的评价因子的权重只需用表格的最后一列 W_i 值乘以对应评价因素 U_i 对总目标的权重值，便可得到该因素对总目标层的权重。如文物保护单位的等级 U_{11} 对总目标的权重值＝0.0668（W_i）×0.4506（U_1 对总目标的权重）＝3.01%，其他因素依此类推可得到对应的权重值。

第九，最后得到历史文化村镇总评价体系各因素的权重（表 3-10）。

表 3-10　历史文化村镇总评价体系的权重表

目标层	第一层	权重（%）	第二层	权重（%）
历史文化村镇的评价体系	U_1 物质文化遗产	45	U_{11} 文物保护单位等级	3.0
			Y_{11} 文物保护单位数量	2.1
			U_{12} 历史建筑质量	11.1
			Y_{12} 历史建筑数量	8.2
			U_{13} 历史街区质量	7.4
			Y_{13} 历史街区之数量	4.8
			U_{14} 自然环境与景观质量	4.5
			Y_{14} 自然环境与景观数量	3.9
	U_2 非物质文化遗产	30.2	U_{21} 历史影响（历史事件和名人的多少、文化空间的原真性）	6.3
			Y_{21} 历史影响（历史空间序列、名人故居、文化空间的数量）	5.2
			U_{22} 非物质文化遗产等级	8.5
			Y_{22} 非物质文化遗产数量	5.5
			U_{23} 生活延续（U_{231} 传统的生活习惯的延续情况）	2.7
			Y_{23} 生活延续（Y_{231} 核心区原住民的居住人数的百分比）	2.1
	U_3 保护措施	24.8	U_{31} 保护机制（管理办法、机构及人员等）	5.5
			Y_{31} 保护修复（建档、公示、警示标志、挂牌等）	4.2
			U_{32} 保护编制（保护规划）	5.5
			Y_{32} 社会经济措施	4.7
			U_{33} 公众参与	4.9
U_i 总权重		—		59.4
Y_i 总权重				40.6

最后客观评价体系的因素 Y_i 总权重为 40.6%，主观模糊综合评价体系因素 U_i 总权重是 59.4%，也就是说客观评价体系的得分和主观评价体系的得分，这两个权重值最后相加，才是历史文化村镇的最后得分。根据这个得分可以对申报的历史文化村镇进行排序，从而筛选出符合要求的历史文化村镇。

本章小结：深入地分析了历史文化村镇评价体系的定性和定量评价方法、主观和客观评价方法之间的关系，并根据评价因素本身的特点，把评价体系一分为二，分成客观评价体系和主观评价体系，确定主观和客观评价因素权重。

第 4 章　历史文化村镇客观评价体系

历史文化村镇的客观评价体系是建立在客观评价方法的基础上。在历史文化村镇的评价因素中，部分因素是可直接用数值来衡量其等级的，将这些因素独立出来，构成历史文化村镇的客观评价分体系，下文简称"客观评价体系"。

4.1　客观评价方法学

4.1.1　客观评价的定义

客观评价一般以行业内的技术和质量规范为标准，这些标准大部分已经条文化、定量化，而且受到国家的法律保护，具有法律效力。客观评价的标准一般是以相关的行业技术质量标准、现有的文献和研究成果、法律条文为依据，来制定评价因子的等级标准。

4.1.2　客观评价的基本方法

客观评价体系主要是定量评价，分为建立模型，收集信息，进行量化评价几个步骤，利用数学模型、统计图表来描述评价结果，使结果更直观，更易于理解。这种方法有优点，也有缺点。优点是：易于规范化，易于推广；有较强的可比性。缺点是：评价系统易于僵化，要求操作者要善于利用数学模型，解释数学模型的含义；另外，预设评价指标会带来一定的局限性。

4.1.3　客观评价的分析方法

在确定因素集的时候，历史文化村镇的客观评价体系主要还是使用专家调查法。德尔菲法和 AHP 法是目前应用最广且行之有效的评价体系构造方法，同样也是构造历史文化村镇客观评价体系的最好方法。层次分析法是针对多目标、多准则的复杂大系统的系统分析方法，是将决策有关的元素分解成目标、准则、方案等层次，在此基础之上进行决策的方法。其主要特征是，它合理地将定性与定量的决策结合起来，按照思维、心理的规律把决策过程层次化、数量化。其方法具有思路清晰、方法简便、适用面广、系统性强、可靠性相对较高的特点。

4.2 客观评价因素集的确定

4.2.1 客观评价的研究框架

客观评价体系的研究步骤可以归纳成如图 4-1 所示：

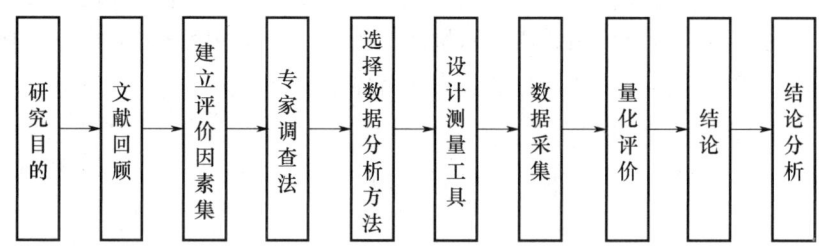

图 4-1 历史文化村镇客观评价体系研究模型

（1）首先要明确评价目标，了解该评价目标包含的研究内容。

（2）了解研究的背景。主要是查阅相关文献，网上资料搜集等，研究有关历史文化村镇评价体系的资料，探索评价体系的发展过程；学习已有研究成果的长处，并找到突破点；除此以外，另一个研究重点是量化评价，量化评价包括数学模型的建立和数据处理方法的选择两大部分内容。

（3）确定历史文化村镇评价体系的主要影响因子，并进一步分解，把客观评价因子从总评价体系中分离出来，建立客观评价体系的评价因素集。

（4）进行专家调查法，确定客观评价因素集。通过集体讨论，网络咨询、问卷调查等方法咨询专家意见，通过意见反馈和信息互动的过程，确定评价因素集。

（5）选择数据的分析方法是指评价体系操作过程中选用哪一种数据分析方法，如评价体系各个因素的权重值是用主观赋权法还是客观赋权法确定。

（6）设置评定等级的尺度，是指确定评价体系中的分数升降标准，大部分评价指标的分值升降标准是在现行历史文化村镇评价体系的基础上确定的，其余部分是在现有研究成果的基础上进一步制定的。

（7）制定数据采集表，进行数据采集。客观评价体系需要对评价因子数据进行采集，采集的数据用做等级评分。在实际应用当中，这些数据也应包含在历史村镇的申报材料中。

（8）按评分标准，对历史文化村镇进行评分。

（9）对评分结果进行讨论、分析。

4.2.2 客观评价体系因素集的确定

客观评价体系因素集的确定是以能否通过工具直接测量为原则。可直接测量的因素纳入客观评价体系范围内，反之纳入主观模糊综合评价范围内。

问卷共发放 100 份，回收 92 份，回收率 92%，其中有效问卷 90 份。根据被访者的熟悉程度加权平均,计算各评价因素的分值。

初步确定的因素集有以下几类:(1)面积类指标:核心保护区的面积、历史建筑的总面积、文物保护单位的面积、园林的面积。(2)数量类指标:历史村镇拥有的国家级文物保护单位、古塔、园林、古桥、古井、300年以上的古树、城墙、牌坊、门楼、宅院、府邸、民居、祠堂、驿站、书院的数量,保持完整的历史街区的数量和长度,拥有非物质文化遗产的数量,非物质文化遗产包含以下类型:民间文学、民间音乐、民间舞蹈、传统戏剧、曲艺、杂技与竞技、民间美术、传统手工技艺、传统医药、民俗等10类。(3)百分比类指标:核心区原住民的居住人数的百分比、对历史建筑和文物古迹进行登记建档并实行挂牌保护的百分比、对已经修复的建筑建立公示栏的百分比、对居民和游客建立有警示意义的保护标志的百分比、保护资金占地方建设资金的百分比、社会基金占保护资金中的百分比、旅游业及其相关行业资金占保护资金的百分比、历史建筑改造利用的投资占保护资金的百分比。

4.2.3 结论

通过专家的咨询意见及反复的征询意见,确定出客观评价体系的评价因素集,并建立起层次结构见表4-1:

表 4-1 历史文化村镇客观评价体系的层次结构

目标层	第一层	第二层	第三层
历史文化村镇的评价体系	Y_1 物质文化遗产	Y_{11} 文物保护单位	Y_{111} 文物保护单位的数量
		Y_{12} 历史建筑	Y_{121} 拥有反映村镇风貌的古塔、古桥、驿站的数量
			Y_{122} 古塔、古桥、驿站规模的大小(面积)
			Y_{123} 拥有反映村镇风貌的城墙、牌坊、门楼的数量
			Y_{124} 拥有反映村镇风貌的古井、300年以上的古树的数量
			Y_{125} 拥有反映村镇风貌的宅院、府邸、祠堂、书院的数量
			Y_{126} 宅院、府邸、祠堂、书院规模的大小(面积)
		Y_{13} 历史街区	Y_{131} 保持完好的街道数量
			Y_{132} 保持完好的街道长度
			Y_{133} 街区规模的大小(面积)
			Y_{134} 核心保护区的大小
		Y_{14} 自然环境与景观	Y_{141} 拥有保持完好的古园林数量
			Y_{142} 保持完好的古园林的规模大小(面积)
	Y_2 非物质文化遗产	Y_{21} 历史影响	Y_{211} 名人或者重大历史事件的数量
			Y_{212} 历史事件序列空间和名人故居的数量
			Y_{213} 建筑的历史年代

续表

目标层	第一层	第二层	第三层
历史文化村镇的评价体系	Y_2 非物质文化遗产	Y_{22} 非物质文化遗产	Y_{221} 传统方言、民间音乐、民间舞蹈、传统戏剧、曲艺、杂技与竞技的数量
			Y_{222} 传统医药、民俗、传统节日的数量
			Y_{223} 民间文学、民间美术、传统手工技艺、美食、服饰的数量
			Y_{224} 文化空间的保护数量
		Y_{23} 生活延续	Y_{231} 核心区原住民居住人数的百分比
	Y_3 保护措施	Y_{31} 保护修复	Y_{311} 对历史建筑和文物古迹进行登记建档并实行挂牌保护的百分比
			Y_{312} 对历史建筑和文物古迹已经动工修复的百分比
			Y_{313} 对已经修复的建筑建立公示栏的百分比
		Y_{32} 社会经济措施	Y_{321} 国家基金占保护资金的百分比
			Y_{322} 地方财政预算占保护资金的百分比
			Y_{333} 社会基金占保护资金的百分比
			Y_{334} 旅游业及其相关行业收益占保护资金的百分比
			Y_{335} 历史建筑改造利用的投资占保护资金的百分比

4.3　客观评价体系权重的确定

运用与第 3.5 节相类似的调查方法和计算方法，计算得到各个因素精确的权重值见表 4-2。

表 4-2　客观评价体系的权重表

目标层	第一层	第二层	权重（%）	第三层	权重（%）
历史文化村镇的评价体系（28项）	Y_1 物质文化遗产 45.0	Y_{11} 文物保护单位	5.2	Y_{111} 文物保护单位的数量	5.2
		Y_{12} 历史建筑	22.2	Y_{121} 拥有反映村镇风貌的古塔、古桥、驿站的数量	3.6
				Y_{122} 古塔、古桥、驿站规模的大小（面积）	2.9
				Y_{123} 拥有反映村镇风貌的城墙、牌坊、门楼的数量	3.0
				Y_{124} 拥有反映村镇风貌的古井、300年以上的古树的数量	2.2

续表

目标层	第一层	第二层	权重（%）	第三层	权重（%）
历史文化村镇的评价体系（28项）	Y_1 物质文化遗产 45.0	Y_{12} 历史建筑	22.2	Y_{125} 拥有反映村镇风貌的宅院、府邸、祠堂、书院的数量	6.2
				Y_{126} 宅院、府邸、祠堂、书院规模的大小（面积）	4.3
		Y_{13} 历史街区	11.6	Y_{131} 保持完好的街道数量	3.3
				Y_{132} 保持完好的街道长度	2.7
				Y_{133} 核心保护区的大小	2.0
				Y_{134} 核心保护区现存历史建筑及其环境用地占核心区全部用地面积的比例	3.6
		Y_{14} 自然环境与景观	6.0	Y_{141} 拥有保持完好的古园林数量	3.0
				Y_{142} 保持完好的古园林的规模大小（面积）	3.0
	Y_2 非物质文化遗产 30.2	Y_{21} 历史影响	14.2	Y_{211} 名人或者重大历史事件的数量	5.8
				Y_{212} 历史事件序列空间和名人故居的数量	5.8
				Y_{213} 建筑的历史年代	2.6
		Y_{22} 非物质文化遗产	11.7	Y_{221} 传统方言、民间音乐、民间舞蹈、传统戏剧、曲艺、杂技与竞技的数量	3.0
				Y_{222} 传统医药、民俗、传统节日的数量	2.0
		Y_{23} 生活延续	4.3	Y_{223} 民间文学、民间美术、传统手工技艺、美食、服饰的数量	3.0
				Y_{224} 文化空间的保护数量	3.7
				Y_{231} 核心区原住民居住人数的百分比	4.3
	Y_3 保护措施 24.8	Y_{31} 保护修复	12.4	Y_{311} 对历史建筑和文物古迹进行登记建档并实行挂牌保护的百分比	5.4
				Y_{312} 对历史建筑和文物古迹已经动工修复的百分比	3.5
				Y_{313} 对已经修复的建筑建立公示栏的百分比	3.5
		Y_{32} 社会经济措施	12.4	Y_{321} 国家基金占保护资金的百分比	3.6
				Y_{322} 地方财政预算占保护资金的百分比	3.1
				Y_{333} 社会基金占保护资金的百分比	2.3
				Y_{334} 旅游业及其相关行业收益占保护资金的百分比	1.9
				Y_{335} 历史建筑改造利用的投资占保护资金的百分比	1.5

4.4 客观评价体系因素释义

4.4.1 物质文化遗产

历史文化村镇的物质文化遗产是由重点保护文物单位、历史建筑、历史街区、村镇的自然环境与景观组成。每个村镇物质遗产方面的特色具体表现在村镇中的民居、寺庙、宗祠、桥梁、古树、街道节点空间及其分布的特征、建筑风格、街道形成的肌理等元素上。为了分类评价和保护,根据每个历史建筑在构成村镇价值上的重要性,本研究把各类物质文化遗产分为文物保护单位、历史建筑、历史街区(街道)、自然环境与文化景观四大部分。

4.4.1.1 重点文物保护单位的数量

文物保护单位一般是历史名镇名村内最有保护价值的历史建筑,某些历史村镇的文物保护单位多于一个,这个指标只算数量,按数量确定分数升降。文物保护单位的等级在客观评价体系中暂不用考虑,采用无差别计算法。

根据笔者的调查,在世界遗产、国家级文物保护单位、省级文物保护单位、市级文物保护单位中,文物保护单位集中在同一村镇中的数量≥5个属于比较多,因此评分标准规定每个文物保护单位计2分,计满10分为止。

图 4-2 东莞市级文保单位
——南社村百岁坊

图 4-3 东莞市级文保单位
——南社村谢遇奇家庙

例如,广东省东莞市的南社村(图 4-2、图 4-3)是国家级的文物保护单位。石排镇南社村明清建筑群面积 10 多万平方米,包括门楼 8 座,谯楼、炮楼 45 座,祠堂 51 座、书室 19 间、庙宇 3 座、民居 500 多间,还有井 30 多口、古墓 36 座、良田数千亩,具有很高的学术研究价值。整个古村是国家重点文物保护单位,谢遇奇家庙、百岁坊、资政第几个建筑都于 1993 年列入东莞市市级文物保护单位,因此,东莞市南社村这个因素的得分是 8 分(2+2+2+2=8)。

4.4.1.2 历史建筑

历史建筑包括古塔、古桥、驿站、城墙、牌坊、门楼、古井、300 年以上的古树、宅院、府邸、祠堂、书院等。可根据历史建筑的数量及其规模的大小去评价历史村镇等级。不同种类历史建筑的权重不同，可分成以下几类：

1) 拥有可反映村镇风貌的古塔、古桥、驿站的数量。古塔、古桥和驿站虽然一般不用于居住和生活，但与居民的精神生活息息相关，这些古建筑会营造出一种与村镇的历史、文化、宗教有关的特殊氛围，这种特殊氛围属于非物质文化遗产的研究领域，古塔、古桥和驿站对当地非物质文化遗产的研究具有重要意义。这些构筑物共同构成了古村镇的风貌，它们的保存情况反映了整个村镇外观形态保存的完整性，数量越多，该地历史风景原貌保持的越完整。

2) 古塔、古桥、驿站规模的大小。这几类建筑的面积不大，因此，以其他数量指标划分等级。古塔一般以高度划分等级；古桥一般以长度划分大小等级；驿站一般以周长划分等级。

3) 城墙、牌坊、门楼的数量。(1) 城墙。计算入内的城墙至少应超过原有城墙长度的四分之一。(2) 牌坊。又名牌楼，是封建社会为表彰功勋、科第、德政以及忠孝节义所立的建筑物；也有一些宫观寺庙以牌坊作为山门的，还有的是用来标明地名的，应该全部计算入内。(3) 门楼。门楼是一户人家贫富的象征，所谓"门第等次"即为此意，故名门豪宅的门楼建筑特别考究。

4) 古井、300 年以上古树的数量。本研究体系参考现行的历史文化村镇评价体系的研究成果，300 年以上的古树方可纳入计算范围内。

5) 宅院、府邸、祠堂、书院的数量。单个建筑面积应在 500 m^2 以上。

6) 宅院、府邸、祠堂、书院规模的大小。现行的评价体系规定历史建筑的规模评分标准为：名镇 5000m^2 为 1 分，每增加 2500m^2 加 1 分；名村 2500m^2 为 1 分，每增加 1000m^2 加 1 分。本研究体系借鉴此标准定为：名镇 5000m^2 为 2 分，每增加 2500m^2 加 2 分；名村 2500m^2 为 2 分，每增加 1000m^2 加 2 分。

4.4.1.3 历史街区

历史街区是反映村镇古风貌的主要片区，其独特之处不同于单个历史建筑。如何延续这些传统的街巷空间，保持原有的城市形态和肌理，从而保持原有的城市特色和风貌，是保护工作者必须要解决的问题。

(1) 保持完好的街道数量。借鉴现行的评价体系，历史街道必须是保存相对完整的，长度在 80m 以上的历史街道。

(2) 保持完好的街道总长度。借鉴现行的评价体系，村和镇的街道总长度 200m 为 2 分，每增加 200m 增加 1 分。本研究体系规定村镇的街道总长度 200m 为 2 分，每增加 200m 增加 2 分。同样的，规定的附加条件为：两侧或一侧有建筑的街巷（河道），历史建筑比例应为 60% 以上；对所有历史街巷（包括两侧均无建筑的街巷、河道），其路面（河岸）保持传统材料及铺砌方式的比例均应为 75% 以上。

(3) 历史街区规模的大小。借鉴现行的评价体系的评分标准，名镇 5hm^2 及以下 1 分；每增加 2hm^2 增加 1 分。名村 2hm^2 及以下 1 分；每增加 2hm^2 增加 1 分。

(4) 核心保护区的大小。核心保护区是村镇划定的重点保护区，是村镇中历史建筑比较集中的地段。由于经济的发展，许多旧建筑会被拆除，为了保持历史村镇现存的历史建筑，需要在村镇中历史建筑比较集中的地带划定核心保护区，使该区域的历史建筑、历史风貌得以保存下来。

4.4.1.4 自然环境与景观

（1）拥有保持完好的古典园林数量。北方的园林大多数规模宏大，岭南园林小巧玲珑。古典园林的数量，面积要设置最低限，规模太小的不容易显示其价值。广东省最小的名园余荫山房面积不足 2000 m^2，却是国家级的重点文物保护单位，因此，本评价体系设置 1500 m^2 为最低限度，面积在此数值以上并保持完整的古典园林方可计算入内。

（2）保持完好的古典园林的规模大小。古典园林的规模大小要兼顾南北方园林的特点，通过对比皇家园林和岭南园林的规模差异来衡量规模等级的划分。中国园林的规模大小相差甚远，为了兼顾南北古园林的特点，本评价体系规定 1500~4500m^2 得 2 分、4501~9000m^2 得 4 分、9001~18000m^2 得 6 分、18001~36000m^2 得 8 分、36001m^2 以上得 10 分。

4.4.2 非物质文化遗产

4.4.2.1 历史影响

（1）名人或者重大历史事件的数量。现有的评价体系如此定义名人和历史事件："以在一定历史时期内对推动全国、区域（省域或相当范围内）、本地（市、县域范围）社会经济、文化发展起过重要作用为标准来衡量，分别按照不同的区域来划定等级。"

（2）历史序列空间和名人故居的数量。历史事件的发生地往往不只是一个地点，而是一连串的历史空间或场所，这些场所应该按事件的发生顺序依次保护下来，这就是历史序列空间。历史序列空间可列入文化空间的保护范围内。名人故居的保护应该全面，同一时期内，有可能出现多个名人，此时，他们的故居都应该得到保护，而不应顾此失彼。

（3）建筑的历史年代。建筑的历史年代越久远越有价值。虽然不少村镇的历史年代比现存的建筑的年代久远得多，但难以考证，在历史文化村镇的评价中，只考虑现存历史建筑的年代，现存历史建筑的年代越久远，越珍稀。

4.4.2.2 非物质文化遗产

国家级非物质文化遗产分为民间文学、民间音乐、民间舞蹈、传统戏剧、曲艺、杂技与竞技、民间美术、传统手工技艺、传统医药、民俗等 10 类。

1. 传统方言、民间音乐、民间舞蹈、传统戏剧、曲艺、杂技与竞技的数量

（1）方言不仅是富有地域特色的语言，还是地方文化的重要载体，保护方言，同时也就保护了地方文化。国家语委已经在苏州正式启动了语言资源有声数据库建设试点工作，以抢救保存各地的方言。这次启动有声数据库建设，就是为了赶在语言急剧衰变之前，全面调查采集国内语言、方言的基本状况和原始数据，并进行科学整理、加工和有效保存。

（2）民间音乐又称民间歌谣、民俗音乐、民间短篇诗歌等，简称民谣、民歌、民乐或民曲，国际民间音乐协会（IFMC）的定义为"经过口传过程发展起来的普罗大众音乐"，也就是该音乐散布过程，纯粹是由演奏者或音乐接收者记录教习，并亲自相传所得。

（3）戏曲属于民间音乐及表演类型非物质文化遗产，戏曲与其他民间艺术相比，有自己的特点。它比一般的民间艺术有更强的综合性、不固定性、地域性、变化性。戏曲是用

于人们情感、娱乐的，因此随着地方的不同而变化，又因时代不同而变化。戏曲是一个不断发展变化的传统，作为文化遗产，戏曲是一种不断发展，不断积累的文化遗产。

（4）民间舞蹈产生和流传于民间、风格鲜明、为广大群众喜闻乐见的舞蹈。它反映人民的劳动、斗争、交际和爱情生活。

（5）杂技又称"杂戏"，是指古代娱乐形式之一种，包括百戏、杂乐、歌舞戏、傀儡戏等。

2. 传统医药、民俗、传统节日的保护数量。

（1）中医，至今已有数千年的历史，广义上包括了中国汉族的汉医学，日本的汉方医学，朝鲜半岛的东医学以及中国大陆境内的藏医、蒙医、维医、朝医、彝医、壮医、苗医、傣医等民族医学，狭义则专指汉医学。中医在村镇使用更为广泛，原因是西医主要是以城市为主，农村或者经济相对不发达的城镇多为祖传的中医，而且中医是作为一门记忆代代相传下来的，因此，村镇中至今还活跃着不少中医医师。

（2）民俗是指当地群众的风俗习惯，含义非常广，具体表现在人们的生活习惯上。民俗是人民传承文化中最贴近生活的一种文化，劳动时有生产劳动的民俗，日常生活中有日常生活的民俗，传统节日中有传统节日的民俗，社会组织有社会组织民俗，人生成长的各个阶段也需要民俗进行规范，结婚时，人们需要有结婚典礼或仪式来求得社会认同，在人的精神意识领域也有民俗，许多生活中的禁忌就是如此，如有些地方大年三十至初二，家中不许扫地，如果进行打扫就会破坏来年的财运等。

（3）传统节日也是民俗的一种，是非物质文化遗产保护中相当重要的一环。传统节日是中华民族历史文化的多彩画卷，中国传统节日源远流长，具有十分深厚的历史底蕴。中国传统节日早已成为人们社会生活中的重要组成部分，也恰恰是这种历史悠久性，使得传统节日能够历久弥新，深入人心。随着经济的发展，城市的居住密度日增，居民的节庆仪式也变淡，一般情况下村镇的节日庆典活动保存的相对完整，更有中华特色。

3. 民间文学、民间美术、传统手工技艺、美食、服饰的保护数量

（1）手工艺是指以手工劳动进行制作的具有独特艺术风格的工艺美术。

（2）民间文学是一种特殊的文学，一种用语言以及兼用表演的艺术。民间文学的艺术特色和优点是多方面的，与广大人民群众是分不开的，而这一切又来源于历史村镇，因此，民间文学是历史村镇重要的非物质文化遗产。

（3）民俗美术是指中国人民群众创作的，以美化环境、丰富民间风俗活动为目的，在日常生活中应用、流行的美术。

（4）传统手工艺指具有高度技巧性和艺术性的手工，如挑花、刺绣、牙雕、木雕、砖雕、石雕等。

（5）中国历史源远流长，中国美食更是名扬全世界。中国几千年的文明史是由文字记述而传衍的，饮食文化自然也在此例，而这些饮食习惯和习俗在历史悠久的村镇里保存的相对完整。

（6）服饰是真实地反映居民审美观的创造物，它的风格、产生、发展、演变都直接受制于社会审美观的总体环境。

4. 文化空间的数量

"文化空间"代表国际上非物质文化遗产保护的新思路,文化空间是非物质文化遗产和物质文化遗产间最直接的纽带。将"文化空间"保护思路引入历史文化村镇保护中,更有利于历史文化村镇的非物质文化遗产及与之相关场所的保护工作。历史文化村镇中"文化空间"的分类归纳,使历史文化村镇中的"文化空间"更清晰明了,有利于促进历史文化村镇非物质文化遗产和物质文化遗产的研究与保护工作。

历史文化村镇的"文化空间"根据内涵来分类,有以下几种:

(1)古老的人类聚居地。这些古老的人类聚居地蕴含着丰富的人类文化,很多人类的非物质文化就是从这些古老的聚居地发源、发展进而传播到广大地域,这些"文化空间"的保存对人类非物质文化的研究至关重要。古老的聚居地大多地势偏僻,拥有独特的地形地貌,加之受现代经济发展的影响较少,朴素的民风得以保存,具有较高的研究价值。

(2)宗教或有重大影响力的组织集会的独特礼仪及其场所。例如,广东省历史文化村镇的歇马村中,这类的文化空间比较突出。歇马村距今已有近700多年的历史,在明、清两代,恩平市圣堂镇歇马村的学子考取封建功名的有670多人,歇马村因此成为有名的"举人村"。至今村里尚存有7间祠堂、200多块举人石碑、清朝皇帝的圣旨石碑、八大旗杆夹等文物和古迹,仿佛还在诉说着"举人村"在封建科举时代的辉煌。该村的"开笔礼"至今流传下来,每年新学年伊始,村民们都会带着新上学的小孩前来此处举办开笔礼,以此激励他们树立远大志向,通过努力学习成为国家的栋梁之才,为国家做贡献。所谓"开笔",就是开始学做人,学写文章,仪式主要是由拜(敬拜孔子像)、授(启蒙老师讲授人生最基本最简单的道理)、赠(文房四宝、祝福语)等内容组成。过程中有拜师礼、歌唱、宣誓等,孩子们还有专门的服饰——"博士服",这一切足以表达村民对孩子们的期望以及对知识的尊重(图4-4、图4-5)。

图4-4 开笔礼的第一个场所——励志碑　　图4-5 开笔礼最后一个场所——孔子像

(3)古典的诗歌、口述文化、戏曲、音乐等艺术的发源地及其表演空间。此类艺术都有其产生及生存的特定空间,或称之为特定的舞台,这些舞台经过岁月的洗礼,流传至今成为古迹,成为受保护的"文化空间",其真正目的是要保护这些非物质文化遗产中原创的物质空间。例如,广东省广州市的番禺区沙湾镇的留耕堂、宝墨园、三善古庙群这些"文化空间"中流传着沙湾镇居民的宗族文化、游园文化、园艺文化、飘色和醒狮等丰富的民俗文化。至今，在每年重要的节日里，沙湾镇的飘色和醒狮游艺艺术在镇上的"文化空间"热闹地举行，为村镇增添不少活力。

（4）有重大影响力的广场、街道节点。这类型的广场和街道节点是历史文化村镇中街区研究的重点，这些广场往往是历代聚居在附近的民众进行公共活动的场所，有商业活动、宗教活动、集会活动、宗族活动等。历史文化村镇中有些广场至今仍然延续了原有功能，供群众进行绘画、音乐、杂技、表演、美食、商业买卖等社区活动，凝聚了村镇多年的历史文化精髓。

（5）传统手工艺、服饰生产地及其生存空间。传统街道的"文化空间"主要的价值不单在组成街道两旁的历史建筑，还在于街道的功能，其功能决定该街道的风貌。例如东莞市的石龙镇近代就是以多条传统手工艺街道而闻名，清代的石龙商业发展非常兴旺，商业的繁荣带动了手工业等其他行业的发展，形成了竹器街（图4-6、图4-7）、面街、棉花街、弹花街、打石街、打锁街、皮糖街、猪糠街、风炉街、豆腐巷、蒜头街、果栏街、线香街等产品专卖街和作坊，这些街道因其功能不一样，每条街道又形成自己独特的风貌。至今，流传下来的历史街道形成现代城镇一道独特的风景线，应作为"文化空间"进行保护。

（6）集中表达传统农业、手工业生活模式的场所。这类场所在历史文化村镇中非常丰富，如客家围屋门前的半月塘（图4-8）、晒台等元素反映了封建社会的生活模式。其中半月塘的设计蕴含了中国传统古典哲学的深刻含义：风水学上说屋前有水，且大门朝向又是吉利方位，则屋内主人富贵兴旺，同时池塘还具有蓄水、养鱼、防火、防旱等功能；另外一层深意是忌"月圆则亏，水满则溢"的道理，告诫子孙为人处世的哲理。

图4-6　石龙镇竹器街　　　图4-7　石龙镇竹器街的碑志　　　图4-8　秋长镇客家围屋的半月塘

以上类型的"文化空间"在历史文化村镇中还数之不尽，鉴于篇幅有限，本文只能略举典型例子，为历史文化村镇中文化空间的保护提供一条崭新思路。由于"文化空间"的保护这个理念比较新颖，目前在国际上比较流行，能提出这样的概念的村镇比较少。

5. 核心区原住民居住人数的百分比

原住民是指在本地居住3代以上的本地居民，是当地历史文化习俗的"活"的物质载体，人口流动必然会造成历史村镇传统文化的流失。这个"活"的载体会随着经济发展而频繁地流动，不少地方的村镇出现大量外来人口，本地居民又大量迁出，这对历史村镇的文化传承和延续会带来很不利的影响。经验告诉我们，历史村镇中原住民的人口占的百分比越大，当地的民俗文化保存的越完整。

4.4.3 保护措施

4.4.3.1 保护修复

（1）对历史建筑和文物古迹进行登记建档并实行挂牌保护的百分比。对历史建筑和文物建筑的挂牌保护起到宣传和警示作用，使开发商和市民游客知道这是受到保护的建筑，既能使人民群众了解历史遗产，又能起到宣传教育的作用，同时使历史建筑和文物建筑避免遭拆除或者免于其他的破坏。

（2）历史建筑和文物古迹已经动工修复的百分比。该指标是衡量村镇对历史建筑保护措施实施力度大小的指标。该百分比越高代表村镇制定的保护措施的可操作性越强，也代表村镇的保护力度越大。

（3）已经修复的建筑建立公示栏的百分比。公示栏是一切保护工作公示制度的表现形式之一，其目的是要推进公众参与。历史村镇的保护工作离不开当地的居民，要促进公众参与，就要使居民有主人翁的自豪感与责任感。公示栏的基本信息有：保护修复的项目名称、位置、资金、建设单位、主管部门、改造利用的单位、开发商、责任单位、修复的内容、反馈意见及截至信息等。

4.4.3.2 社会经济措施

（1）国家保护基金占保护资金的百分比。国家的保护基金包括历史文化名城的专项保护基金、重点文物保护单位的保护基金及其他形式的基金。国家历史文化名城保护专项资金是中央设立的专门用于国家历史文化名城中确有长期保护价值的重点历史街区及文物的保护规划、维修、整治的专项资金。

"十五"期间，由国家计委、财政部在1997年联合设立"国家历史文化名城专项保护基金"，计划在此后的5年中连续"对我国国家历史文化名城中的重要历史街区保护给予资金的补助"，"其目的是以国家资金的重点投入，带动地方、集体、个人的多渠道资金配合"。2002年以后，财政部不再拨款，而由国家计委承担此后五年内每年1500万元的专项保护基金划拨任务。2006年，国家发改委与建设部、国家文物局共同开展了十一五期间（2006—2010年）国家历史文化名城（镇、村）历史文化街区保护项目国家预算内基本建设投资安排工作。这项工作比以往有两个特点，一是国家的投入力度增大，比十五期间投入有数倍的增长，充分说明国家在国力增强的同时，加大了对文化遗产保护的资金扶持力度；二是这次资金扶持的范围扩大到历史文化村镇，并对保护项目的投资实施过程提出了监督措施。

国家其他形式的基金并非专项用于历史文化名城村镇的保护基金，但地方可根据基金申请条件，符合条件的可以申报这些基金用于地方历史文化遗产的保护。这些基金往往和国家政策挂钩，根据国家政策的发展计划设置的，一般是短期资助或者一次性资助比较多见。

（2）地方财政预算占保护资金的百分比。现阶段，历史文化村镇虽然已经开展了其他途径筹集资金，但政府拨款仍是文物保护单位和历史街区保护资金的主要来源。财政税收获得的资金,通过法定程序进行再分配,财政收入中的部分资金被投入用于优秀历史建筑保护中。此类资金根据当地政府的年度计划,按照实际项目的规模和整治内容,由地方财政划拨,主要用于街区道路、广场、历史建筑、桥梁、传统园林、街道设施等整治项目以及其他多种费用,包括设计费、拆迁补偿费和奖励等。

历史文化村镇还没有专项的国家保护基金,各省级政府基本上也没有专门的财政预算予以补助和支持,而主要依靠村镇所在的镇区政府的资金投入,这对地方的财政是一个沉重的负担,经济较发达的地区应建立专项文物保护经费,确定基数,每年将城市建设维护费征收额的约3%提取作为专项文物保护经费,确保历史文化遗产保护管理工作顺利开展。

国家文物法规定历史文化遗产的保护资金要纳入地方财政预算内,但历史文化遗产的保护需要长期投入大量的资金,长此以往给政府预算带来沉重的包袱。政府拨款资金有限,许多亟待维修的文物得不到及时维修,一些该施行科学保护措施的文物得不到有效的保护,也同时影响了对它的使用。但是要缓和这一矛盾,从社会多渠道筹集资金已经是解决当代历史文化村镇保护资金的唯一途径。

(3) 社会基金占保护资金的百分比。社会基金指的是社会上的民间组织筹集的保护资金。有学者曾经提出过"保护文化遗产不只是政府的责任,民间资本介入是社会文明的进步。"中国权威文物专家罗哲文在接受记者采访时说:"我举双手支持民间资本社会力量介入文物保护,不能让政府大包全揽,而要充分利用社会资源,在'有效保护、合理利用'的前提下,积极吸收社会资金参与文物的维修管理和使用。鼓励民间资本投资建设博物馆、纪念馆、展览馆等文化公益事业。文化遗产财富是全社会的,保护它不仅仅是政府的事,也是企业和公民的一份责任。"国内尚没有形成赞助文物保护的氛围,是由于国内人民群众的观念相对比较落后,在国内普通大众心目中,保护文物理应是政府的事情,而在国外很多人都认为是全社会的事情,甚至有些企业不求回报地捐赠,他们认为这样的行为是时髦的、时尚的。这与我国几千年以来的独裁统治制度在人民群众中形成的观念有关,普通大众从来没有主动权过问公共事务,而今天的中国虽然已经是社会主义国家,但是文物保护方面的决策权始终掌握在政府手中,公众参与仍然停留在形式上,民众自然不会过多关心文物保护工作。民间资本的介入,标志着中国文物保护的进步,也是中国社会文明的进步的标志。

目前,国家最大的文物保护基金会是中国文物保护基金会,它创立于1992年,是经中华人民共和国民政部批准,并由国家文物局主管的社团法人、公募性基金组织。中国文物保护基金会致力于中国文物保护事业。其宗旨是:筹措文物保护基金,资助文物保护项目,传承优秀的民族传统,弘扬悠久的历史文化,为社会的政治文明、物质文明和精神文明建设做贡献。境内外个人、法人及其他组织的捐赠在保护历史文化遗产资金来源中占据重要的地位,保护资金数量逐年攀升。社会各界为公益事业竞相捐赠无疑是一种良好的社会风尚,值得大力提倡。部分具有远见的企业家在直接追求商业利润的同时,也有为城市做出贡献、发展公益事业的愿望,他们自身的捐赠或代表企业作出的捐赠为历史文化遗产的保护资金起到了添砖加瓦的作用。

(4) 旅游业及其相关行业收益占保护资金的百分比。与旅游业相关的行业包括手工业、传统餐饮业、非物质文化遗产的娱乐行业等发展旅游是历史村镇利用当地文化遗产取得经济回报的最主要的途径。旅游是一种综合性的消费，旅游者在参观旅游的期间，在当地的消费涉及"食、住宿、交通、购物、娱乐、游览"六方面的消费，而带动整个地区的经济消费，促进当地经济发展，吸引国际游客而增加外汇收入。同时，为景区的居民提供就业机会，完善当地的基础设施，促进与外界文化的交流，发展当地的历史文化。毋庸置疑，利用文物资源可以促进旅游业的发展，同时带动经济发展。

发展旅游所得的利益按一定的再分配制度分配下去，其中参与分配的有：政府部门、旅游景区投资者、社区居民三大部分。政府获得的利益是作出对景区的综合治理和社会民事、民政事务管理的贡献；旅游投资者通过景区的住宿、饮食、消费品、提供景区服务等经营活动获得利益；居民可得到相应的土地使用补偿、分红以及参与旅游事业的收入，同时可以行使景区决策参与权。

传统手工业有着几千年的历史，是我国宝贵的非物质文化遗产。传统手工业的现代价值有两个方面，一方面是精神和文化的价值——古人智慧和创造力的见证；民族精神的体现；文化认同和文化多样性的基石。另一方面是学术价值和经济价值——作为技术研究的科学价值，作为社会财富创造要素的经济价值。手工艺品仍然是旅客旅游购物的首选，手工业在现代机械化生产的社会中仍然有着活跃的市场，手工艺品由于其独特性的艺术性，仍然深得各地旅客的青睐。因此，村镇独有的传统手工艺，渴望在新建设中创造可观的经济价值。除了产品销售，手工艺品在旅游业中的贡献可以是多渠道的，除了出售产品，还可以设立让旅客亲手制作手工艺品的小型作坊，实践证明，这些小作坊非常受游客欢迎，能够创造很好的经济效益。销售产品与小型作坊的经营，既可创造经济价值，又可向外地游客宣传本地的非物质文化遗产，是一举多得的好方法。

传统的餐饮业也是地域性的行业，"食在中国"我国饮食文化是世界闻名的，国内地区差异比较大，民族多种多样，饮食文化也丰富多彩。因此，中外旅客在当地旅游，免不了就要品尝当地美食，传统餐饮业与旅游业息息相关。

非物质文化遗产相关的娱乐活动行业，比如说四川的变脸、滚灯，北京的京剧，陕西的皮影戏等。这些极具地域性的表演事业深得中外旅客的喜爱，既可以创造财富，又可宣传我国文化。

以上行业都与历史村镇的旅游业和历史建筑改造利用有千丝万缕的关系，我国文物保护资金正向多行业筹款的渠道转变，以上相关行业的收益都可以对历史村镇做出贡献。

（5）历史建筑改造利用的投资占保护资金的百分比。历史村镇中文物保护单位的数量有限，大多数的是可改造利用的历史建筑。对这部分可改造再利用的建筑一般采取投资改造，提高其建筑安全、室内环境、室外环境等质量，从而提高房租达到盈利的目的。历史文化建筑投资改造的资金来源有好几种：房产所有人的个人资金、房屋产权所属的房管局和企事业单位自筹资金、开发商投资资金、拍卖和招标、政府投资资金、租金。

需要改造的历史街区或者历史建筑，投资方式会根据产权拥有情况不一样，对于公房，政府对保留公房的修缮按产权人出 45%、政府出 55% 的比例进行补贴，修缮后适当提高房租，这一措施在经济发达的地方会取得了良好的效果；对于房产掌握在私人手上的房子，一般由开发商或者产权所有人投资，改造后也可提高房租，达到既盈利又能保护历史建筑的目的。对涉及历史文化街区的房地产开发行为，由街区主管部门进行严格控制和附加一些有利于保护的交换条件，可以为街区的保护争取到部分资金，只要这种方法运用合理、适度，并有一定的政策依据，不失为一种可借鉴的资金筹措方式。

以招标和拍卖的方式历史文化街区保护的资金，是市场经济社会中对保护资金筹措方式的一种尝试。早在 2005 年，蒟湄草堂以 5600 万元的价格敲响苏州古宅上市第一拍，之后朱家园别墅、故居小南园、东山镇崇本堂和同德堂相继进入拍卖程序，然而这些努力均以失败告终。有"姑苏城外第一宅"之称的山塘雕花楼于 2009 年 7 月 13 日下午被拍卖，一家名为中翔起重设备安装有限公司的苏州民营企业以 2900 万元的价格拍得这座文物。据了解，山塘雕花楼建筑面积为 $1500m^2$，成交价格约为每平方米近 2 万元，这个价格是苏州市区公寓房的 2 倍。此次拍卖是苏州 2006 年起受保护文物上拍卖台以来首次现场成交，这使民间资本介入古建筑保护再次成为焦点话题。文物拍卖一直是个敏感话题，每次筹拍时都会遇到不可移动文物能否买卖的质疑，此次雕花楼成功拍卖对于古建筑的社会化保护无疑具有里程碑意义。因此，转让与拍卖这个途径还是可以尝试的，只要监督工作做得完善，无疑是一种好的方法。

另外，目前有一些优秀历史建筑已被确定为旅游观光的景点，其名称有名人故居、某某会址、昔日园林或者花园、历史文化街道等，这些公有优秀历史建筑往往通过出售门票、销售纪念品等方式获得一定的收益。在满足其自身经营、维护、修缮的需求之余，政府可以将其部分收益投入于其他公有优秀历史建筑的保护工作。因为这些建筑的所有权属性为公有，其中相当一部分为国有，政府有权代表国家在扣除必要成本后，将其纯收益用作同类型公共事业。

历史文化街区整治使街区环境改善从而带动历史建筑所在地段和周围低端的房屋租金的上涨，这是必然的结果。历史街区可以借此适当提高租金，把部分盈利转移到保护历史文化建筑上。

出资保护历史文化遗产并非旨在获得经济上增值回报，而是保护和延续人类文明成果的事业。虽然寻求投资回报不是我们保护文化遗产的初衷和目的，但是历史建筑再利用带来的收益的确可以解决部分保护资金的问题。历史文化街区一般都处在老城的中心地段，区位条件较好，保护整治后，街区整体环境将得到很大的改善，必然会抬升其所在地段和周边地区的土地价格。因此，在不违背历史文化街区保护原则和目标的基础上，利用市场经济法则和手段，在保护区及周边地区进行适度的商业、旅游、房地产开发，争取部分资金来平衡先前的投入，弥补严重短缺的保护资金，达到历史文化街区自身发展的良性循环，这一方式是值得进行试验和深入研究的。

下面探讨历史文化街区整治后带来资金回报的几种途径。

（1）社会效益提升带来的间接收入。保护历史文化街区所包含的各类价值，是使其发挥重大社会效益的基础。文物一般具有历史、艺术、科学三个方面的价值。具体到每一件文物，不一定都具有三个方面的价值，但至少要具有其中一方面的价值。О. И. 普鲁金将古建筑的价值系统确立于以下的分类：历史的价值、城市规划的价值、建筑美学的价值、艺术情绪的价值、科学修复的价值和功能的价值，并认为价值的数量及形态也可能随建筑所存在的时间的流逝而改变。保护历史文化街区，就是保护这些价值的总和，这些价值在一定的条件下能够转化为经济价值,并随着整治后街区环境的改善和历史风貌的保存带动其他产业发展,间接地增加政府的财政收入,如旅游收入、会议收入、主题节收入、商业收入等等。这些增加的财政收入为争取更多的保护资金提供了条件。

(2)租金和税收的回报。历史文化街区整治使街区环境改善从而带动房屋租金的上涨,这是必然的结果。如何恰当地利用租金获得资金投入的收益,各地在街区保护实施过程中都有一些尝试。

(3)房屋买卖与适度开发。历史文化街区的整治带来了土地的增值和社会效益的提升,政府进行适当的房屋交易,在保护区周边进行适度的房地产开发,将有利于保护资金投入的产出,此类方式目前已有实践和探索。历史文化街区整治后,住宅类型历史建筑可以作为商品房出售或拍卖,有两种方式:一为出售或拍卖原房屋,由买主按保护要求整治;二为由政府出资整治住宅后再出售或拍卖,这样可能取得更高的收益。但以上方式需要注意控制出售数量和提出附加条件,制约买主按保护要求对房屋进行使用和日常维护,同时应由政府主持这一行为,有利于直接回收资金,回馈于下一步的保护工作,还要赋予政府强制购买权,当买主在使用中其行为严重违反原有建筑的保护要求时,政府有强制回购的权力,以保护建筑免遭破坏。

4.5 客观评价体系的评价标准

根据以上分析,通过借鉴现有的评价体系评分标准和不完全统计,制定了客观评价体系的评分标准(表4-3)。

表4-3 历史文化村镇的客观评价体系评分标准

评价因子	指标解释	分值评定方法
Y_{111}文物保护单位的数量	—	5个(县级)以上得10分;4个得8分;依此类推
Y_{121}拥有反映村镇风貌的古塔、古桥、驿站的数量	—	5个以上10分;4个8分;以此类推
Y_{122}古塔、古桥、驿站规模的大小(面积)	古塔以高度划分规模;古桥以长度划分规模;驿站以周长大小划分规模	古塔:楼阁式塔和密檐式塔40m(金刚宝座塔30m)以上得10分;30~40m得8分;20~30m得4分;20m以下得2分 古桥:100m以上得10分;80~99m得8分;60~79m得6分;40~59m得4分;39m以下得2分 驿站:周长500m以上得10分,400~499m得8分;300~399m得6分,200~299m得4分,199m以下得2分
Y_{123}拥有反映村镇风貌的城墙、牌坊、门楼的数量	—	5个以上得10分;4个得8分;以此类推

续表

评价因子	指标解释	分值评定方法
Y_{124}拥有反映村镇风貌的古井、300年以上的古树的数量	—	5个以上得10分；4个得8分；以此类推
Y_{125}拥有反映村镇风貌的宅院、府邸、祠堂、书院的数量	单个建筑面积应在500m²以上	5个以上得10分；4个得8分；以此类推。
Y_{126}宅院、府邸、祠堂、书院规模的大小（面积）	总面积	3500m²以下得2分、3500～5000m²得4分、5000～7500m²得6分、7500～15000m²得8分、15000m²以上得10分
Y_{131}保持完好的街道数量	必须是保存相对完整的，长度在80m以上的历史街道	5条以上得10分；4条得8分；3条6分；1～2条得4分
Y_{132}保持完好的街道长度	最长长度	500m以上得10分；400～499m得8分；300～399m得6分；200～299m得4分；80～199m得2分
Y_{133}核心保护区的大小	—	40以上hm²得10分；30～39hm²得8分；20～29hm²得6分；10～19hm²得4分；10hm²以下得2分
Y_{134}核心保护区现存历史建筑及其环境用地占核心区全部用地面积的比例	—	90%以上为10分；80%～89%为8分；70%～79%为6分；60%～69%为4分；59%及以下2分
Y_{141}拥有保持完好的古典园林数量	面积1500m²以上	5个以上10分；4个8分；3个6分；2个4分；1个2分
Y_{142}保持完好的古典园林的规模大小（面积）	单个园林面积1500m²以上	36000m²以上得10分；18000～35999m²得8分；9000～17999m²得6分；4500～8999m²得4分；4500m²以下得2分
Y_{211}名人或者重大历史事件的数量	—	5件历史事件（或者5个名人）以上得10分，以此类推，1件历史事件（或者1个名人）得2分
Y_{212}历史事件序列空间和名人故居的数量	同一历史事件发生空间按照先后顺序成一序列	5件历史事件序列空间（或者5个名人故居）以上得10分，以此类推，1历史事件序列空间（或者1个名人故居）得2分
Y_{213}建筑的历史年代	—	元代及以前得10分；明代得8分；清代得6分；民初得4分
Y_{221}传统方言、民间音乐、民间舞蹈、传统戏剧、曲艺、杂技与竞技的数量	在一定的历史时期内以及在一定的范围内流传的非物质文化遗产的数量。将要申请等级的习俗、传统文化也可包括入内	5个以上得10分；4个得8分；以此类推
Y_{222}传统医药、民俗、传统节日的数量		5个以上得10分；4个得8分；以此类推
Y_{223}民间文学、民间美术、传统手工技艺、美食、服饰的数量		5个以上得10分；4个得8分；以此类推

续表

评价因子	指标解释	分值评定方法
Y_{224}文化空间的保护数量	这种空间可确定为民间或传统文化活动的集中地域，但也可确定为具有周期性或事件性的特定时间；这种具有时间和实体的空间之所以能存在，是因为它是文化表现活动的传统表现场所	5个以上得10分；4个得8分；以此类推
Y_{231}核心区原住民的居住人数的百分比	—	80%以上的为10分；60%~79%完好的为8分，40%~59%为6分；39%及以下4分
Y_{311}对历史建筑和文物古迹进行登记建档并实行挂牌保护的百分比	—	80%以上为10分；60%~79%完好的为8分，40%~59%为6分；39%及以下4分
Y_{312}对历史建筑和文物古迹已经动工修复的百分比	—	60%以上的10分；50%~59%完好的为8分，40%~49%为6分；30%~39%及以下4分
Y_{313}对已经修复的建筑建立公示栏的百分比	—	80%以上为10分；60%~79%完好的为8分，40%~59%为6分；39%及以下4分
Y_{321}国家基金占保护资金的百分比		10%以上10分；8%~9.9%为8分；6%~7.9%为6分；4%~5.9%为4分；3.9%以下2分
Y_{322}地方财政预算占保护资金的百分比	保护资金越多代表地方政府越重视文物保护工作	50%以上为10分；40%~49%为8分；30%~39%为6分；20%~29%为4分，以此类推10%以下为2分
Y_{333}社会基金占保护资金的百分比	民间筹集资金	15%以上为10分；10%~14.9%为8分；5%~9.9%为6分；5%以下为4分
Y_{334}旅游业及其相关行业收益占保护资金的百分比	与历史建筑相关的旅游业分红，用于保护修复历史建筑	50%以上为10分；40%~49%为8分；30%~39%为6分；20%~29%为4分，以此类推10%以下为2分
Y_{335}历史建筑改造利用的投资占保护资金的百分比	—	15%以上为10分；10%~14.9%为8分；5%~9.9%为6分；5%以下为4分

4.6 客观评价体系的应用原理

4.6.1 客观评价体系的评分步骤

客观评价体系的分数计算方法：

第一步：村镇的申报材料需要填写以下的客观评价体系的数据采集表。
第二步：根据各个评价因素的分数升降原则评分（表4-3）。
第三步：按照各个评价因素的权重加权平均得到客观评价得分。

4.6.2 南社村的客观评价计算

根据现场调研和访谈，以及南社村申报材料的数据，得到南社村的评分表4-4：

表 4-4 南社村的客观评价得分

评价因子	得分	权重	南社村相关情况
Y_{111} 文物保护单位的数量	10	5.2	百岁坊、谢遇奇家庙（市级）、资政邸、百岁翁祠、谢氏大宗祠
Y_{121} 拥有反映村镇风貌的古塔、古桥、驿站的数量	0	3.6	古桥：村中水塘上三座石板桥改建成混凝土桥之后，有两栋桥改为拱形，与小村景观及建筑风格很不协调。因此，此项不得分 古塔和驿站：没有
Y_{122} 古塔、古桥、驿站规模的大小（面积）	0	2.9	—
Y_{123} 拥有反映村镇风貌的城墙、牌坊、门楼的数量	4	3.0	百岁坊：始建于明万历二十年至二十六年（1592—1598年），时为纪念村民谢社田（号彦眘）及妻叶氏皆寿为100岁。1996年重修，建筑现为二进院落四合院式布局 城墙：南社村明末时曾建有村城墙，将古村包围在其中，现古村范围大体以古城墙遗迹为界村围墙
Y_{124} 拥有反映村镇风貌的古井、300年以上的古树的数量	10	2.2	古井：村内现存十几口水井，大多还在使用，水质较好 古树：800多年的木棉树一棵，胸围5.5m，树头有许多根瘤；500多年的榕树一棵，冠幅28m，高15m；300多年的榕树六棵，冠幅平均19m
Y_{125} 拥有反映村镇风貌的宅院、府邸、祠堂、书院的数量	10	6.2	南社村拥有谢氏大宗祠，谢氏宗祠、社田公祠、晚节公祠等30座
Y_{126} 宅院、府邸、祠堂、书院规模的大小（面积）	10	4.4	古围墙内的古建筑群面积96000m²，古围墙东门外的古建筑群面积13000m²
Y_{131} 保持完好的街道数量	10	3.3	与南围面路垂直的巷道大致有五条：西门桥南巷、梯云里巷、柳下巷、文员巷，另一条巷子没有名字。与北围面路垂直的大巷道约有4条：西门桥巷、祠堂路巷、当铺巷、丹头巷
Y_{132} 保持完好的街道长度	6	2.0	横贯西北门街道长约300m
Y_{133} 核心保护区的大小	4	3.0	核心保护区面积为11.4hm²
Y_{134} 核心保护区现存历史建筑及其环境用地占核心区全部用地面积的比例	4	3.6	重点保护区面积为6.9hm²，核心保护区面积为11.4hm²。 6.9/（6.9+4.5）=60.5%

续表

评价因子	得分	权重	南社村相关情况
Y_{141}拥有保持完好的古园林数量	0	3.0	南社村几乎都是民居，没有成型的古典园林留下来。
Y_{142}保持完好的古园林的规模大小（面积）	0	3.0	—
Y_{211}名人或者重大历史事件的数量	10	5.8	南社村是一个以血缘为纽带形成的有着农耕和侨乡双重文化特点的村落。明清两代，谢氏家族共出了八位进士：他们是谢氏七世祖谢梅庄、十一世祖谢豫庸、十二世祖谢澄源、十四世祖谢晋轩、谢遇奇、谢元俊、谢汝熊、谢汝嫪。清代南社还出了三位举人：谢廷埠、谢彪奇、谢朝章，若干庠生和贡生
Y_{212}历史事件序列空间和名人故居的数量	10	5.8	百岁坊、谢遇奇家庙（市级）、资政邸、百岁翁祠、谢氏大宗祠
Y_{213}建筑的历史年代	8	2.6	明清时期
Y_{221}传统方言、民间音乐、民间舞蹈、传统戏剧、曲艺、杂技与竞技的数量	10	3.0	咸水歌、木鱼歌声、木偶戏、茶山民歌、舞醒狮、龙舟说唱
Y_{222}传统医药、民俗、传统节日的数量	10	2.0	传统节日：岁时祝祭——春节、年初一、年初二、元宵节、二月二、三月三、清明节、田了节、乞巧节、中秋节、重阳节、冬至、扫尘等 民俗：婚丧喜庆——嫁娶、满月、寿庆、建房、祭祀、丧葬等
Y_{223}民间文学、民间美术、传统手工技艺、美食、服饰的数量	10	3.0	手工艺：刺绣、木石雕刻、剪纸、纸制品、竹编 服饰：男子四季的长袍、马褂、对襟小袄、大腰裤子、各式帽子、鞋子、各种佩饰；女子的绣花裙子、带大襟的上衣、裤子、旗袍、各式帽子、鞋子、各种头饰、佩饰
Y_{224}文化空间的保护数量	10	3.7	百岁坊、谢遇奇家庙（市级）、资政邸、、百岁翁祠、谢氏大宗祠
Y_{231}核心区原住民的居住人数的百分比	4	4.3	常住人口有3400多人，其中大概还有200人左右住在古村里
Y_{311}对历史建筑和文物古迹进行登记建档并实行挂牌保护的百分比	10	5.3	文物保护单位均已挂牌
Y_{312}已经动工修复的历史建筑和文物古迹占全部修复计划的百分比	10	3.5	南社村80%以上的历史建筑已经动工修复，至今已经10%修复完工
Y_{313}对已经修复的建筑建立公示栏的百分比	10	3.5	绝大部分已经挂牌公示，并著有历史建筑的相关资料
Y_{321}国家基金占保护资金的百分比	0	3.6	国家暂时只对历史文化名城设有专项保护资金
Y_{322}地方财政预算占保护资金的百分比	10	3.1	保护修复需要大量资金，每年得从市镇两级财政划拨保护资金

续表

评价因子	得分	权重	南社村相关情况
Y_{333}社会基金占保护资金的百分比	10	2.3	为保护和抢救这片古建筑，茶山镇政府和南社村高度重视，动员村民自发保护历史文物，并通过村民、海内外乡亲捐款和政府拨款等方式，筹集超过1000万元资金恢复和保护这些古建筑，使这片古建筑群在新时代重新焕发出迷人的风采
Y_{334}旅游业及其相关行业收益占保护资金的百分比	4	1.9	旅游门票收入每年大概10万，每年需要投入的保护修复费用200~300万
Y_{335}历史建筑改造利用的投资占保护资金的百分比	0	1.4	—

注：以上数据来源于南社村的申报材料和访谈所得

按照加权平均计算方法，得到南社村的客观评分为7.19分。

本章小结：建立历史文化村镇评价体系的客观因素的评价体系，确定其评价因素集及其权重、建立起层次结构，借鉴现有的文献和研究成果制定客观评价体系的评分标准。

第 5 章 历史文化村镇主观评价体系

5.1 主观评价方法学

5.1.1 主观评价方法的特点

主观评价的标准和客观评价的标准是有区别的。客观评价标准一般比较稳定，是以本行业的技术性规范为依据，这些规范大多已经量化、条文化；主观评价体系更紧密地和评价主体本身的性质联系在一起，主观评价标准表现出来更多的是评价主体的隐性心理标准，这些心理标准却又是以行业标准为背景，并混杂着评价主体的职业标准、专业知识、时代背景等因素，是具有地域差异的、模糊的社会心理标准。

对于历史文化村镇的评价，主观评价方法看似不确定，也没有统一的标准去评价历史文化建筑，但是建筑设计的行业规范和标准却适用于任何建筑评价。主观评价的主体是行业内的专家，他们掌握着本行业最全面、最先进、最有代表性的行业知识。因此，他们的主观评价是科学的，并具有一定的前瞻性。再结合统计学的方法，减少主观评价的主观性、偏颇性、模糊性，那么专家的主观评价就更能接近客观事实。

主观评价标准的特点：(1) 地域性。地域性差异决定了评价主体的价值取向、行业标准、背景知识具有比较大的差异，但这并不影响主观评价方法在历史文化村镇评价体系中的应用。我国幅员辽阔，地区经济、文化、习俗差异比较大，历史建筑与地域差异密不可分，历史建筑风格的差异也很大。因此，不适宜用一套固定的客观标准去评价，这正好为主观评价提供了一个很好的科学依据。(2) 复杂性。评价主体本身的复杂性决定主观评价标准的复杂性，评价群体存在社会背景、社会阶层、文化知识、个人素质、职业、生活水平、个人经历等多方面的差异，这决定主观评价评判结果的复杂性。(3) 易变性。评价主体和评判结果都是以人为尺度，人是存在于一定的历史时期内、一定地域内的，其生存的社会背景、历史时期、地域文化都使人的价值观和思维模式有着很大的差异。因此，主观评价的标准和评判结果都有易变性。(4) 模糊性。模糊性是从人的心理活动来说的，人的心理活动会受不同的环境、个人不同的心情而改变；其判断结果又是评价者同时运用本身专业知识、理性逻辑推理、潜意识以及个人经历来做的判断，其判断依据往往很难说得清楚，具有很大的模糊性。

5.1.2 主观评价方法是结合定性评价和定量评价的方法学

主观评价方法结合定性评价和定量评价两种评价方法的优点,把两者统一在一个系统内,将质与量的研究方法结合起来,建立历史文化村镇的主观综合评价体系。主观评价方法有如下特点:(1)评价数据的采集方法具有创新性。既有预设的调查问卷、预设目标的访谈和观察,也有与人文方法学有关的访谈和观察。如此一来,信息收集比较综合。经验告诉我们,准备收集的数据是研究的基础,而意料之外的数据往往可以给我们的研究带来新的突破,主观评价方法将结构评价方法和人文评价方法两者的优点结合在一起,使评价体系的信息收集更综合、更全面。(2)数据和资料的分析,既有数据统计图表的可逆演绎,也有结合评价操作者的文字归纳。(3)结果的表述有图表和文字描述,如此一来,评价结果既有数据可考证,又有文字做表述。

5.1.3 主观评价法是综合的评价方法

主观评价方法综合了层次分析法和模糊数学两种方法的优点:(1)层次分析法在于其深厚的专业理论基础,能灵活掌握评价目标的所有因素的层次关系,建立合理的层次结构;层次分析法是定性与定量技术的结合,可广泛用于求取指标权重和进行综合评价与比较。(2)模糊评价法是在不确定的环境下,考虑多种因素的影响,针对评价目标对事物做出的综合评价,能反映主观评价的特质,不受被评价对象所在的集合的影响;另外,模糊评价法涉及的模糊数学并不深奥,容易掌握,对多因素、多层次的复杂事物评判结果比较好,适合推广。

5.2 建立主观评价体系的前期准备

评价信息的前期准备工作是保证评价质量的前提,要从以下方面进行准备:
(1)首先要明确评价的目标和内容;其次了解相关的研究背景。
(2)评价主体的确定。根据研究目的的不同,评价主体也不一样。历史文化村镇的主观评价主体要求对历史村镇有一定的熟悉程度,一般是从事历史文化村镇的研究者、历史遗产的科研工作者、文物管理工作者、村镇规划设计工作者和当地居民等。
(3)调查对象的确定。抽查对象主要采用3种抽样方法:①就近法:在研究现场中随机选择受访人(偶遇抽样)。②判断抽样法:根据研究者的经验来选取受访对象。③配额抽样:依据某些特征对总体分层,按某种条件设置成员的比例去选取对象。
(4)设置调查问卷。对村镇的基本情况的调查问卷可以采取就近抽样法(偶遇抽样),完成主观评价问卷用判断抽样和配额抽样法。
(5)组成评价团体。专家评价团一共20人,调研小组成员共约14名,包括从事历史村镇规划设计工作的工作人员、建筑遗产管理工作、建设部门工作人员、村委会共约6人。

（6）确定数据采集方法。收集数据的方法有文献法、网上资料收集法、访问法、观察法、测量法、问卷法、文字记录法、照片记录研究法等。其中提问型的收集数据方法又有个别实施法、集体实施法、电话访问法、邮件交流法等。

（7）确定数据分析方法。评价问卷的数据处理采取模糊数学综合评价方法，得出村镇最后综合评价得分。

（8）主观评价体系量化模型设计步骤（图5-1）。

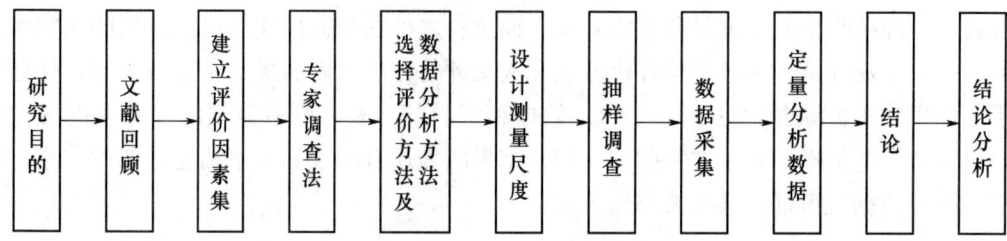

图 5-1　主观评价体系量化模型设计步骤

5.3　主观评价体系的因素集

与客观评价体系的评价因素集的确定相同，通过发放调查问卷，并回收统计，再经过专家的咨询意见，及反复的征询意见，得出主观评价体系的评价因素集，并建立起层次结构（表 5-1）。

表 5-1　历史文化村镇主观评价体系因素集

目标层	第一层	第二层	第三层
历史文化村镇的评价体系	U_1物质文化遗产	U_{11}文物保护单位	U_{111}文物保护单位的等级
		U_{12}历史建筑质量	U_{121}建筑风格的典型性
			U_{122}建筑细部构件的工艺价值
			U_{123}建筑的完好程度（包括围护结构、细部构件等）
			U_{124}建筑的安全性
			U_{125}空间的可改造再利用性
			U_{126}建造技术水平（包括建筑构件的接合精细程度、排水、消防、通风系统的先进性等。）
			U_{127}材料的应用的典型性
		U_{13}历史街区质量	U_{131}街道节点的适用性
			U_{132}街道空间布局的丰富性
			U_{133}建筑群整体风貌的完好性及原真性
			U_{134}街道肌理的可识别性
			U_{135}街道景观元素的布置适宜性

续表

目标层	第一层	第二层	第三层
历史文化村镇的评价体系		U_{14} 自然环境与景观	U_{141} 村镇周围自然风景的审美价值
			U_{142} 自然灾害、环境污染程度及其处理措施的科学性
			U_{143} 村镇文化景观的和谐性
	U_2 非物质文化遗产	U_{21} 历史影响	U_{211} 历史事件对当代和现代影响的大小程度
			U_{212} 历史事件序列空间和名人故居的原真性
		U_{22} 非物质文化遗产	U_{221} 传统方言、民间音乐、民间舞蹈、传统戏剧、曲艺、杂技与竞技的保护等级
			U_{222} 传统医药、民俗、传统节日的保护等级
			U_{223} 民间文学、民间美术、传统手工技艺、美食、服饰的保护等级
			U_{224} 文化空间的原真性
		U_{23} 生活延续	U_{231} 传统的生活习惯的延续情况
	U_3 保护措施	U_{31} 保护机制	U_{311} 保护管理办法的完备性
			U_{312} 保护的专门机构和人员的完备性
		U_{32} 保护编制	U_{321} 保护规划的编制与实施情况
			U_{322} 保护规划与城市规划的和谐性及可操作性
		U_{33} 公众参与	U_{331} 民间保护组织的建立及其作用
			U_{332} 居民参与保护措施的决策力度
			U_{333} 乡规民约及其作用
			U_{334} 居民的好客度和自豪感

5.4 主观评价因子的权重

同样使用与 3.5 节相同的方法得到各个评价因素的权重值,见表 5-2:

表 5-2 主观模糊综合评价指标权重表

目标层	第一层	第二层	权重	第三层	权重
历史文化村镇的评价体系	U_1 物质文化遗产(45.0)	U_{11} 文物保护单位	5.5	U_{111} 文物保护单位的等级	5.5
		U_{12} 历史建筑	18.4	U_{121} 建筑风格的典型性	3.8
				U_{122} 建筑细部构件的工艺价值	3.4
				U_{123} 建筑的完好程度(包括围护结构、细部构件等)	2.1
				U_{124} 建筑的安全性	2.5

续表

目标层	第一层	第二层	权重	第三层	权重
历史文化村镇的评价体系	U_1 物质文化遗产（45.0）	U_{12} 历史建筑		U_{125} 空间的可改造再利用性	2.9
				U_{126} 建造技术水平（包括建筑构件的接合精细程度、排水、消防、通风系统的先进性等。）	2.3
				U_{127} 材料的应用的典型性	1.5
		U_{13} 历史街区	13.6	U_{131} 街道节点的适用性	2.4
				U_{132} 街道空间布局的丰富性	2.8
				U_{133} 建筑群整体风貌的完好性及原真性	3.3
				U_{134} 街道肌理的可识别性	3.0
				U_{135} 街道景观元素的布置适宜性	2.1
		U_{14} 自然环境与景观	7.5	U_{141} 村镇周围自然风景的审美价值	2.6
				U_{142} 自然灾害、环境污染程度及其处理措施的科学性	1.9
				U_{143} 村镇文化景观的和谐性	3.0
	U_2 非物质文化遗产（30.2）	U_{21} 历史影响	10.9	U_{211} 历史事件对当代和现代影响的大小程度	5.5
				U_{212} 历史事件序列空间和名人故居的原真性	5.4
		U_{22} 非物质文化遗产	13.3	U_{221} 传统方言、民间音乐、民间舞蹈、传统戏剧、曲艺、杂技与竞技的保护等级	4.1
				U_{222} 传统医药、民俗、传统节日的保护等级	2.0
				U_{223} 民间文学、民间美术、传统手工技艺、美食、服饰的保护等级	3.5
				U_{224} 文化空间的原真性	3.7
		U_{23} 生活延续	6.0	U_{231} 传统的生活习惯的延续情况	6.0
	U_3 保护措施（24.8）	U_{31} 保护机制	8.3	U_{311} 保护管理办法的完备性	4.1
				U_{312} 保护的专门机构和人员的完备性	4.1
		U_{32} 保护编制	8.3	U_{321} 保护规划的编制与实施情况	3.7
				U_{322} 保护规划与城市规划的和谐性及可操作性	4.6
		U_{33} 公众参与	8.2	U_{331} 民间保护组织的建立及其作用	2.0
				U_{332} 居民参与保护措施的决策力度	2.7
				U_{333} 乡规民约及其作用	1.9
				U_{334} 居民的好客度和自豪感	1.6

注：该表格权重值为对总目标的权重值。

5.5 主观评价因素解释

5.5.1 物质文化遗产

5.5.1.1 文物保护单位的等级

全国文物保护单位级别分为文物保护点、区级文物保护单位、县级文物保护单位、市级文物保护单位、省级文物保护单位以及全国重点文物保护单位6个级别。

借鉴现有的历史文化村镇的分数升降等级，此项标准定义为：拥有世界级文化或自然遗产为10分；拥有全国重点文物保护单位为8分，省级为6分，市级以下为4分。同时，申报的历史文化村镇也应注明文物单位的名称、等级、数量、发布时间、发布文件号等必要的信息，以保证数据来源的真实性及保证历史文化村镇建档保护信息的完整性。

5.5.1.2 历史建筑

在主观评价体系中，评价因素主要集中在历史建筑构成村镇历史风貌的价值和可改造利用的价值。

（1）建筑风格的典型性。我国国土辽阔，地域差异大，各地建筑风格差异较大，北京的典型民居是四合院，安徽是徽派民居，江苏的水乡民居，云南一颗印，广东有客家土楼、围屋、骑楼等等。因此历史文化村镇历史建筑的风格典型性应结合地域性评价，如安徽的村镇，其建筑风格应与当地的徽派建筑来比较评分。

（2）建筑细部构件的工艺价值。建筑的细部工艺是体现建筑价值的关键所在，越是精致的建筑越有保护价值。专家在评价某类型建筑细部工艺价值时，应与当地受保护的同类型建筑作为参照物，进行建筑细部的比较（图5-2～图5-5），对评价的对象进行打分。

（3）建筑的完好程度。建筑的保存现状与建筑的价值有直接联系，我国的建筑构件以及围护结构非常讲究，具有很高的艺术价值。如柱梁上的雕刻一般是我国传统木雕艺术的精品（图5-6），彩画也出自古代著名匠人之手（图5-7），如果原有的这些构件损坏或被盗，历史建筑的价值将会降低。

图5-2 沙湾镇精致的细部

图5-3 碧江村精致的建筑细部

图 5-4　缺乏建筑细部的民居

图 5-5　粗糙的建筑

图 5-6　梁上的细部

图 5-7　藻井的彩画

（4）建筑的安全性。在历史建筑的保护和改造利用过程中，结构的安全性至关重要，它决定历史建筑改造再利用的难度。安全性好的民居、宗祠等历史建筑只需要稍事修缮便可再利用；如果安全性一般，即使加大投资，历史建筑也不适合作为荷载太大的功能建筑，只适合参观；安全性不好的历史建筑只能修缮，延迟倒塌的时间，具有特殊价值的历史建筑可按照其原样重建。

（5）空间的可改造再利用性。这个指标是从空间大小的角度去衡量建筑的改造再利用性。空间宏大、通风、采光良好的历史建筑可改造再利用性比较高，适合改造成多种类型的建筑使用，如办公楼、展览馆、居住空间等；相对来说，建筑空间比较狭小、通风采光不好的历史建筑，能改造再利用的可能性就比较小。

历史建筑中大部分是低层建筑，但南北的尺度却不一样，空间的可改造再利用性就有较大的差异。如珠三角的历史文化村镇的宗祠空间尺度一般比较大，通风采光良好，改造再利用性比较好。例如沙湾镇的何氏大宗祠（留耕堂，图 5-8），该建筑现用作寺庙，出外谋生的华侨或者港澳人士每隔几年会在此地聚会，朝拜祖先，祈求事业的顺利、生活的美满，这里常年香火不断（图 5-9）。

历史村镇中也有建筑空间较小，通风采光都不太好的民居，这些民居难以适应新功能的再利用。名人故居就属于此类，根据保护措施的要求，只能修旧如旧，一般改成名人的博物馆，孙中山故居和叶挺故居都属此类（图 5-10、图 5-11）。

（6）建造技术水平（包括建筑构件的接合精细程度、排水、消防、防盗、通风系统的先进性等）。该指标是指历史建筑的排水系统、结构系统的技术先进与否、施工水平精致与否。古代的建筑技术是现代建筑技术的基础,也是古代建筑技术的物质载体,有重要的保护价值。

图 5-8 大空间建筑——留耕堂

图 5-9 留耕堂不断的香火

图 5-10 孙中山故居

图 5-11 叶挺故居

如大旗头村中防盗和排水设施就颇为先进。防盗措施非常严密,有厚厚的麻条石作墙,外面再贴上青砖,中间还嵌入铜板;小巧的铁窗;瓦片下面放上木柱,木柱之间的距离连拳头都伸不进去,而且石板街的一端是封闭的(图 5-12),另一端修有门楼,遇到匪患,门楼上的铁闸一落,整个村就变成了防守坚固的大院。这个村的排水设施也堪称一流,由于该村地基较高,天井、巷道、广场均以条石铺砌,村内雨水、污水由天井、金钱眼(一种类似铜钱造型的漏泄设施)流落暗渠(图 5-13),从广场的出水口汇集到村前的池塘,再流到很远的河道。据村里人说,大旗头村兴建已过百年,即便是暴雨季节,村里也没发生过水浸街道的事情。

(7)材料应用的典型性。建筑材料应用宜"就地取材",这样可节约运费、减少损耗、节约投资等好处,是古往今来推崇的选材原则。怎样充分发挥当地建材的实用性和艺术价值仍然是今天重要的研究课题。能在这方面提供参考的历史村镇有东莞市的南社村和塘尾村。东莞市盛产红砂岩,这种建材不但在建筑中应用,在装饰中也起着举足轻重的作用。村落里的历史建筑主要以红砂岩,青砖,木头为建筑材料,而且工匠们把三种材料搭配的非常巧妙,充分发挥三种材料的艺术审美价值,红砂岩的运用在此地成为一个独特的风景线(图 5-14)。

图 5-12　三水大旗头村封闭的街巷（防盗）　　　图 5-13　大旗头村的排水暗沟

5.5.1.3　历史街区

历史街区在历史文化村镇的价值构成中占有重要的地位，构成历史街巷的评价因子有以下五个。

1) 街道节点的适用性。街道节点是指线性街道适当放大的有特殊意义的空间，表现形式有园林、桥梁、各种功能的广场、古树及其形成的空间等（图 5-15）。街道节点在古村镇街道中的设置对整个街道的空间组织有重要作用，街道节点的适用性对衡量一条古街道的空间丰富性、舒适程度很重要。

图 5-14　南社村红砂岩建筑　　　图 5-15　歇马村街道节点

2) 街道空间布局的丰富性。街道空间布局是指街道的空间收、放、转折、开合等变化，以及街巷的空间比例关系和街道空间的曲直形态。

(1) 街道的收放与转折是中国传统村镇街道景观设计的重要特征之一，街道的收放与转折变化是多种多样的。人们穿街走巷，虽然只是简单的线性运动，但中国传统的街道却用一个近似于二维空间的活动给人丰富的空间体验。街道的开合设计也是中国传统村镇街道景观设计的艺术手法之一。"开"是为了打破过于完整所带来的呆板，在统一中寻求变化，"合"是为了保证人们对空间形态感受的完整性。黄续认为"中国传统村镇的街道空间以合为主，空间限定极为严密。这恰恰表征出了中国传统村镇街道景观设计的伦理意识——中国传统文化的内省特性"。

(2) 空间比例。传统的街巷空间尺度和比例可以用巷的宽度与围合它的建筑高度的比值来描述。芦原义信认为，当街道的宽度与两侧建筑的高度比值 $D/H=1.5\sim2$ 是比较合理的比例关系，空间尺度比较亲切。

（3）传统街巷空间的界面具有两大特点：连续性和曲折性。连续的界面是使街巷具有可识别性和意象性的重要因素，街巷和水巷中连续高低错落的建筑界面使得空间得以完整的界定。街巷界面的形态主要取决于建筑的形态及布局。传统的建筑布局是以进落式为主，易形成连续界面。而当前流行的小区建设方式——行列式的建筑布局则完全破坏了原有的组织方式和邻里关系，并在布局模式、尺度等方面破坏了城市建筑环境的视觉连续性。所以，在街坊改造过程中可以沿用传统街巷概念，通过各种建筑手法再造进落式布局所形成的界面。

3）建筑群整体风貌的完好性及原真性。该项指标是指历史街区两边的历史建筑群的完整性和真实性。国家现行的评价体系中有相关的描述：历史街巷的长度不能低于80m，长度过短则不能反映古村镇街巷空间序列的变化及历史建筑原始风貌的规模，同时，历史街道必须保存比较完整，传统景观也应连续，不应出现不协调的建筑（图5-16、图5-17）。

图 5-16　大岭村中不完整的街巷　　　　图 5-17　大岭村中破坏的街巷

4）街道肌理的可识别性。所谓"城市肌理"，是由具有传统尺度感的街巷网络和传统尺度感的街坊建筑形成的统一且可识别性强的形式。历史村镇的肌理主要由街坊形成，街巷及院落是古村镇肌理的基本组织单元；同理，古村镇的肌理依赖于街巷空间与院落空间而存在，要保持古村镇的肌理，就要延续街巷的空间形式。

差异化的地理环境形成不同的街道肌理（图5-18~图5-21）。如重庆是"山城"，顾名思义，重庆市中心是围绕山建设而成的，建筑依据山地特有的地势、地貌，"因势利导"设计街道、布置建筑，形成独有的"山城"街道肌理。又如苏州的周庄和乌镇则是借助江南平原特有的水乡环境的特征，来铺路造桥、修街造房，建筑沿河而建，朝向随着河流走向的变化而变化，形成了丰富多变的街道空间。

5）街道景观元素布置的适宜性。"连续性"是中国传统村镇街道景观设计的重要思想，"连续性"并不是指所有的界面形式都是连续的，而是通过暗示把整个空间联系起来。这种暗示可以是两边的建筑立面单调统一的元素，如门、窗、相似的建筑构件等，也可以是地面铺装，或者是如古树、盆栽、小绿化景观、小桥、亭台楼阁等景观元素。街道绿化又被艺术家称之为"柔性界面"，"柔性界面"也是对个人空间的一种私有性的界定符号。它既能增强个体空间的个性化、景观化和标识性，又起到了延展个体空间的作用。这些景观元素在历史街巷被广泛应用，增添了历史街巷的趣味性。树木植被可以使得建筑界面更柔和，增加自然的活力。例如，大树经常出现在界面转折处，一方面它柔和了转折，一方面起到挡景和增加景观层次的作用。柔性界面往往与建筑实体界面形成相辅相成的整体。这是衡量历史文化村镇街道景观元素的适宜性主要因素。

图 5-18　重庆山城建筑肌理

图 5-19　重庆山城的街道肌理

图 5-20　乌镇的街道界面

图 5-21　乌镇的水巷

5.5.1.4　自然环境与文化景观

自然环境与文化景观有以下几个评价因子：

（1）村镇周围自然风景的审美价值。村镇周边自然环境的景色与村镇是个整体，自然风景是村镇的绿叶，正是这片绿叶孕育着古村镇这朵红花。

（2）自然灾害、环境污染程度及其处理措施的科学性。该指标是指村镇周围自然环境的生态环境状况，周围的山体、水域、植被、土壤是否受到破坏；同时也用来衡量当地政府对村镇环境保护重视程度的标准。现代城市发展迅速，人为因素对自然环境的破坏日益严重，村镇受到的破坏相对来说较小，但是环境质量整体下降是不可逆转的事实，评价专家应视情况作出评价打分。

（3）村镇文化景观的和谐性。中国古村镇最有特色的文化景观就是"风水"。中国传统村镇的格局是依据自然的地势、地貌、山川河流等自然环境而设计的，是一种"因势利导""因地制宜"的设计思想；体现的是一种人与自然融合的设计理念，这就是"风水"的思想体现。吴庆洲教授认为"仿生象物，是中国传统文化的特色之一。"而这些仿生象物的空间格局成为中国历史村镇最有特点的文化景观。"仿生象物的营造意匠可以分成四类：一是法人的意匠；二是仿生法动物的意匠，如凤凰、龟、蛇等；三是仿生法植物的意匠；四是象物的意匠。"

具有特殊空间格局的历史文化村镇在我国有很多：(1) 广东省东莞市虎门镇白沙管理区的龟形村堡——逆水流龟寨。它建于明朝崇祯年间，既是村子又是堡垒，有双重作用。它整个的形状建得像一只伏在水中的巨龟，头向着小溪的上游，所以叫"逆水流龟"。体现在村庄的形态上有：村墙四角都建有小楼堡，取形于龟的四足，北面有座高出护墙的堡垒楼，取形于龟头。南面有出入的通道大门，门额为红朴石刻匾，高书"聚保闾里"四个大字。门外是吊桥，如龟尾，现在已改为水泥桥了。村中有条南北走向的直巷，宽2m，巷两旁并列四条横巷，宽1.5m，村内有72座房屋，统一格局，井井有条，便于防卫。寨内排水渠，水井设置合理，生活设施完善。龟是古代四大灵兽之一，长寿，有很强的生命力；龟壳有很强的防御能力，因此龟形的城和建筑物给人以心理上的安全感。村庄的空间布局仿效龟形布局，也缘于此。(2) 湖北沔阳州城池为螃蟹形，筑城以蟹为意匠，寓意着横行不怕侵犯，还与水乡有关，螃蟹为水生动物，在水乡泽国可以安生。(3) 我国广东省顺德市三水区的历史文化名村大旗头村的建筑、池塘、广场、文昌塔的布局寓意着中国古代的文房四宝——"纸""笔""墨""砚"。文昌塔为"笔"与塔下的两方石、村前草坪和广场组成笔墨纸砚风水格局（图 5-22），寄托着村民"读书做官，出人头地"的愿望。又如广东省恩平市圣堂镇的歇马村独特的"马"形风水格局（图 5-23）。从地势来讲，歇马村前临锦江，后枕三嶂，先人按前朱雀后玄武、左青龙右白虎的风水格局成村，整个村场呈扇形分布，上宽下窄，后高前低，以雄马赋形，有"马头""马中""马尾"，配以"马肋骨""马肚""马胃""马肺"等。"马尾"处的两块大石象征雄马生殖器。整条村"只见水入不见水出"，"歇马村"之名也是得自于此——似一匹站立的马在饮水休憩，这样的格局为村民所引以为荣。

图 5-22　大旗头村文昌塔

图 5-23　歇马村的风水格局

5.5.2　非物质文化遗产

非物质文化遗产是历史文化村镇的灵魂。历史文化村镇作为非物质文化遗产的物质载体之一，不能脱离非物质文化遗产。割裂了非物质文化遗产与历史文化村镇之间的关系，会导致非物质文化遗产失去原有的物质载体，而保存下来的物质文化遗产也随之失去灵魂。

历史文化村镇是非物质文化遗产的物质载体之一。任何一种非物质文化遗产的创造和传承都与特定环境有密切联系：因环境而生，因环境而发展，因环境而变化，因环境而衰败。非物质文化遗产的最大特点就是必须依托人本身而存在，并通过语言、动作和特定的空间来传播和延续，它与人的活动息息相关是靠人传承下来的，如果从事民间艺术和技艺的艺人日益减少，非物质文化遗产就很有可能就此失传，因此，在非物质文化遗产的传承过程中，"人"这个载体就显得尤其重要。而人又离不开其活动场所；历史文化村镇是非物质文化遗产赖以生存、最原始、最真实的"场所"。

非物质文化遗产是解读历史文化村镇的钥匙。任何一个历史文物建筑、任何一个历史文化村镇或者历史地段的存在意义都在于她曾经承载的非物质文化遗产。历史建筑、历史文化村镇或者历史地段承载了我国不同时代的空间组织科技、建筑科技、建材科技、结构科技、朴素的生态科技、民俗文化和传统审美情趣，同时还反映了当时的政治制度、生活方式。因此，历史文物建筑是非物质文化遗产的物质载体之一，其精神蕴涵深邃，并且已远离它的生态环境，必须依靠文字、电影、录像、图画等非物质文化遗产去感受和解读，否则，是很难把历史文物建筑的价值全部激活、接受和传递的，因此，非物质文化遗产在历史文物建筑保护中有重要地位，反之，历史文物建筑是非物质文化遗产赖以生存的重要物质场所。

5.5.2.1 历史影响

（1）历史事件对当代社会和现代社会影响的大小程度。以重大历史事件和名人而闻名的村镇，历史事件就显得格外重要。这里的历史沧桑、历史建筑、历史场所能更好地提供原创的历史场景，令参观者印象更深刻，同时提供给研究者最原始的第一手资料，减少历史信息的损失。

如中山市的翠亨村是以孙中山先生的故乡而闻名。此地除了保留孙中山先生的故居外，还保留了其他几位与孙中山先生同时期革命名人的故居。中山博物馆毗邻中山故居，周围历史场景也同时被保护起来了。故居周围的民居、祠堂被改造成小型展览馆（图 5-24）、小卖部、休闲娱乐场所等，小型展示馆中主要展示孙中山当年用过的物品，并重现当年在重要节日里进行庆典活动中使用的物品、场景、食物等，令当地人重温昔日节日的热闹气氛，同时也让参观者认识、了解当地习俗。

深圳市的大鹏所城（图 5-25）也是以重大历史事件和名人著称的。"宋代杨家将，清朝赖家帮"高度概括了大鹏镇的历史。700多年的抵御外侮、爱国抗敌的历史，丰富的文化底蕴，可歌可泣的英雄事迹，独一无二的大鹏山歌，秀美清丽的海湾风光，共同构成了大鹏独特的历史文化氛围。

（2）名人故居的原真性。名人故居是城市的特殊坐标，是不可再生的人文资源。从历史文化的角度看，它作为文化符号，对于城市的历史传承意义非凡。历史文化学者早就呼吁，名人故居保护是文化持续发展中的一个急迫任务，应明确列入文化遗产保护规划。名人故居的保护不单要保护故居本身，故居周边一定范围内的区域也应该得到保护，只有这样，名人当年的生活场景才能比较真实完整地呈现出来。

图 5-24　改造成展览馆的民居　　　　　　　　图 5-25　大棚所城

5.5.2.2　非物质文化遗产等级

目前，我国的非物质文化遗产有世界级、国家级、省级（自治区）、市级（州）和县级 5 个等级。

本研究体系将 10 类非物质文化遗产根据其构成历史文化村镇历史风貌的权重划分为 4 个指标。（1）传统方言、民间音乐、民间舞蹈、传统戏剧、曲艺、杂技与竞技的保护等级；（2）传统医药、民俗、传统节日的保护等级；（3）民间文学、民间美术、传统手工技艺、美食、服饰的保护等级；（4）文化空间的原真性。

5.5.2.3　生活延续

该项指标是指村镇的居民延续传统生活习俗的情况。经济的飞速发展，信息时代的来临会对传统的习俗带来冲击，很多传统的习俗和生活用具被现代化的生活设施所取代。现代城市的生活设施多种多样，洗衣机、电视机、电冰箱、电脑、空调、热水器等电器更是进入了千家万户，我们可以从村民生活设施的现代化程度衡量他们传统生活习俗的延续情况，现代化水平高的，传统生活延续的少，得分低；村镇的人文氛围和居民的价值观等都受西方文化的影响，反映在居民的穿着、打扮、语言、爱好等方面。我们可以从这些方面评价居民的文化和价值观受影响程度的高低，受影响程度越大，传统的文化保留越少，分数越低。

5.5.3　保护措施

5.5.3.1　保护机制

（1）保护管理办法的完备性。保护办法是对当地的保护修复措施、保护的义务、公众参与、社会监督、保护工作的领导管理部门、保护管理范围、保护管理的方针和原则、保护资金、保护管理的重点文物单位等作出的限制性规定。地方性保护管理条例是结合地方的工作特色和地方物质文化遗产的具体情况而制定的，更具体、更有针对性、更切合实际，能给地方政府和保护机构的保护工作提供更多的指导和限定，有效地推动了地方保护工作的进行，同时更有效地保证地方的物质文化遗产得以保存。

云南丽江的保护管理办法是个很好的借鉴例子。早在 1994 年 6 月，经过云南省第八届人民代表大会常务委员会第七次会议批准，《云南省丽江历史文化名城保护管理条例》颁布。条例除了对以上几大部分作出宏观规定外，还具体到对具有重大历史文化价值和民族特色的大研古城，实行重点保护，确保其原有的总体布局、形式、风格和风貌，专门用一个章节对大研古城的保护细节作出规定，使大研古城得到根本的保护。

(2) 保护的专门机构和人员配备的完备性。这项指标反映地方在历史村镇保护工作上的机关设立及人员配备情况。村镇需要设立专门的管理机构和配备专业人员，用于历史建筑遗产的保护工作，如制定保护规划、保护政策以及监督保护措施的执行，负责协调相关部门之间的配合工作。

5.5.3.2 保护编制

(1) 保护规划的编制与实施情况。保护规划是指导名镇名村开展物质文化遗产和非物质文化遗产保护的指导性文件，主要内容包括保护规划范围的划定、建筑与环境整治、社区生活保持、基础设施改造等方面。保护规划的编制应进一步完善，实施情况也应包含在评价体系中，避免一些历史村镇的保护规划成为评选历史文化村镇的纸面文件。

(2) 保护规划与城市规划的和谐性及可操作性。保护规划与城市规划都是对城市发展所作的长远规划。保护规划是城市规划的一部分，属于专项规划。保护规划一旦通过审批，与城市规划一样具有法律效力。因此，保护规划是否与城市规划相统一是衡量保护规划科学性的标准之一。

5.5.3.3 公众参与

公众参与在公共事务中日益受到重视，它在历史文化村镇的保护工作中占有至关重要的作用，主观评价体系包括以下几个评价因子。

(1) 民间保护组织①的建立及其作用。民间组织各个地方都有可能存在，据调研所得，80%的历史村镇都有自发保护的民间保护组织，他们所起的作用大小不一样，组织形式不一样，集体活动频率也不一样，共同点就是他们的目的都是保护当地的历史建筑。民间保护组织有着政府部门不可替代的作用，但不可能替代政府，民间组织应以政府方针政策为先导，协助政府做好历史文化村镇的保护工作。

(2) 居民参与保护措施的决策力度。这个指标反映了公众参与决策权的大小。我国公共事务中的公众参与还停留在形式上，公众的决策没有起到真正的作用，决策权大部分掌握在政府手里。公众参与只有转化为权力状态存在，才能发挥实质作用，才能真正体现民主。为了避免公众参与流于形式，政府对公众下放更多决策权是关键。法国在遗产保护中对于如何发挥公众参与作用有丰富经验。法国的"国家遗产日"活动自开办以来，每年都

---

① 历史村镇保护的民间组织是指社会上的非营利组织，一般包括社会团体、民办非企业单位和基金会。民间保护组织一般由普通群众、民俗文化的创造者和传承者组成，在保护文化遗产上有着官方组织不可替代的重要作用。民间保护组织是以保护当地的文化遗产为目的，具有地缘优势、亲和力，不仅容易得到当地政府的支持，同时也容易获得当地民众的响应和配合。

取得巨大成功，其中离不开各地协会的积极参与和大力支持①。我们可以借鉴国外的成功经验，逐渐下放决策权给民间组织，使其发展壮大，为历史村镇的保护工作进一步贡献力量。

（3）乡规民约及其作用②。乡规民约是存在于中国乡土社会的一种介于正式制度与非正式制度之间的具有一定权威性的民间行为。乡规民约不具有法律效力，也不能超越国家大法。但它是建立在村镇中传统的等级管理观念上的，其思维取向是针对乡土居民。在乡镇，法律不一定能起作用的地方，乡规民约却对村民有强而有力的约束，有利于村镇居民的自我管理，规范村镇居民的行为和观念的作用，有利于教化村民，有利于推动村镇保护工作的推进。

（4）居民的好客度和自豪感。首先应当唤起居民对中国文化的民族自豪感，对自己所属村镇文化的自豪感，才能使居民关心村镇历史建筑的保护工作。每个村镇都有独特的传统文化、风俗、礼仪、饮食、建筑、服饰等，这些构成了独具魅力的人文风景。只有树立对自身村镇文化的自豪感，才能使居民自觉参加到保护工作中去，才会欢迎游客的到来。

5.6 主观评价体系的应用

历史文化村镇的主观评价体系是一个三级四层结构的指标体系，根据 FUZZY（模糊数学）理论，把底层准则层对上级中间准则层的评判看做是第一级评判，依此类推，把中间级的准则层对上级的评判看做是第二级评判，再把主准则层对目标层的评判看做是第三级评判，从而构成了一个三级四层的模糊综合评价模型。具体步骤详见下文。

5.6.1 主观评价体系的分数升降标准

主观评价体系的分数升降标准，实际上是引用了 SD 语义差别法制定的，从 0～10 分与"差、中下、一般、良好、优秀"五个等级相对应。每个因素的分值评定是根据对应因素的特点，结合程度差别对应的分数制定的。例如本研究体系采用的语义差别标度的排序结果表示见表 5-3：

表 5-3 语义差别标度

标度的变化	低的程度			高的程度	
	0～2（包含）	2（不含）～4	4（不含）～6	6（不含）～8	8（不含）～10
建筑的审美价值	很丑	比较丑	一般	比较美	很美
标度的等级	1	2	3	4	5
等级	差	中下	一般	良好	优秀

---

① 为进一步发挥民间组织在保护遗产方面的作用，法政府签署了国家协会契约宪章，充分肯定民间组织在遗产保护中的地位，并给予他们在制定有关遗产政策中的参与权，同时强调重新定位角色，把对某些遗产的认知和管理权充分下放，交由最直接的地方组织负责。目前，法国政府已与一些省区签署了遗产领域权力下放议定书。法国政府还通过展览公示民间组织在遗产保护方面所做的工作及取得的成果，鼓励公众参与遗产保护并肯定民间组织在遗产保护中的地位。民间组织在保护遗产中的作用和地位，已被越来越多的法国民众所认同。

② "乡规民约"是指在乡镇的居民为了实现自我管理、自我服务、自我约束而共同制定出来的制度，这种乡规民约是约定俗成的，不像法律有强制执行效力。

其他因素以此类推，得到主观评价体系全部评价因素的评分标准（表 5-4）：

表 5-4　主观评价体系评分标准

评价因子	指标解释	分值评定方法
U_{111} 文物保护单位的等级	拥有文保单位的最高等级	拥有世界文化和自然遗产得 10 分；拥有全国重点文物保护单位得 8 分，省级为 6 分，市级为 4 分，县级为 2 分
U_{121} 建筑风格的典型性	建筑形式总体是否具有岭南特色，如：锅耳房、木雕、灰雕、砖雕、木雕等特色	非常有特色的得 10 分，比较有特色的得 8 分；一般有特色的得 6 分，有一些特色的得 4 分，只有一点特色的得 2 分，不具有特色的为 0 分
U_{122} 建筑细部构件的工艺价值	建筑建造工艺的精致程度	建造工艺独特、细部装饰精美为 7~10 分；建造工艺、细部装饰水平一般为 5~6 分；建造工艺不好为 4 分以下
U_{123} 建筑的完好程度（包括围护结构、细部构件等）	—	内外表面完好，具有重要价值的建筑构件完好的为 10 分；建筑构件经过修缮，可以恢复其原貌的为 8 分；建筑围合结构基本完好，小部分具有重要价值建筑构件丢失、损坏的为 6 分；围护结构 30% 以上损坏，重要建筑构件丢失或者破坏严重的视情况而定为 5 分以下
U_{124} 建筑的安全性	—	结构及围合构件（墙面）完好，只需稍作修缮可再利用安全性非常好的为 10 分；结构需要加固，墙面需要维修的得 8 分；结构完好，但大部分墙面需要拆除按照原样重建的得 6 分；结构尚存，墙面大部分倒塌，但可按原样修复的得 4 分；因年代久远，原建筑倒塌，但已经按原样修复得 2 分
U_{125} 空间的可改造再利用性	—	空间宏大，结构稳固，可适应性强得 10 分；空间较大，但结构稳固，可改造性较强得 8 分；空间和结构的适应性一般得 6 分；空间不大，结构承载力有限，改造受到限制得 4 分；只能作参观得 2 分
U_{126} 建造技术水平（包括建筑构件的接合精细程度、排水、消防、通风系统的先进性等）	衡量建筑构件的接合精细程度、排水、消防、通风系统的先进性	历史建筑具有 5 项以上的先进的建筑技术（包括有组织排水、通风设备、消防设备等）属于非常突出的得 10 分；比较先进得 8 分；一般的得 6 分；有先进技术水平雏形的得 4 分；欠佳的不得分
U_{127} 材料应用的典型性	材料应用以地域性为最佳	充分发挥建筑材料的实用性和艺术性的历史建筑 10 分；能较好发挥建筑材料的实用性或艺术性其中之一得 8 分；二者的发挥都一般得 6 分；较差酌情得 4~0 分

续表

评价因子	指标解释	分值评定方法
U_{131} 街道节点的适用性	—	街道节点设置适当,能形成宜人景观并具有一定功能的广场得 10 分;形成宜人的街道场所,能较好地起到交通缓冲作用的得 8 分;形成一定的街道场所,景观审美价值一般,能基本解决交通缓冲问题的得 6 分;只能基本解决交通缓冲问题酌情得 4~0 分
U_{132} 街道空间布局的丰富性	街道空间有大小变化,开合变化,或收或放	街巷空间丰富,尺度宜人的得 10 分;街巷空间丰富或尺度宜人的得 8 分;两者皆一般的得 6 分;其中一者欠佳得 4 分;两者均欠佳得 2 分
U_{133} 建筑群整体风貌的完好性及原真性	是否有破坏历史风貌的建筑物出现或者反映历史风貌的构筑物受损程度	拥有 80% 保存完好的街巷为 10 分;60%~79% 完好的得 8 分,40%~59% 为 6 分;39% 及以下得 4 分
U_{134} 街道肌理的可识别性	是指风水格局或者形成某种独特的、识别性强的肌理,如环山抱水格局、"鱼骨刺"和"棋盘式"道路网等	识别性强的得 10 分;识别性较强的得 8 分;可识别性一般的得 6 分;可识别性比较弱的得 4 分;可识别性很弱的得 2~0 分
U_{135} 街道景观元素的布置适宜性	绿化、休息座椅、休息亭、水景、假山、古树种植的适宜性	街道景观元素应用得当,在功能上很好满足人们的需要同时应用灵活,具有较高的审美价值的得 10 分;次之得 8 分;景观元素丰富性一般,但功能上基本满足需要的得 6 分;次之视情况而定得 4 分以下
U_{141} 村镇周围自然风景的审美价值	村镇都和周边自然环境的关系是否配合得当	村镇与周边环境配合成山清水秀,小桥流水的美丽画卷的得 10 分;景致尚好的得 8 分;一般的得 6 分;欠佳的视情况而定 5 分以下
U_{142} 自然灾害、环境污染程度及其处理措施的科学性	村镇的生态环境状况,是否受到现代生活的污染,有没有采取科学的处理措施	村镇周边环境优美,生态环境良好,植被丰富,水质良好的得 10 分;次之得 8 分;一般的得 6 分;已产生污染,但采取了有效的改善措施,情况得以控制的得 4 分;生态环境欠佳的视情况而定得 2 分以下
U_{143} 村镇文化景观的和谐性	人类改造自然的活动的艺术价值,泛指人造景观和人造构筑物的审美价值	文化景观与自然融为一体且有特殊的风水格局的得 10 分;前者其中之一较为突出的得 8 分;二者均属一般的得 6 分;文化景观欠佳或不具备风水格局的视情况而定得 5 分以下

续表

评价因子	指标解释	分值评定方法
U_{211}历史事件对当代和现代影响的大小程度	名人或历史事件等级	历史事件（名人）：一级得10分；二级得7分；三级得4分。一级：在一定历史时期内对推动全国社会经济、文化发展起过重要作用；二级：在一定历史时期内对推动区域（省域或相当范围内）社会经济、文化发展起过重要作用；三级：在一定历史时期内对推动本地（市、县域范围）社会经济、文化发展起过重要作用
U_{212}历史事件序列空间和名人故居的原真性	重大历史事件发生地或名人生活居住地原有建筑保存完好情况	历史事件：一级得10分；二级得7分；三级得4分。一级：原有历史传统建筑群、建筑物及其建筑细部乃至周边环境基本上原貌保存完好。二级：原建筑群及其周边环境虽部分倒塌破坏，但"骨架"尚存，部分建筑细部亦保存完好，依据保存实物的结构、构造和样式可以整体修复原貌。三级：因年代久远，原建物（群）及周边环境虽曾倒塌破坏，但已按原貌整修恢复
U_{221}传统方言、民间音乐、民间舞蹈、传统戏剧、曲艺、杂技与竞技的保护等级	非物质文化遗产的等级	具有世界级非物质文化遗产（或指定的传承人长期居住的）得10分；国家级非物质文化遗产得8分；省级的得6分，市级得4分，县级得2分
U_{222}传统医药、民俗、传统节日的保护等级		
U_{223}民间文学、民间美术、传统手工技艺、美食、服饰的保护等级		
U_{224}文化空间的原真性	文化空间的传承情况	表演性文化空间的时间及空间或重要非物质文化遗产发源地受到保护完好的得10分；保护状况一般的得6分；保护欠佳的得2分
U_{231}传统的生活习惯的延续情况	如节日庆典、祭天和婚庆仪式等习俗	居民传统生活习惯延续非常完整得10分；比较完整得8分；一般得6分；习俗延续不完整得4分；几乎不重视传统习惯的情得4～0分
U_{311}保护管理办法的完备性	保护管理办法是否制定、颁布及其完备性	具有有效的管理办法并已成效的得10分，已经正式颁布得8分；成立了但没颁布得6分；正在成立的酌情得4～2分；没有成立得0分
U_{312}保护的专门机构和人员配备的完备性	文物保护机构专业人员的完备性	已经设有专门机构并配以专业人员得10分；已设立机构，专业人员尚未配备或者没有专门机构但有管理人得6分；机构不完整，专业人员配备不完整酌情得6～2分；没有机构和管理人员0分
U_{321}保护规划的编制与实施情况	保护规划的编制是否实施	保护规划已经编制并予以实施得10分；已经编制未实施得6分；未编制不得分

续表

评价因子	指标解释	分值评定方法
U_{322}保护规划与城市规划的和谐性及可操作性	保护规划的可操作性	保护规划比较全面、可操作性强且能有效恢复历史风貌的得10分；其中两方面比较突出得8分；一方面突出者得6分；三者皆一般得4分；依此类推
U_{331}民间保护组织的建立及其作用	—	民间保护组织已经正式成立并起着积极作用得10分；民间组织已经正式成立但作用有限得8分；民间组织存在，但没有正式的组织和章程酌情得6~2分；没有民间组织得0分
U_{332}公众参与保护措施的决策力度	公众对保护工作的热情及参与决策的深度	公众能参与决策保护工作的得10分；公众参与听证保护工作，其言行有部分决定权利的得8分；公众参与听证但没有决策权力的得6分；公众关心并了解保护工作的得4分；公众对此漠不关心的得0分
U_{333}乡规民约及其作用	传统的、约定俗成的保护文物建筑的规定	已经颁布乡规民约并起着积极作用得10分；乡规民约起着一定作用得8分；作用不大的得6分；没有乡规民约的得0分
U_{334}居民的好客度和自豪感	—	居民以作为本村的居民并以本村的历史文明引以为豪的10分；次之8分；自豪感一般的视情况而定6分以下

5.6.2 历史文化村镇的模糊综合评价模型

5.6.2.1 历史文化村镇的模糊综合评价数学模型

以模糊数学为基础，应用模糊关系合成的原理，将一些边界不清、不容易定量的因素量化，从多个因素对被评价事物隶属等级状况进行综合性评价的一种方法。从系统论的观点，主观评价体系是个多级模糊综合评价问题，其数学模型如下：

$$U = \begin{cases} U_1 \ (u_{11}, \ u_{12}, \ \cdots, \ u_{1i}) \\ U_1 \ (u_{21}, \ u_{22}, \ \cdots, \ u_{2i}) \\ \vdots \\ U_m \ (u_{m1}, \ u_{m2}, \ \cdots, \ u_{mi}) \end{cases}$$

设历史文化村镇评估因素集$U = \{u_1, u_2, \cdots, u_m\}$，而$V = \{v_1, v_2, \cdots v_n\}$为每个因素的评价等级，一般分为3~5个等级。

对于单个因素U_i ($i=1, 2, \cdots, m$) 作单因素评判，对这个评价因素的评价等级为V_j ($j=1, 2, \cdots, n$) 的隶属度为R_{ij}，这样得到第i个因素U_i的单因素评价集$R_{ij} = (r_{i1}, r_{i2}, \cdots, r_{in})$，$m$个因素的评价集就构成一个总的评价矩阵：

$$R=(R_{ij})mn=\begin{bmatrix} r_{11} & r_{12} & \cdots & r_{1n} \\ r_{21} & r_{22} & \cdots & r_{2n} \\ \vdots & \vdots & \ddots & \vdots \\ r_{n1} & r_{n2} & \cdots & r_{mn} \end{bmatrix}$$

得到这样的评价矩阵,还不足以对事物作出评价。评价因素集中的各个因素还在评价目标中有各自不同的地位和作用,即各个因素的权重不一样。应引入一个 U 上的模糊子集 $\underset{\sim}{A}$,$\underset{\sim}{A}=(a_1,a_2,\cdots,a_m)$,其中 $\sum a_i=1$。设因素论域上每个因素 U_n 中各个因子 $(u_{n1},u_{n2},\cdots,u_{nj})$ 的权重 $\underset{\sim}{A_n}=\{a_{n1},a_{n2},\cdots,a_{jm}\}$,则单因素的模糊综合评价模型为:

$$\underset{\sim}{B_n}=\underset{\sim}{A_n}\times R_n$$

用单因素评判结果 $\underset{\sim}{B_n}$ 构成总的模糊关系矩阵 R 总

$$R_{总}=\begin{bmatrix} B_1 \\ B_2 \\ \vdots \\ B_n \end{bmatrix}=\begin{bmatrix} b_{11} & b_{12} & \cdots & b_{1m} \\ b_{21} & b_{22} & \cdots & b_{2m} \\ \vdots & \vdots & \ddots & \vdots \\ b_{n1} & b_{n2} & \cdots & b_{nm} \end{bmatrix}$$

$B_{总}=A_{总}\times R_{总}$,由最大隶属原则判定,得出的结果取最大值与预设的标度对照,便可得出综合评价的结果。

5.6.2.2 多层次模糊综合评价的层次及权重

用层次分析法建立历史文化村镇的层次结构并建立两两对比矩阵,得出各因素的权重值见表 5-5。

表 5-5 历史文化村镇主观评价体系的层次结构表

目标层	第一层	第二层	权重	第三层	权重	备注
历史文化村镇的评价体系	U_1 物质文化遗产 0.450	U_{11} 文物保护单位	0.1230	U_{111} 文物保护单位的等级	—	
		U_{12} 历史建筑	0.4084	U_{121} 建筑风格的典型性	0.205	$\sum u=1$
				U_{122} 建筑细部构件的工艺价值	0.182	
				U_{123} 建筑的完好程度(包括围护结构、细部构件等)	0.112	
				U_{124} 建筑的安全性	0.137	
				U_{125} 空间的可改造再利用性	0.158	
				U_{126} 建造技术水平(包括建筑构件的接合精细程度、排水、消防、通风系统的先进性等。)	0.126	
				U_{127} 材料的应用的典型性	0.080	
		U_{13} 历史街区	0.3025	U_{131} 街道节点的适用性	0.175	$\sum u=1$
				U_{132} 街道空间布局的丰富性	0.206	
				U_{133} 建筑群整体风貌的完好性及原真性	0.241	

续表

目标层	第一层	第二层	权重	第三层	权重	备注
历史文化村镇的评价体系	U_1 物质文化遗产 0.450	U_{13} 历史街区	0.3025	U_{134} 街道肌理的可识别性	0.223	$\sum u=1$
				U_{135} 街道景观元素的布置适宜性	0.155	
		U_{14} 自然环境与景观	0.1660	U_{141} 村镇周围自然风景的审美价值	0.350	$\sum u=1$
				U_{142} 自然灾害、环境污染程度及其处理措施的科学性	0.250	
				U_{143} 村镇文化景观的和谐性	0.400	
	U_2 非物质文化遗产 0.302	U_{21} 历史影响	0.3610	U_{211} 历史事件对当代和现代影响的大小程度	0.500	$\sum u=1$
				U_{212} 历史事件序列空间和名人故居的原真性	0.500	
		U_{22} 非物质文化遗产	0.4409	U_{221} 传统方言、民间音乐、民间舞蹈、传统戏剧、曲艺、杂技与竞技的保护等级	0.309	$\sum u=1$
				U_{222} 传统医药、民俗、传统节日的保护等级	0.145	
				U_{223} 民间文学、民间美术、传统手工技艺、美食、服饰的保护等级	0.266	
				U_{224} 文化空间的原真性	0.280	
		U_{23} 生活延续	0.1981	U_{231} 传统的生活习惯的延续情况		$\sum u=1$
	U_3 保护措施 0.248	U_{31} 保护机制	0.350	U_{311} 保护管理办法的完备性	0.550	$\sum u=1$
				U_{312} 保护的专门机构和人员的完备性	0.450	
		U_{32} 保护编制	0.350	U_{321} 保护规划的编制与实施情况	0.450	$\sum u=1$
				U_{322} 保护规划与城市规划的和谐性及可操作性	0.550	
		U_{33} 公众参与	0.300	U_{331} 民间保护组织的建立及其作用	0.245	$\sum u=1$
				U_{332} 居民参与保护措施的决策力度	0.331	
				U_{333} 乡规民约及其作用	0.233	
				U_{334} 居民的好客度和自豪感	0.191	

注：该表格权重值为每个因素对应上层因素的权重值，并非对总目标的权重值。

5.6.3 获得专家主观评价的数据表

评价专家团应该是对历史文化村镇有一定的熟悉程度，而且来自多个领域的专业人员，应该包括从事学术研究的科研人员，当地从事文物保护的工作人员、规划部门、建设部门、文化部门和从事旅游开发部门人员等。专家对参评的历史文化村镇进行实地调研，并结合申报材料对各项因素进行模糊综合评价。方法有：（1）直接打分。（2）分级评分。

考虑到直接打分法可以更好地解释多层模糊综合评价体系的计算模型，本文以直接打分法为例，说明主观评价体系的评价步骤和计算方法。

以南社村为例，专家调查团的组成包括从事历史文化村镇的科研人员，当地规划部门、文化部门、旅游部门、管理部门工作人员，熟悉当地历史文化的群众约20人。熟悉程度分为5个档次，根据非常熟悉为1，比较熟悉为0.8，一般为0.6，不大熟悉为0.4，很不熟悉为0.2赋值，有效样本20份。

5.6.4 分级进行模糊评价

评价体系的总因素集 U 分为三层：

第一层为 $U = \{u_1, u_2, u_3\}$

第二层为 $U_1 = \{u_{11}, u_{12}, u_{13}, u_{14}\}$；$U_2 = \{u_{21}, u_{22}, u_{23}\}$；$U_3 = \{u_{31}, u_{32}, u_{33}\}$；

第三层为 $U_{12} = \{u_{121}, u_{122}, u_{123}, u_{124}, u_{125}, u_{126}, u_{127}\}$；$U_{13} = \{u_{131}, u_{132}, u_{133}, u_{134}, u_{135}\}$；$U_{14} = \{u_{141}, u_{142}, u_{143}\}$；$U_{21} = \{u_{211}, u_{212}\}$；$U_{22} = \{u_{221}, u_{222}, u_{223}, u_{224}\}$；$U_{31} = \{u_{311}, u_{312}\}$；$U_{32} = \{u_{321}, u_{322}\}$；$U_{33} = \{u_{331}, u_{332}, u_{333}, u_{334}\}$。

1. 首层模糊综合评价

$U_{12} = \{u_{121}, u_{122}, u_{123}, u_{124}, u_{125}, u_{126}, u_{127}\}$，根据层次分析法的权重计算结果，可知 $A_{12} = \{0.205, 0.182, 0.112, 0.137, 0.158, 0.126, 0.08\}$，由上表格可以得出 U_{12} 模糊评判构成评价矩阵：

$$R_{12} = \begin{Bmatrix} 8 & 9 & 9 & 8 & 8 & 8 & 9 & 7 & 9 & 8 & 7 & 9 & 8 & 9 & 8 & 9 & 8 \\ 10 & 10 & 9 & 9 & 10 & 9 & 8 & 10 & 9 & 10 & 8 & 10 & 9 & 10 & 9 & 8 & 9 & 10 \\ 8 & 8 & 9 & 9 & 9 & 8 & 8 & 9 & 9 & 9 & 8 & 9 & 8 & 9 & 10 & 8 & 9 & 9 \\ 7 & 8 & 7 & 9 & 7 & 9 & 9 & 7 & 8 & 9 & 9 & 7 & 9 & 9 & 9 & 7 & 9 & 8 & 8 \\ 8 & 8 & 8 & 9 & 7 & 7 & 8 & 9 & 7 & 8 & 9 & 8 & 9 & 8 & 8 & 9 & 8 & 8 \\ 9 & 10 & 8 & 9 & 9 & 9 & 10 & 9 & 9 & 9 & 10 & 9 & 9 & 9 & 9 & 10 & 9 \\ 8 & 9 & 9 & 9 & 10 & 9 & 10 & 9 & 9 & 9 & 9 & 8 & 9 & 9 & 9 & 9 \end{Bmatrix}$$

$$B_{12} = A_{11} \times R_{11} = \begin{Bmatrix} 8.35, & 8.90, & 8.36, & 8.80, & 8.47, & 8.48, & 8.34, & 8.58, & 8.73, & 8.67, \\ 8.68, & 8.22, & 8.80, & 8.65, & 9.02, & 8.48, & 8.47, & 8.50, & 8.83, & 8.68 \end{Bmatrix};$$

$U_{13} = \{u_{131}, u_{132}, u_{133}, u_{134}, u_{135}\}$，$A_{13} = \{0.175, 0.206, 0.241, 0.223, 0.155\}$

$$R_{13} = \begin{Bmatrix} 8 & 9 & 9 & 10 & 10 & 9 & 9 & 9 & 8 & 10 & 10 & 9 & 9 & 9 & 10 & 8 & 10 \\ 10 & 9 & 9 & 9 & 8 & 8 & 8 & 7 & 7 & 8 & 9 & 8 & 9 & 8 & 8 & 9 & 8 & 8 \\ 9 & 9 & 9 & 10 & 9 & 9 & 9 & 9 & 10 & 9 & 9 & 9 & 10 & 9 & 8 & 9 & 10 \\ 9 & 8 & 9 & 9 & 8 & 8 & 8 & 9 & 9 & 9 & 8 & 9 & 9 & 9 & 9 & 8 & 8 \\ 10 & 9 & 9 & 9 & 8 & 9 & 9 & 10 & 9 & 9 & 8 & 8 & 9 & 9 & 10 & 9 \end{Bmatrix}$$

$$B_{13} = A_{13} \times R_{13} = \begin{Bmatrix} 9.19, & 8.78, & 8.76, & 9.18, & 9.06, & 8.42, & 8.42, & 8.37, & 8.59, & 8.55, & 8.99, \\ 9.18, & 8.83, & 8.62, & 9.29, & 8.416, & 8.604, & 9.175, & 8.551, & 8.987 \end{Bmatrix}$$

$$U_{14} = \{u_{141}, u_{142}, u_{143}\}, A_{14} = \{0.35, 0.25, 0.40\};$$

$$R_{14} = \begin{Bmatrix} 10 & 10 & 10 & 9 & 9 & 9 & 8 & 10 & 8 & 9 & 9 & 10 & 9 & 9 & 10 & 9 & 10 & 9 & 9 \\ 9 & 9 & 8 & 9 & 10 & 8 & 9 & 9 & 10 & 9 & 10 & 9 & 9 & 8 & 9 & 8 & 8 & 9 & 10 \\ 9 & 8 & 9 & 8 & 9 & 9 & 8 & 9 & 10 & 10 & 9 & 10 & 8 & 10 & 9 & 9 & 8 & 10 & 9 \end{Bmatrix}$$

$$B_{14} = A_{14} \times R_{14} = \begin{Bmatrix} 9.35, & 8.95, & 9.10, & 8.60, & 9.25, & 8.75, & 8.25, & 9.35, & 9.30, & 9.40, \\ 9.25, & 9.75, & 8.60, & 9.15, & 9.35, & 8.75, & 9.10, & 8.60, & 9.40, & 9.25 \end{Bmatrix}$$

$$u_{21} = \{u_{211}, u_{212}\}, A_{21} = \{0.50, 0.50\}$$

$$R_{21} = \begin{Bmatrix} 6 & 7 & 7 & 6 & 8 & 7 & 7 & 7 & 6 & 6 & 6 & 7 & 7 & 8 & 8 & 7 & 7 & 7 & 6 & 6 & 7 \\ 7 & 8 & 6 & 6 & 6 & 7 & 7 & 7 & 6 & 7 & 8 & 6 & 7 & 6 & 7 & 7 & 6 & 6 & 7 & 8 \end{Bmatrix}$$

$$B_{21} = A_{21} \times R_{21} = \begin{Bmatrix} 6.50, & 7.50, & 6.50, & 6.00, & 7.00, & 7.00, & 7.00, & 6.50, & 6.00, \\ 6.50, & 7.50, & 6.50, & 7.50, & 7.00, & 7.007, & 6.56, & 6.5, & 7.5 \end{Bmatrix}$$

$$u_{22} = \{u_{221}, u_{222}, u_{223}, u_{224}\}, A_{22} = \{0.309, 0.145, 0.266, 0.28\}$$

$$R_{22} = \begin{Bmatrix} 8 & 8 & 7 & 9 & 8 & 7 & 8 & 9 & 8 & 8 & 8 & 7 & 8 & 8 & 7 & 7 & 9 & 7 & 7 \\ 8 & 8 & 9 & 8 & 8 & 8 & 7 & 8 & 8 & 7 & 7 & 8 & 7 & 8 & 8 & 8 & 9 & 8 & 7 & 7 \\ 8 & 8 & 7 & 6 & 7 & 9 & 6 & 8 & 7 & 6 & 8 & 9 & 6 & 7 & 9 & 6 & 7 & 6 \\ 9 & 8 & 8 & 6 & 7 & 7 & 8 & 7 & 7 & 6 & 6 & 7 & 9 & 9 & 7 & 8 & 8 & 7 & 6 \end{Bmatrix}$$

$$B_{22} = A_{22} \times R_{22} = \begin{Bmatrix} 8.28, & 8.00, & 7.57, & 7.78, & 7.17, & 7.68, & 7.04, & 7.78, & 7.72, & 7.31, \\ 6.76, & 6.91, & 7.27, & 8.55, & 8.28, & 7.68, & 7.57, & 7.78, & 7.00, & 6.45 \end{Bmatrix}$$

$$u_{31} = \{u_{311}, u_{312}\}; A_{31} = \{0.55, 0.45\}$$

$$R_{31} = \begin{Bmatrix} 8 & 9 & 8 & 8 & 8 & 9 & 9 & 8 & 7 & 9 & 8 & 9 & 8 & 9 & 10 & 9 & 8 & 8 & 9 & 8 \\ 9 & 8 & 8 & 8 & 10 & 7 & 8 & 9 & 9 & 9 & 9 & 8 & 8 & 7 & 10 & 9 & 9 & 7 & 8 & 8 & 9 & 8 \end{Bmatrix}$$

$$B_{31} = A_{31} \times R_{31} = \begin{Bmatrix} 8.45, & 8.55, & 8.00, & 8.00, & 8.90, & 8.10, & 8.55, & 8.45, & 7.90, & 9.00, \\ 8.00, & 8.55, & 7.55, & 9.45, & 9.55, & 8.10, & 8.00, & 8.00, & 9.00, & 8.00 \end{Bmatrix}$$

$$u_{32} = \{u_{321}, u_{322}\}; A_{32} = \{0.45, 0.55\}$$

$$R_{32} = \begin{Bmatrix} 8 & 8 & 9 & 10 & 8 & 9 & 8 & 9 & 8 & 9 & 8 & 9 & 8 & 9 & 8 & 9 & 10 & 8 & 8 \\ 9 & 9 & 10 & 9 & 8 & 7 & 9 & 8 & 9 & 9 & 9 & 9 & 8 & 10 & 7 & 10 & 9 & 9 & 9 \end{Bmatrix}$$

$$B_{32} = A_{32} \times R_{32} = \begin{Bmatrix} 8.55, & 8.55, & 9.55, & 9.45, & 8.00, & 7.90, & 8.55, & 8.45, & 8.55, & 9.00, \\ 8.55, & 9.00, & 9.00, & 8.00, & 9.10, & 7.90, & 9.55, & 9.45, & 8.55, & 8.55 \end{Bmatrix}$$

$$U_{33} = \{u_{331}, u_{332}, u_{333}, u_{334}\}; A_{33} = \{0.245, 0.331, 0.233, 0.191\}$$

$$R_{33} = \begin{Bmatrix} 7 & 8 & 6 & 8 & 8 & 6 & 8 & 7 & 8 & 8 & 9 & 7 & 8 & 8 & 8 & 6 & 6 & 8 & 8 & 9 \\ 8 & 9 & 7 & 8 & 8 & 8 & 9 & 8 & 9 & 7 & 7 & 9 & 8 & 9 & 8 & 8 & 7 & 9 & 8 & 7 \\ 8 & 9 & 8 & 9 & 8 & 9 & 8 & 9 & 9 & 8 & 8 & 8 & 9 & 8 & 9 & 9 \\ 10 & 9 & 10 & 10 & 9 & 10 & 10 & 9 & 10 & 9 & 10 & 9 & 10 & 10 & 10 & 10 & 9 \end{Bmatrix}$$

$$B_{33} = A_{33} \times R_{33} = \begin{Bmatrix} 8.14, & 8.76, & 7.56, & 8.62, & 8.19, & 8.13, & 8.71, & 7.95, & 8.95, & 8.28, & 8.34, \\ 8.47, & 8.14, & 8.52, & 8.38, & 8.125, & 7.561, & 8.946, & 8.615, & 8.338 \end{Bmatrix}$$

2. 第二层次的综合评判

$$u_1 = \{u_{11}, u_{12}, u_{13}, u_{14}\}; A_1 = \{0.123, 0.4084, 0.3025, 0.166\}$$

$$R_1 = \begin{bmatrix} B_{11} \\ B_{12} \\ B_{13} \\ B_{14} \end{bmatrix} = \begin{Bmatrix} 8.00 & 8.00 & 8.00 & 8.00 & 8.00 & 8.00 & 8.00 & 8.00 & 8.00 & 8.00 \\ 8.35 & 8.90 & 8.36 & 8.80 & 8.47 & 8.48 & 8.34 & 8.58 & 8.73 & 8.67 \\ 9.19 & 8.78 & 8.76 & 9.18 & 9.06 & 8.42 & 8.42 & 8.37 & 8.59 & 8.55 \\ 9.35 & 8.95 & 9.10 & 8.60 & 9.25 & 8.75 & 8.25 & 9.35 & 9.30 & 9.40 \end{Bmatrix}$$

$$\begin{Bmatrix} 8.00 & 8.00 & 8.00 & 8.00 & 8.00 & 8.00 & 8.00 & 8.00 & 8.00 & 8.00 \\ 8.68 & 8.22 & 8.80 & 8.65 & 9.02 & 8.48 & 8.47 & 8.50 & 8.83 & 8.68 \\ 8.99 & 9.18 & 8.83 & 8.62 & 9.29 & 8.42 & 8.60 & 9.18 & 8.55 & 8.99 \\ 9.25 & 9.75 & 8.60 & 9.15 & 9.35 & 8.75 & 9.10 & 8.60 & 9.40 & 9.25 \end{Bmatrix}$$

$$B_1 = A_1 \times R_1 = \begin{Bmatrix} 8.73, & 8.76, & 8.56, & 8.78, & 8.72, & 8.45, & 8.31, & 8.57, & 8.69, & 8.67, \\ 8.78, & 8.73, & 8.67, & 8.64, & 9.03, & 8.45, & 8.56, & 8.66, & 8.74, & 8.78 \end{Bmatrix}$$

$$U_2 = \{u_{21}, u_{22}, u_{23}\}; \quad A_2 = \{0.361, 0.4409, 0.1981\}$$

$$R_2 = \begin{bmatrix} B_{21} \\ B_{22} \\ B_{23} \end{bmatrix} = \begin{Bmatrix} 6.50 & 7.50 & 6.50 & 6.00 & 7.00 & 7.00 & 7.00 & 6.50 & 6.00 & 6.50 \\ 8.28 & 8.00 & 7.57 & 7.78 & 7.17 & 7.68 & 7.04 & 7.78 & 7.72 & 7.31 \\ 8.00 & 8.00 & 7.00 & 6.00 & 7.00 & 9.00 & 6.00 & 6.00 & 8.00 & 7.00 \end{Bmatrix}$$

$$\begin{Bmatrix} 7.50 & 6.50 & 7.50 & 7.00 & 7.00 & 7.00 & 6.50 & 6.00 & 6.50 & 7.50 \\ 6.76 & 6.91 & 7.27 & 8.55 & 8.28 & 7.68 & 7.57 & 7.78 & 7.00 & 6.45 \\ 6.00 & 6.00 & 8.00 & 9.00 & 8.00 & 9.00 & 7.00 & 6.00 & 9.00 & 9.00 \end{Bmatrix}$$

$$B_2 = A_2 \times R_2 = \begin{Bmatrix} 7.58, & 7.82, & 7.07, & 6.78, & 7.08, & 7.69, & 6.82, & 6.96, & 7.15, & 6.96, \\ 6.88, & 6.58, & 7.50, & 8.08, & 7.76, & 7.69, & 7.07, & 6.78, & 7.22, & 7.34 \end{Bmatrix}$$

$$U_3 = \{u_{31}, u_{32}, u_{33}, u_{34}, u_{35}\}; \quad A_3 = \{0.35, 0.35, 0.30\}$$

$$R_3 = \begin{bmatrix} B_{31} \\ B_{32} \\ B_{33} \end{bmatrix} = \begin{Bmatrix} 8.45 & 8.55 & 8.00 & 8.00 & 8.90 & 8.10 & 8.55 & 8.45 & 7.90 & 9.00 \\ 8.55 & 8.55 & 9.55 & 9.45 & 8.00 & 7.90 & 8.55 & 8.45 & 8.55 & 9.00 \\ 8.14 & 8.76 & 7.56 & 8.62 & 8.19 & 8.13 & 8.71 & 7.95 & 8.95 & 8.28 \end{Bmatrix}$$

$$\begin{Bmatrix} 8.00 & 8.55 & 7.55 & 9.45 & 9.55 & 8.10 & 8.00 & 8.00 & 9.00 & 8.00 \\ 8.55 & 9.00 & 9.00 & 8.00 & 9.10 & 7.90 & 9.55 & 9.45 & 8.55 & 8.55 \\ 8.34 & 8.47 & 8.14 & 8.52 & 8.38 & 8.13 & 7.56 & 8.95 & 8.62 & 8.34 \end{Bmatrix}$$

$$B_3 = A_3 \times R_3 = \begin{Bmatrix} 8.39, & 8.61, & 8.41, & 8.69, & 8.37, & 8.04, & 8.60, & 8.30, & 8.44, & 8.79, \\ 8.29, & 8.68, & 8.23, & 8.66, & 9.04, & 8.04, & 8.41, & 8.80, & 8.73, & 8.30 \end{Bmatrix}$$

3. 第三层综合模糊评价

$$U = \{u_1, u_2, u_3\}, \quad A = \{0.45, 0.302, 0.248\}$$

$$R = \begin{bmatrix} B_1 \\ B_2 \\ B_3 \end{bmatrix} = \begin{Bmatrix} 8.73 & 8.76 & 8.56 & 8.78 & 8.72 & 8.45 & 8.31 & 8.57 & 8.69 & 8.67 \\ 7.58 & 7.82 & 7.07 & 6.78 & 7.08 & 7.69 & 6.82 & 6.96 & 7.15 & 6.96 \\ 8.39 & 8.61 & 8.41 & 8.69 & 8.37 & 8.04 & 8.60 & 8.30 & 8.44 & 8.79 \end{Bmatrix}$$

$$\begin{Bmatrix} 8.78 & 8.73 & 8.67 & 8.64 & 9.03 & 8.45 & 8.56 & 8.66 & 8.74 & 8.78 \\ 6.88 & 6.58 & 7.50 & 8.08 & 7.76 & 7.69 & 7.07 & 6.78 & 7.22 & 7.34 \\ 8.29 & 8.68 & 8.23 & 8.66 & 9.04 & 8.04 & 8.41 & 8.79 & 8.73 & 8.29 \end{Bmatrix}$$

$$B = A \times R = \begin{Bmatrix} 8.30, & 8.44, & 8.07, & 8.15, & 8.14, & 8.12, & 7.93, & 8.02, & 8.16, & 8.18, \\ 8.09, & 8.07, & 8.21, & 8.48, & 8.65, & 8.12, & 8.07, & 8.13, & 8.28, & 8.23 \end{Bmatrix}$$

(1) 分析：

计算过程得到的数据反映相关的指标模糊综合评价结果。如由

$$B_1 = A_1 \times R_1 = \begin{Bmatrix} 8.73, & 8.76, & 8.56, & 8.78, & 8.72, & 8.45, & 8.31, & 8.57, & 8.69, & 8.67, \\ 8.78, & 8.73, & 8.67, & 8.64, & 9.03, & 8.45, & 8.56, & 8.66, & 8.74, & 8.78 \end{Bmatrix}$$

$$B_2 = A_2 \times R_2 = \begin{Bmatrix} 7.58, & 7.82, & 7.07, & 6.78, & 7.08, & 7.69, & 6.82, & 6.96, & 7.15, & 6.96, \\ 6.88, & 6.58, & 7.50, & 8.08, & 7.76, & 7.69, & 7.07, & 6.78, & 7.22, & 7.34 \end{Bmatrix}$$

$$B_3 = A_3 \times R_3 = \begin{Bmatrix} 8.39, & 8.61, & 8.41, & 8.69, & 8.37, & 8.04, & 8.60, & 8.30, & 8.44, & 8.79, \\ 8.29, & 8.68, & 8.23, & 8.66, & 9.04, & 8.04, & 8.41, & 8.80, & 8.73, & 8.30 \end{Bmatrix}$$

根据 $B = A \times R = \begin{Bmatrix} 8.30, & 8.44, & 8.07, & 8.15, & 8.14, & 8.12, & 7.93, & 8.02, & 8.16, & 8.18, \\ 8.09, & 8.07, & 8.21, & 8.48, & 8.65, & 8.12, & 8.07, & 8.13, & 8.28, & 8.23 \end{Bmatrix}$

得到南社村的 20 位专家最终的主观评价模糊综合评价结果：20 位专家中除了一位专家的评分是 7.93 以外，其余 19 位专家对南社村的评价结果集中在 8.0～10 分之间，因此南社村的结果为"优秀"。

(2) 讨论：南社村主要因子模糊综合评价的综合得分见表 5-6：

表 5-6　南社村模糊综合分数表

目标层	模糊综合评价结果	第一层	模糊综合评价结果	第二层	模糊综合评价结果
历史文化村镇的评价体系	8.192	U_1 物质文化遗产	8.670	U_{11} 文物保护单位	8.000
				U_{12} 历史建筑	8.600
				U_{13} 历史街区	8.811
				U_{14} 自然环境与景观	9.088
		U_2 非物质文化遗产	7.226	U_{21} 历史影响	6.75
				U_{22} 非物质文化遗产	7.527
				U_{23} 生活延续	8.196
		U_3 保护措施	8.499	U_{31} 保护机制	8.411
				U_{32} 保护编制	8.722
				U_{33} 公众参与	8.342

从以上表格各个层次的主因子得分可以看出南社村各个因子的得分情况。如 U_1 物质文化遗产的得分是 8.670；U_2 非物质文化遗产的得分数是 7.226，说明南社村的非物质文化遗产保存情况不及物质文化遗产；如历史影响得分是 6.75，反映了南社村在历史上的影响并不大。依此类推，这个计算过程直接反映历史文化村镇的各个评价因子的保存情况，有助于管理者有针对性地找出村镇历史文化遗产保存和保护工作的不足之处，以便制定有效保护措施。

本章小结：主要简述了主观评价方法学，建立历史文化村镇主观评价体系，确定其评价因素集及其权重；结合层次分析法建立主观评价体系的层次结构及其多层次的模糊综合评价体系数学模型；制定主观评价体系分数升降标准；最后用实例论述其应用方法。

第 6 章 历史文化村镇评价体系的应用

评价是为了保护,通过评价体系选出有价值的村镇,并进行分类保护是建立评价体系的目的。保护和评价两者紧密结合,更有利于历史文化村镇保护工作有条理地开展。

6.1 历史文化村镇评价体系可为多方面工作提供依据

评价体系不但可以科学地评选出有价值以及有发展潜力的历史文化村镇,可以将不同历史文化村镇的综合得分在同一个评价体系内进行排序,为我们的保护工作提供依据。

(1) 评价体系是历史文化村镇等级划分的依据。对历史文化村镇进行总体评价,得出的总分(客观评价体系和主观评价体系的加权平均分)可作为是否将其列入保护范围内以及进行"优秀""优良""良好""一般""中下"五个等级划分的依据。

(2) 评价体系是聚类分析的依据。主观评价体系和客观评价体系的数据直接反映村镇对应评价因素的情况,可根据评价因子的数值,以此作为聚类分析的指标,可以对村镇进行聚类,把历史文化村镇归类,总结出各个类别的历史文化村镇的共同特征,找出问题所在,从而采取有效的措施。

(3) 评价体系是保护工作的依据。客观评价体系和主观评价体系都按物质文化遗产、非物质文化遗产和保护措施三大模块进行评价,我们可将客观评价和主观评价的这三大模块的总分数提取出来,作为制订保护措施的依据。

(4) 评价体系也是决策工作的依据。国家资源有限,只能对部分有价值的历史村镇进行保护,保护资金、人员配置和保护政策等都要依托评价体系,评价体系获得的数据能有效地、全面地反映历史文化村镇的整体情况,能为决策工作提供参考。

6.2 历史文化村镇的等级划分

6.2.1 等级划分的分数调整

等级划分中,历史文化名镇与历史文化名村在数量级方面有差别,而两者使用的却是同一标准,因此需要对历史文化名村和名镇等级划分分数作出调整。

历史文化名镇由于规模较大，因此同一档次的名镇的分数一般比名村的分数要高。修正分值根据客观评价体系的各个因素对总分的贡献率得出。制定部分指标评价分数的升降标准时，名村数量级的最高值等于名镇的最低值，名镇和名村都划分为3个档次，合在一起共划分为5个档次，根据差距，这部分指标应该差两个档次，分值差是4分。如"宅院、府邸、祠堂、书院规模的大小"指标，分数升降标准是"3500m^2以下为2分、3500～5000m^2为4分、5000～7500m^2为6分、7500～15000m^2为8分、15000m^2以上为10分"，如果名镇名村都分成"好中差"三个档次，那么它们对应的规模大小见表6-1。

表6-1　镇和村分数升降档次

	好	中	差
名镇	15000m^2以上	7500～15000m^2	5000m^2以下
名村	5000m^2以上	3500～5000m^2	3500m^2以下

其他指标的"分值差"根据具体情况具体分析。我们建立名镇名村各个指标的情况不一样，运用SD语义差别法，赋差值（这个差值可以是正值也可以是负值，我们定义为：名镇优于名村的因素取正值，名村优于名镇的取负值），再根据各个因素的权重（分数贡献率），计算出最终的分数差值就是名镇和名村等级划分的分数差值。

客观评价体系的计算结果分数差值为1.03，这个分值作为历史文化村镇客观评价体系中的修正值。主观评价中的分数修正方法与客观评价体系的修正方法相类似，主观评价体系的修正值为0.04，也就是等级划分的分值差是0.63。名村的总得分应该在原来得分的基础上加上0.63分后，再进行等级划分。

6.2.2　等级划分

根据评价体系的最后综合得分，我们就可以对历史文化村镇的总体价值进行等级划分见表6-2。

表6-2　各个等级历史文化村镇的情况说明

等级	分值	情况说明
优秀	8.00～10.00	这个等级的历史文化村镇是各方面都非常优秀的村镇。 物质文化遗产：现存丰富和大量的物质文化遗产，历史建筑非常有代表性，街巷空间极具典型性，自然景观优美，文化景观审美价值高。同时建筑安全性好，有很大的改造利用潜力。 非物质文化遗产：非物质文化遗产非常丰富，有重大的历史事件发生、英才辈出；当地的民俗文化丰富，是某种（或多种）文化的发源地；当地人民重视本土文化，把本土文化发扬光大；当地原住居民比较多，现今还延续着原来的生活习俗。 保护措施：当地有完整且可行性强的保护规划，从多方面长远规划本地的保护与发展；保护措施执行程度也比较高；具有大量的、持续有效的保护资金来源，保护工作的可持续发展良好；公众参与程度高，公众有一定的决策权利

续表

等级	分值	情况说明
优良	6.00~7.99	这个等级的历史文化村镇是各方面都优良的村镇。 物质文化遗产：现存大量的物质文化遗产，历史建筑比较有代表性，街巷空间比较具有典型性，自然景观优美，文化景观审美价值比较高；同时建筑安全性好，具有改造利用的潜力。 非物质文化遗产：非物质文化遗产比较丰富，有重大的历史事件发生或者有一定影响度的名人；当地的民俗文化丰富；当地人民重视本土文化；当地原住居民比较多，现今还延续着大部分的生活习俗。 保护措施：当地有比较完整的保护规划；保护措施执行情况比较好；具有一定的保护资金来源，历史遗产保护工作开展良好；公众参与程度比较高，公众在决策中有一定作用
良好	4.00~5.99	这个等级的历史文化村镇是各方面都良好的村镇。 物质文化遗产：现存一定量的物质文化遗产，部分历史建筑有代表性，部分街巷空间有典型性，自然景观一般，文化景观审美价值一般。同时建筑安全性一般，部分可改造利用，但潜力一般。 非物质文化遗产：有一定量的非物质文化遗产，具有一定量特殊的民俗文化；历史事件有一定的影响力，名人在某个地区起到一定影响作用；当地人民重视本土文化，但由于经济落后，当地文化的传承受到威胁；当地原住居民部分外迁，传统的生活习惯有一定的延续。 保护措施：当地已制订保护规划；保护措施执行情况一般；保护资金来源不稳定，保护资金比较缺乏，历史遗产保护工作开展受到阻碍；公众参与程度比较低，居民对历史文化遗产的保护热情度不高
一般	2.00~3.99	这个等级的历史文化村镇是各方面都一般的村镇。 物质文化遗产：现存一定量的物质文化遗产，部分历史建筑有代表性，部分街巷空间有典型性，但保存现状不容乐观；自然景观一般，文化景观审美价值一般；环境受到一定的污染。同时历史建筑安全性一般，缺乏修缮，改造再利用潜力不大。 非物质文化遗产：有一定量的非物质文化遗产，具有一定量特殊的民俗文化；历史事件有一定的影响力，名人在某个地区起到一定影响作用；当地人民不是很重视本土文化，经济落后，当地文化的传承受到威胁；当地原住居民大部分外迁，传统的生活习惯延续情况比较差。 保护措施：当地缺乏保护规划；缺乏保护措施；保护资金来源比较狭窄，保护资金比较缺乏，历史遗产保护工作开展受到阻碍；公众参与程度比较低，居民对历史文化遗产的保护关心不够
中下	0.00~1.99	这个等级的历史文化村镇是各方面都普通的村镇。 物质文化遗产：现存一定量的物质文化遗产，部分历史建筑有代表性，部分街巷空间有典型性，但保存现状不容乐观；自然景观一般，文化景观审美价值一般；环境受到一定的污染。同时历史建筑安全性一般，无人居住，缺乏修缮，改造再利用难度比较大。 非物质文化遗产：有一定量的非物质文化遗产，具有一定量特殊的民俗文化；没有重大历史事件发生，也没有出现名人；当地人民不重视本土文化，经济落后，当地文化的传承受到威胁；当地原住居民大部分外迁，传统的生活习惯延续情况很差。 保护措施：当地缺乏保护规划；缺乏保护措施；保护资金来源几乎没有，保护资金非常缺乏，历史遗产保护工作几乎没有开展；公众参与程度比较低，居民对历史文化遗产的保护不甚关心，自豪感和好客度比较低

计算出来的总得分可按表 6-2 划分等级，优秀级和优良级可纳入国家级历史文化村镇，良好级可纳入省级历史文化村镇，一般级可纳入市级历史文化村镇，普通级纳入县级（区级）历史文化村镇。

6.3 历史文化村镇的聚类分析

聚类分析是将物理或抽象对象的集合分组成为由类似的对象组成的多个分类的过程。聚类是将数据分类到不同的类或者簇这样的一个过程，所以同一个簇中的对象有很大的相似性，而不同簇间的对象有很大的相异性。聚类分析的目的是在相似的基础上收集数据来进行分类。聚类源于很多领域，包括数学、计算机科学、统计学、生物学和经济学。在不同的应用领域，很多聚类技术都得到了发展，这些技术方法被用作描述数据，衡量不同数据源间的相似性，以及把数据源分类到不同的簇中。

历史文化村镇的聚类分析可根据评价体系所得到的数据指标进行聚类分析，把具有相似性的村镇聚集归类在一起。从而找出这种相似特性，深入挖掘村镇之间的特点以及共同性质，进而更有效地分类保护历史文化村镇。

评价体系的分值合成方法见表 6-3：

表 6-3　主客观评价因素分值合成

评价准则层	总得分	客观评价体系	主观评价体系
物质文化遗产	综合分数	得分	得分
非物质文化遗产	综合分数	得分	得分
保护措施	综合分数	得分	得分

除了可以进行综合的指标聚类，也可以对单个指标聚类，还可以只对主观因素或者客观因素进行聚类。通过 SPSS 分析软件，我们可以挖掘出历史村镇之间隐藏的共同特性。

本章小结：主要介绍评价体系的作用及历史文化村镇等级划分和分类保护。

第7章 案例一：珠三角历史文化村镇的评价分级

7.1 历史文化村镇的调研方法

7.1.1 调研方法[①]研究的重要性

历史文化村镇的综合评价标准需要相关的自然环境、风景、人文景观、历史沿袭、民俗风情、社会文化、人文与经济、旅游与基础设施、规划建设、土地利用等方面的基础资料，这是科学、合理地评价历史文化村镇的基本保证。历史文化村镇的调研除了针对以上问题开展外，还要结合历史村镇的经济发展状况、村镇的基本情况、人民群众的意向等进行调查。

7.1.2 调研前准备

1. 基础文献的研究

在调研之前，要对研究的内容进行"预习"，明确研究目的、研究内容、前人的研究成果等，确定调研范围、调研内容。本研究是历史文化村镇的评价体系，研究内容包括历史文化村镇的价值特色和保护措施两大部分。我们可以根据评价体系的内容进行文献查找，预先熟悉相关内容。

2. 调查内容的确定

调研的内容根据评价因子展开，以价值特色和保护措施为核心进行。除了对历史村镇的基本情况调查以外，前人研究中未深入探讨的内容应作为重点调查对象，这些方面往往是研究的创新点和突破点。

3. 受访主体确定

受访主体是指受访的居民，与研究试图观察、描述和解释的人是不同的，后者称为分析对象，本研究用抽样法选择参与评价的主体。

4. 调研的方法

目前，有关历史文化村镇的资料大多来源于历史记载，文人墨客写的文章、诗词、书

[①] 调研的方法论是指导整个调研的方法总论，包括调研前准备、调研过程中取得第一手数据的方法、调研的内容、走访的对象和部门、调研结果的表达与分析等内容的阐述。

画流传下来的，这些资料经过文人墨客的文字渲染和主观意识加工，掺杂了很多主观意识，因此，很多资料只能作为参考或定性评价之用，实地调研的目标是获取第一手资料。方法有以下几种：

1) 调查问卷法[①]。调查问卷是一个很好的书面记录第一手资料的方法，该方法既可以按照设置者的主观愿望得到真实数据，又可以真实地了解当地的实际情况。

问卷的问题设置分成开放式、封闭式和混合型。（1）所谓开放型回答，是指对问题的回答不提供任何具体答案，而由被调查者自由填写。（2）所谓封闭型回答，是指将问题的几种主要答案，甚至一切可能的答案全部列出，然后由被调查者从中选取一种或几种答案作为自己的回答，而不能作这些答案之外的回答。（3）所谓混合型回答，是指封闭型回答与开放型回答的结合，它实质上是半封闭、半开放的回答类型。本研究体系设置的问题分为开放式和封闭式两种。

2) 访谈[②]。以特定问题为焦点展开详细的访谈称为集中访谈。这种访谈多用于对一般性调查结果的整理之后，再对特定问题展开的调查。本研究体系采取的访谈方式属于这一类。

访谈时应注意以下问题：（1）使受访人有轻松愉快的心情（采访员当然也应如此）；（2）创设恰当的谈话情境；（3）不使受访人感到有社会压力；（4）应具备正确的预备知识；（5）应具备细致的洞察力、耐心和责任感；（6）不对受访人进行暗示和诱导；（7）对相同的事情会从不同的角度提问；（8）能如实准确地记录访谈资料，避免曲解受访人的回答。如果谈话中出现受访人感到有心理压力，会妨碍访谈的结果，受访人会刻意隐瞒事实的真相，导致访谈的第一手资料真实性下降。访谈过程中还可以征求受访人的意见，录音或者笔录受访人对一些问题的回答，以保证访谈内容的真实性。

3) 问卷加访谈。问卷加访谈的方法是采访人员根据问卷的内容和问卷相关内容对受访人员提问，并根据受访人的回答进行记录。这个方法在历史文化村镇的调研中至关重要，因为历史文化村镇的居民大部分学历不高，年龄较大的居民甚至不认识字，因此进行调查的过程中，调查人员要主动跟居民进行语言沟通，获取需要的第一手资料。

4) 直接测量、统计。对于接受调查的历史文化村镇，暂时缺乏第一手资料时，例如历史街区的街道数量、名人故居的面积大小、历史建筑的高度等数据，我们可以采取直接测量和统计的方法。

7.1.3 调研过程

调查团体一共由14个人组成，已经进行了三轮实地调研。第一轮调研范围是珠三角的12个历史文化村镇，第二、三轮调研范围是粤北梅州的客家围屋、土楼及当地有特点

[①] 亦称"书面调查法"，或称"填表法"。用书面形式间接搜集研究材料的一种调查手段。通过向调查者发出简明扼要的征询单（表），请其填写对有关问题的意见和建议来间接获得材料和信息的一种方法。

[②] 通过访问员和受访人面对面地交谈来了解受访人的心理和行为的心理学基本研究方法之一，又称晤谈法。访谈以一人对一人为主，但也可以在集体中进行。访谈调查是对许多受访人一个个地进行访谈，进行社会心理学调查、舆论调查和态度调查等。

的历史村落。调研小组携带高科技的测量工具,如照相机、红外线测距仪、望远镜、卷尺、录音设备等。团队统一行动与分散行动相结合,务求以最高的效率得到全面细致的第一手资料。

7.1.3.1 现场调研的方式

历史文化村镇的评估以现存的物质文化遗产和非物质文化遗产为依据,落后地区的历史文化村镇大多数资料匮乏,要依赖现场踏勘获得第一手资料。

现场调研的形式分为以下几种:(1)政府或者相关部门的工作人员带领参观。工作人员对历史文化村镇的情况比较熟悉,可以带领我们调研典型性地点,同时向我们介绍当地的风土人情以及政府部门保护工作开展情况。(2)自行前往调研地点。这个方式行动自由,既可以进行统计或测量工作,也可以通过和当地居民的谈话,直接了解情况。本研究结合以上两种方式,以求从不同的方面了解当地的实际情况。

7.1.3.2 问卷调查方式

问卷调查的设置、针对不同调查目标进行差异化设置;历史文化村镇评价后对历史文化村镇的影响;调查历史文化村镇的基础数据问卷;居民对历史文化村镇参与程度的调查;政府及相关部门的保护工作、管理工作的调查问卷。

调查问卷分由小组寻找受访人完成(图7-1),村镇居民很多文化程度较低,组员会以语言沟通方式协助受访人完成问卷,或者笔录受访人的回答(图7-2)。

图 7-1 居民填写问卷　　　　　　　图 7-2 主动沟通 完成问卷

7.1.3.3 各部门的调研

为得到全面的信息,我们的调研小组走访村镇中多个与保护工作相关的部门,调查情况。这些部门有:规划部门、建设部门、国土部门、文化部门、博物馆、旅游部门(包括政府的旅游局、私营的旅游开发公司)、旧建筑改造利用的开发商、村委会和文物保护的民间组织等。

(1)规划建设部门的调研(图7-3、图7-4)。规划部门的调研主要是了解保护规划的编制与实施状况,保护规划与城市规划的和谐性,了解保护规划的可操作性以及实际操作过程中的关键点、难点。有的村镇的规划和建设部门合二为一，称"规划建设办"①，与文化部门共同管理有关历史村镇的保护工作。

图 7-3　规划建设办的调研

图 7-4　规划局的调研

（2）国土部门的调研。历史文化村镇的土地保护与合理利用管理，包括了解村镇的土地开发政策、土地保护和土地整治政策、土地转用管理办法，拟定未利用土地开发、土地用途管制，组织历史文化村镇核心保护区的土地管理政；土地使用权出让、租赁、作价出资、转让、交易和政府收购管理办法，拟定国有土地划拨使用目录等。

（3）文化部门的调研（图 7-5）。村镇的文化部门称文化站，除了协助镇委、镇政府组织开展群众性文娱体育活动，向广大人民群众宣传党的路线、方针、政策，活跃和丰富人民群众的文化生活的基本职能以外，文化站在历史文化村镇的文物保护方面的工作主要是协助县文化局、县博物馆搜集整理民族民间文化艺术遗产，做好文物的宣传、保护、管理和利用工作。

图 7-5　文化站的调研

图 7-6　博物馆的调研

（4）博物馆②的调研（图 7-6）。博物馆具有收集、保藏文物标本和其他实物资料、传播科学文化知识、进行爱国主义思想道德教育、科学研究、丰富人民群众的科学文化生活

---

① 乡村建设办主要职责是负责镇、村建设规划，协调镇、村基础设施和公用事业的建设管理。村镇的建设部门在历史文化村镇保护的工作中主要是防止建设性破坏的出现，建设部门要严格控制新建设，特别是核心保护区，避免历史文化村镇完整的历史风貌受到破坏；同时应该及时清理村镇中的违章建筑。

② 博物馆是一个收藏、保护、研究、展示人类活动和自然环境的见证物，经过文物行政部门审核、相关行政部门批准许可取得法人资格，向公众开放的非营利性社会服务机构。

等社会功能。博物馆是研究历史文化村镇的历史发展、重大事件、名人、当地的风土人情的最佳地点。

(5) 旅游部门。近年来，历史文化村镇旅游路线是旅游部门主要发展目标之一，但某些地方不适当开发所造成的破坏也令人担忧，因此，通过了解旅游部门的发展策略，政府制定对旅游部门的限制条件，可以保证古村镇旅游的健康发展。另外，旅游部门、政府部门和历史建筑的产权所有人之间会在改造利用旧建筑展开合作，三者之间的利益平衡和互相制约也是促进历史文化村镇健康发展的保证。通过了解这些内容，可以寻求平衡旅游发展、历史建筑再利用和保护三者关系的有效途径。

(6) 历史建筑改造再利用的投资部门。历史建筑再利用开发的理念，有助于我们了解社会发展资金对历史建筑的影响，从而反思历史建筑再利用的模式，是否能使历史文化村镇往良性方向发展。

(7) 村委会和进行文物保护的民间组织。村委会是我们寻找"乡规民约"的重要地方，乡规民约一般是村镇历代延续下来的道德行为约束规定，虽然没有正式写进法律，但是在村镇的约束力比较大。某些村镇还具有自发形成的文物保护民间组织，这些民间组织与村（镇）委会关系密切，在文物保护方面应该是共同发展的伙伴关系。通过了解民间组织和乡规民约，对寻求符合当地特色的保护措施有很大帮助。

7.1.4 调研的基础资料

我国幅员辽阔，历史文化村镇的差异性比较大，地区特色比较明显，因此，基础资料的覆盖面非常重要。应根据历史文化村镇所在地的实际情况和实际需要，首先以评价指标体系的评价因素，有选择性地拟定调查的提纲，并据此进行统计和典型调查，以获得可靠的统计数据，采集、筛选、分析、选择、积累、整理和汇编第一手数据。

基础资料调查类别应符合表 7-1 的内容：

表 7-1 基础资料类别

大类	中类	小类
测量资料	地形图	中小型名村图纸比例为 1/300～1/500 大型名村图纸比例为 1/500～1/1000 中小型名镇图纸比例为 1/1000～1/2000 大型名镇图纸比例为 1/2000～1/5000
	专业图	航片、卫片、遥感影像图、地下工程与管网等专业测图
自然与资源条件	气象条件	温度、湿度、降水、蒸发、风向、风速、日照、冰冻等
	水文资料	江河湖海的水位、洪水淹没线；江河区的防洪设施；山区的山洪、泥石流、水土流失等
	地质资料	地质、地貌、土层、建设地段承载力；地震或重要地质灾害的评估；地下水存在形式、储量、水质、开采及补给条件
	自然资源	景源、生物资源、水土资源、农林牧副渔资源等的开发利用价值等资料

续表

大类	中类	小类
人文与经济条件	历史文化	历史沿革及变迁、历史事件、历史名人、聚落特征、文物古迹、历史建筑、风俗和民俗文化等非物质文化遗产
	人口资料	历来常住人口的数量、年龄、性别与劳动构成、教育状况、人口增长及其结构变化；游人及结构变化
	行政区划	行政建制及区划、居民点及分布、村镇辖区与界界
	经济社会	有关经济社会发展状况与发展战略；国民生产总值、财政、产业产值及构成状况；相关规划及报告；管理形式；历史文化遗产保护资金的来源及各占的百分比；历史文化遗产的保护方针和策略；保护机构和人员配备情况
设施与基础工程条件	交通运输	可依托的城镇的对外交通运输和内部交通运输的现状、规划及发展资料
	建筑工程	可依托的城镇的旅行、游览、饮食、住宿、购物、娱乐、保健等设施的现状及发展资料
	环境资料	水电气热、环保、环卫、防灾等基础工程的现状及发展资料
	土地利用	规划区内各类用地分布状况，历史上土地利用重大变更资料，土地资源分析评价资料
	建筑工程	各类主要建筑物（新建筑和历史建筑）、工程物、园林景观、场馆场地等项目的分布状况、用地面积、建筑面积、体量、质量、特点等资料；历史建筑的保护和再利用价值
	环境资料	环境监测成果，三废排放的数量和危害情况；垃圾、灾变和其他影响环境有害因素的分布及危害情况

7.1.5 调研成果的分析与结果的表述

调研的现状分析包括：自然环境和历史沿袭；民俗文化特点；物质文化遗产和非物质文化遗产资源的类型、特征、分布及其多样性；历史建筑、旅游和其他各种资源保护与开发再利用的潜力、优势和劣势，可持续发展的方向；历史文化村镇的自然环境、人文景观；地方政府对历史文化村镇的保护措施等方面。

现状分析，应明确提出历史文化村镇保护工作所面临的问题和存在的矛盾；提出有效的改善措施和保护再利用的发展途径；保护对策与保护规划的重点等几方面的内容。

对调研成果的分析有文字分析法、建立数学模型、数据统计、图表；结果表述方法有文字描述法、图表统计法。

7.1.6 调研的地域范围

本研究体系的调研时间为 2008 年 7 月至 2010 年 10 月，调查范围包括：广东省、贵州省、湖南省和广西壮族自治区的国家级历史文化名城名镇名村、广东北部梅州地区客家村镇、福建南部的客家历史文化村落、有特色的历史村镇，一共 80 多个村镇。见表 7-2。

表 7-2 本文调研的地点

调研	地区	地点	时间	调研	地区	地点	时间
第一部分	苏州	周庄	2007.7	第三部分	吉首市	湘西凤凰	2010.7
		狮子林、沧浪亭、拙政园、留园	2007.7			苗王城	2010.7
	无锡市	无锡园林	2007.7			芙蓉镇	2010.7
第二部分	东莞市	南社村	2009.7		贵州东部	镇远	2010.7
	东莞市	塘尾村	2009.7		黄平市	旧州古城	2010.7
	开平市	赤坎镇	2009.7		苗族侗族自治州	千户苗寨	2010.7
	深圳市	大鹏所城	2009.7			雷山县	2010.7
	惠州市	秋长镇	2009.7			新桥苗寨	2010.7
	广州市	沙湾镇	2009.8			朗德上寨	2010.8
	广州市	大岭村	2009.8		榕江县	千户侗寨	2010.8
	佛山市	碧江村	2009.8			芭莎苗寨	2010.8
	佛山市	大旗头村	2009.8			肇兴侗寨	2010.8
	珠海市	唐家湾镇	2009.8			堂安侗寨	2010.8
	东莞市	石龙镇	2009.8			地坪风雨桥	2010.8
	天水市	麦积山	2009.12		三江县	三江程阳八寨	2010.8
第一阶段	梅州市区	半坑村	2009.5	第三阶段	三河镇	汇城	2010.6
		丙村	2009.5		湖寮镇	长教村	2010.6
	大埔县	中山纪念堂	2009.5			莒村	2010.6
	三河镇	汇城	2009.5			双坑村	2010.6
	南口镇	侨乡村	2009.5		大东镇	坪山村	2010.6
	梅县水车镇	茶山村	2009.5			花萼楼	2010.6
第二阶段	茶阳镇	镇区古街	2010.3		梅县	雁南飞	2010.6
		太宁	2010.3	第四阶段	茶阳镇	恋墩、太宁、安乐、广陵、茶阳镇区	
	西河镇	黄堂村	2010.3		洲瑞镇	赤水、南村、下营	
		北塘村	2010.3		西河镇	下黄沙、漳北、和平、东塘、大靖、北塘、黄堂、车龙	
	三河镇	汇城	2010.3		银江镇	坪上村	
	湖寮镇	长教村	2010.3		三河镇	小坑、梓里、旧寨、汇东、汇城	
		莒村	2010.3		湖寮镇	岭下、下沥、密坑、葵坑、长教、莒村、双坑	
		龙岗村	2010.3		高陂镇	古野、党溪、银滩、平原	
	百侯镇	侯南村	2010.3		光德镇	富岭、上漳、雷峰村	
		侯北村	2010.3		百侯镇	侯南、侯北	
	枫朗镇	坎下村	2010.3		桃源镇	桃星、新东、团结、桃峰	
	大麻镇	小麻村	2010.3		枫朗镇	坎下、石圳、下木、上木	
	大东镇	花萼楼	2010.3		大麻镇	小留、大留、中村、下村、小麻	
	永定	土楼	2010.3		大东镇	联丰、坪山	
					清溪镇	下坪沙、上坪沙	

7.2 珠三角历史文化村镇的调研

7.2.1 调研前准备

1) 调研前要明确调研目标。本次调研要完成的任务主要有以下几方面：（1）取得本评价体系客观评价因子的参数，即完成客观数据采集表。（2）专家评价团对村镇进行主观评价，即完成预设的主观评价调查表。（3）基本情况的调研，包括村民的生活状况、村民对历史遗产的认识和保护意识、村民对历史文化村镇称号的态度、当地的经济发展水平、历史建筑现存状况和修缮状况、村镇周边的自然环境和生态环境等。（4）访问历史文化村镇保护的相关部门，进行访谈，了解这些部门在历史文化村镇保护工作中担任的角色和所起的作用，以及这些部门在保护工作中的协作方法。（5）收集相关文献资料和第一手资料。第一手资料的收集方法包括测量法、访谈法等。

2) 评价专家团的组建。评价专家团中的大部分成员是专门从事历史文化村镇保护规划技术研究的学术人员，部分成员是当地历史文化村镇保护工作人员。

3) 调查人员对调研的对象应有预先的基本认识，这就需要他们对调研对象的基本情况有初步认识。认识的途径有文献查阅、网络搜查、相关著作阅读和与曾经去过的人的交谈讨论等。这些途径都会令调研人员对调研对象有初步认识。

4) 评价操作者需要对评价专家团成员讲解评价体系的操作方法、评分标准、填写要点等事项，让评价者熟悉评价体系的操作。

5) 调研前应预先与当地主管历史文化村镇的保护工作的相关部门取得联系，安排好访谈的时间并寻求协助，调研人员应预先准备好访谈的内容和问题，并告知对方部门，让双方有比较好的准备，以提高效率。

6) 调研工具的准备包括测量工具（卷尺、红外线测距仪等）、录音设备、相机等。

7.2.2 调研过程应注意的问题

调研的任务主要是收集有效的分析数据、完成调研问卷、进行访谈、观察和挖掘村镇历史文化遗产保护深层次的材料。调研期间应注意以下几方面的问题：

1) 要对现行评价体系没有涉及的内容特别关注。如历史事件序列空间和名人故居的数量、文化空间的保护数量等。这些因子在村镇的申报材料上未能反映出来，调研过程中我们应努力获得有效数据。可通过现场统计、测量方法得到，或者通过咨询政府部门工作人员，允许有一定的误差率。

2) 应该尽量全面地访问与历史文化村镇的保护工作相关的各个部门。除去能了解这些部门在历史文化村镇保护工作中的作用，还能知悉它们之间的工作协调情况。

3) 群众调查问卷和访谈必须实地踏勘完成，最好在没有政府工作人员陪同情况下，这样能更深入了解公众对历史文化村镇保护工作的态度，同时可以获得政府在提高群众保护意识、宣传历史文化遗产保护的工作方面的信息。

4）最好能够现场完成主观评价表的填写，因为现场感觉比较直观、深刻，同时比较准确，这样的主观评价数据最有效。

7.2.3 调研结果统计

针对居民的问卷调查主要目的有：（1）了解居民对历史文化村镇的评选的关心程度以及参与情况。（2）历史文化村镇评上称号后的变化。（3）非物质文化遗产的传承情况。

1. 各村镇近年的农民收入状况（不包括社会其他行业从业人员）人均收入（图 7-7）。

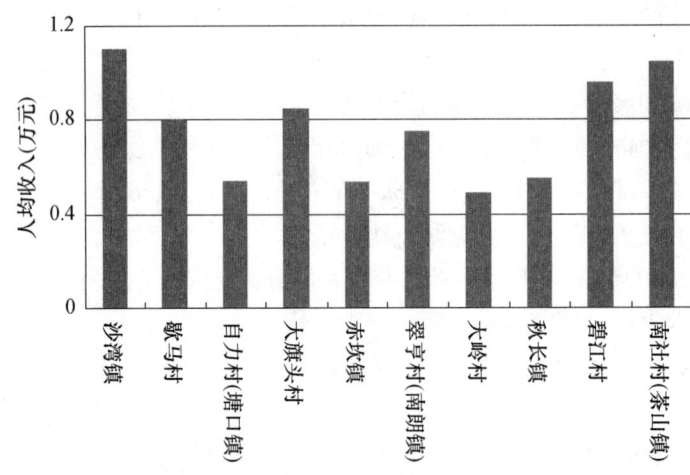

图 7-7　十个村镇近 3 年人均年收入

2. 您知道此地被评为历史文化名村（镇）吗？

A. 一点都不知道（1分）　　　B. 略有所闻（2分）　　　C. 非常了解（3分）

分析：南社村、翠亨村、歇马村、大旗头村、秋长镇几个村落的居民对本村被评为历史文化村镇知道得比较多，可以看出这几个村镇的居民对历史文化村镇相关事宜的关心程度比较高，当地政府对历史文化遗产保护工作的宣传活动做得比较到位（图 7-8）。

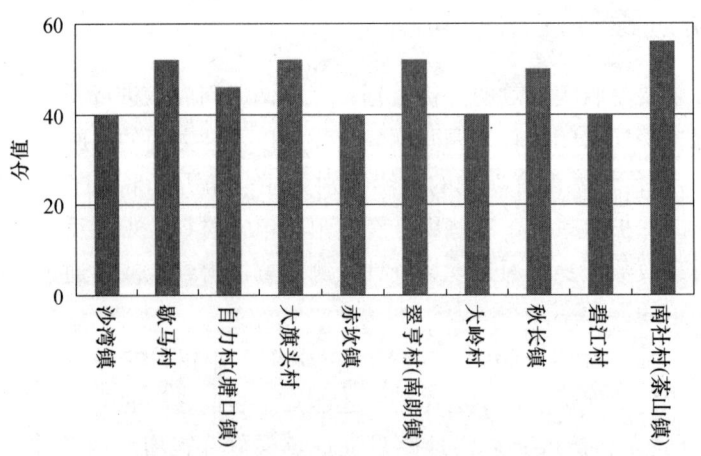

图 7-8　历史文化村镇的公众熟悉程度统计

3. 您参与过有关"历史文化村镇"的宣传活动吗？

A. 一点都没有（1分）　　　B. 略有接触（2分）　　　C. 经常接触到（3分）

分析：从下图可以看出，歇马村和南社村当地居民接触政府的宣传活动比较多，因此，当地政府在历史文化村镇的宣传工作方面做得比较到位（图7-9）。

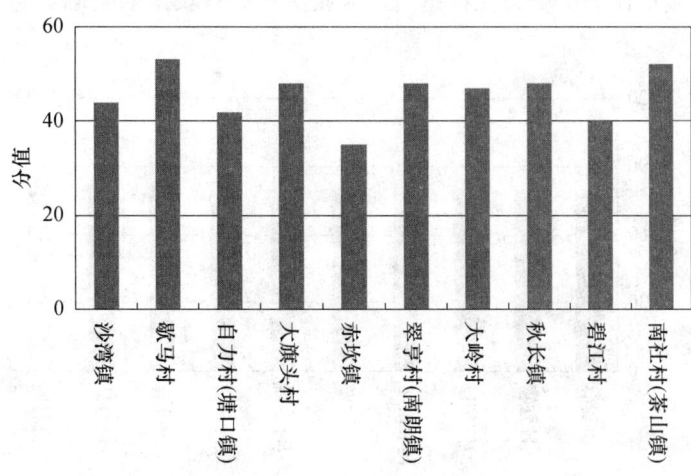

图 7-9　宣传工作的统计

4. 之后，此地的交通有改变吗？

A. 变得很差（1分）　　B. 略为变差（2分）　　C. 变化不大（3分）
D. 略为变好（4分）　　E. 变得很好（5分）

分析：调查结果显示评上历史文化村镇后，当地的交通条件有不同程度的改善，比较突出的有歇马村、自力村和南社村。调研的访谈中，旅游部门和规划部门人员也透露，这几个村镇由于其独特的风貌吸引了不少外地游客，同时为了改善当地居民与外界的交流，这几年间修建了通往村镇的道路（图7-10）。

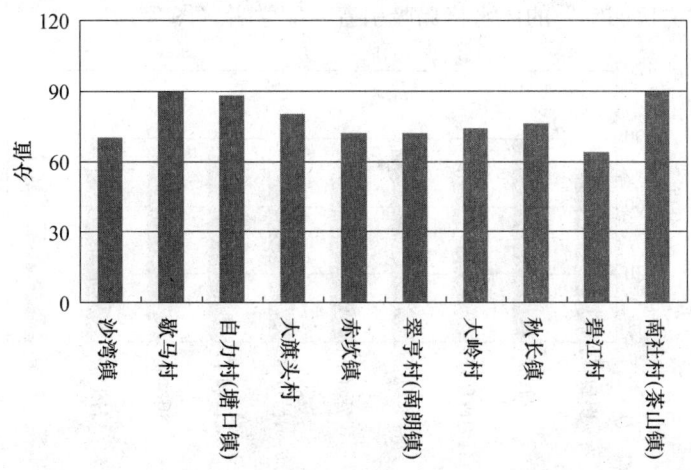

图 7-10　交通改善程度的统计

5. 之后，此地的基础设施建设（包括公共卫生、小学、幼儿园、银行、邮局等）有改善吗？

    A. 变得很差   B. 略为变差   C. 变化不大

    D. 略为变好   E. 变得很好

分析：结果显示评上历史文化村镇后，大旗头村和秋长镇的基础设施改善比较大（图7-11）。

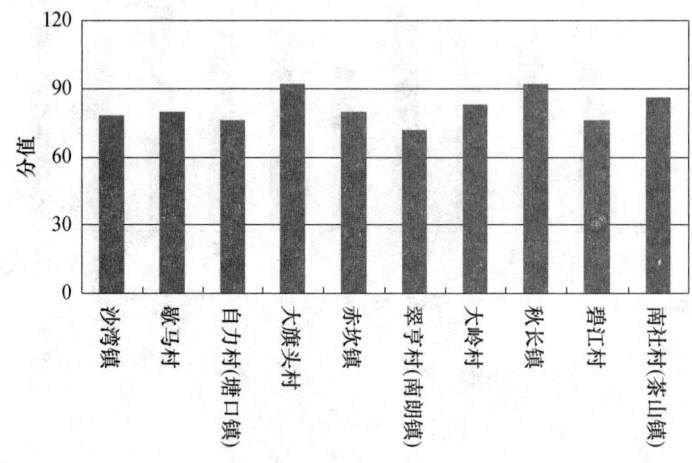

图 7-11 基础设施的改善情况的统计

6. 之后，是否带动当地旅游业的发展？

    A. 变得很差   B. 略为变差   C. 变化不大

    D. 稍有促进   E. 极大的促进

分析：结果显示，评上历史文化村镇后，歇马村、南社村和大旗头村的旅游业发展得比较快，歇马村是以其独特的"举人村"为主题发展旅游业，因此有比较积极的意义；南社村以其保存完整的村落和建筑吸引着各地的游客；大旗头村是广东省最早评上的历史文化村镇，以其"文房四宝"的风水格局吸引着专家学者（图7-12）。

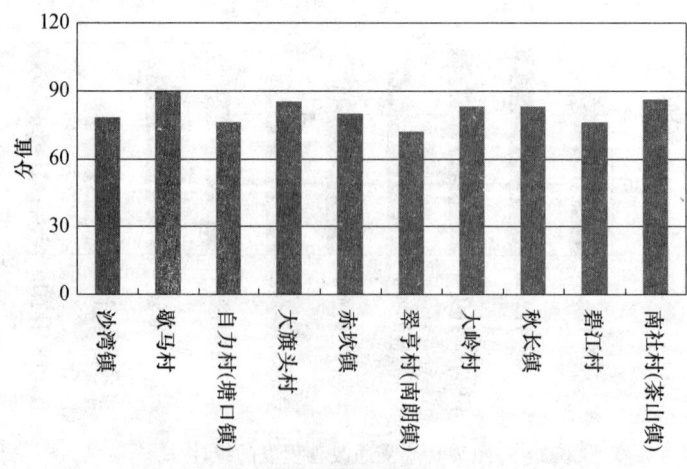

图 7-12 旅游业的发展的统计

7. 之后，此地的商业是否有所发展？
   A. 变得很差　　　　　　B. 略为变差　　　　　　C. 变化不大
   D. 稍有促进　　　　　　E. 极大的促进

分析：结果显示，评上历史文化村镇后，各个村镇的商业均有所发展，但没有特别突出的，证明政府和相关部门在发展本地经济过程中，注重保护村镇，控制商业发展过快，这是值得提倡的（图7-13）。

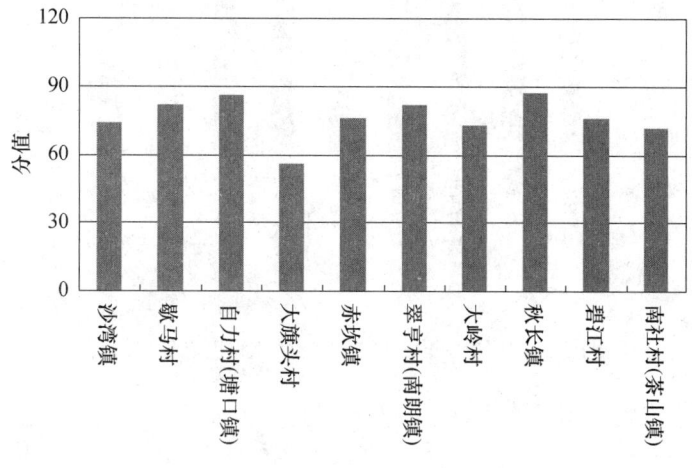

图7-13　商业的发展统计

8. 您认为获得"历史文化名村镇"称号能改善您的生活吗？
   A. 希望不要造成新的破坏　　B. 希望保持现状　　　　C. 无所谓
   D. 希望可以改善居住环境　　E. 希望可以带动本地经济，改善居民生活

分析：每个村镇得分数都超过60分，证明对历史文化村镇的称号带来的政策方针的变化还是寄予希望的，居民希望借此改善生活，改善村镇整体面貌（图7-14）。

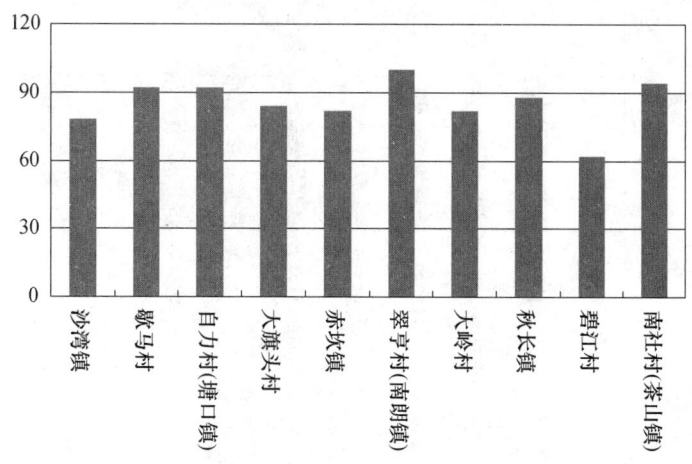

图7-14　居民对历史文化村镇的期望值统计

9. 怎样评价所有变化对此地未来发展所产生的影响？
   A. 很坏　　　　　　　　B. 略有坏处　　　　　　C. 不好也不坏

D. 略有好处　　　　　　E. 大有好处

分析：结果表明历史文化村镇的称号给当地的经济、居民生活水平带很大程度的改善（图 7-15）。

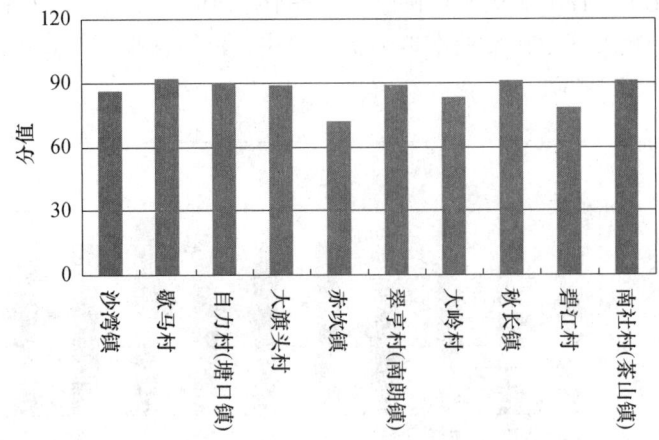

图 7-15　历史文化村镇带来的变化程度高低的统计

10. 您以作为历史文化村镇的居民而为荣吗？
A. 很不引以为荣　　　　B. 不引以为荣　　　　C. 一般
D. 比较引以为荣　　　　E. 很引以为荣

分析：事实表明自力村和翠亨村居民的自豪感最为突出。原因可能是自力村现今是世界文化遗产，当地政府修复保护工作也开展得很好，居民的生活得到不少的改善，受访时的居民也表现出极大的热情；翠亨村是孙中山先生的故居，是我国伟人的故乡，因此大多数居民也表现出极大的荣耀感（图 7-16）。

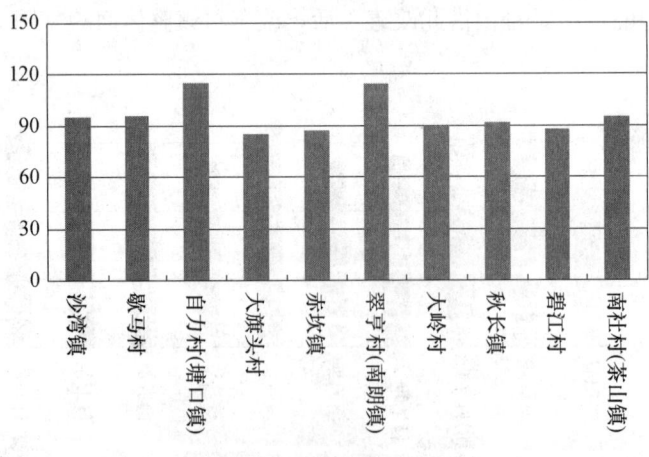

图 7-16　居民自豪感的统计

7.2.4　珠三角历史文化村镇的概述

截至 2008 年，珠三角的历史文化村镇共有 14 个，本次重点调研的村镇一共有 10 个，以下是对这些村镇做一简单评述。

(1) 沙湾镇。地处广州市番禺区,是一个具有 800 年历史的文明古镇,悠久的历史孕育了璀璨的文化。沙湾镇自古以来文风鼎盛,名家辈出,历史文化积淀丰厚。

物质文化遗产主要有留耕堂、宝墨园(图 7-17)、三善古庙群等历史建筑,它们堪称岭南建筑艺术的杰作。宝墨园始建于清末民初,初建时只占地 3 亩,现扩建至 160 多亩,以弘扬包公清官文化为主线,特具岭南园林建筑风格,南国水乡特色,艺术精品琳琅满目。昔日广州荔枝湾风情、清代珠江紫洞舫等佳景再现园中,美不胜收。留耕堂是家族祠堂,其特点:以柱多而闻名,一共 112 条木柱、石柱,它汇集了元、明、清各个时代不同风格的建筑艺术,凝聚了劳动人民的血汗和智慧,加上高超的砖、木、石雕手工艺,闪烁着东方古代建筑艺术的光彩。沙湾镇保存完好的街巷有车陂街(图 7-18)和安宁西街,车陂街位于沙湾以南,东西走向,笔直而宽阔,整个街道都是由整齐划一的青石板铺成,车陂街仅长 200 多米,但亚中坊在乡内近 20 个坊中以富户多而出名,车陂街更是亚中坊中最为富有的,隐藏着多座大型宗祠。安宁西街集中展现了岭南珠三角富裕乡村市街从前的模样(图 7-19)。南北共有古巷 14 条,巷内有不少住户,大多是沙湾望族子孙的庭院。徜徉在古街上,随处可见砖雕、灰雕和屋顶镬耳的留痕。

图 7-17 沙湾镇宝墨园　　　图 7-18 沙湾镇车陂街　　　图 7-19 沙湾镇安宁西街

非物质文化遗产。沙湾镇享有"文化之乡"的美誉,1998 年以来,沙湾镇先后被命名为中国民间艺术之乡、广东音乐之乡、广东飘色之乡、广东醒狮之乡等(图 7-20、图 7-21)。在这块土地上,孕育了广东音乐的代表人物"何氏三杰",诞生了《赛龙夺锦》《雨打芭蕉》等传世名曲,还有醇香诱人的传统小吃——姜埋奶等。

图 7-20 飘色　　　　　　图 7-21 沙坑村醒狮

保护措施。沙湾镇的历史文化遗产保护工作由文化站、规划和建设等部门共同开展，沙湾镇的文化站是广东省历史文化村镇中最具规模的文化站，主要负责历史文化遗产保护工作中有关历史、文化、专业人员培训方面的工作；规划部门、建设部门和人民政府则主要筹划历史街区的保护规划、保护措施、保护政策和旅游规划等方面的工作。沙湾镇在历史文化村镇的管理、机构设置和人员配备方面比较完善；历史建筑的修缮工作也开展得比较好，大部分历史建筑受到较好的保护；非物质文化遗产的保护工作也开展得很好，除了每年会举行音乐汇演（三稔厅）、飘色、醒狮（沙坑村）比赛等，还有文化交流会议的召开，文化培训班的开办。2009年11月21日，《沙湾历史文化街区保护与整治规划》《沙湾古镇旅游研究策划》通过了专家评审。

（2）歇马村。歇马举人村位于广东省恩平市圣堂镇，滨临锦江河风景区，两岸秀竹掩映，极具侨乡田园魅力，而且交通便利。

物质文化遗产方面，尚存的7间祠堂、200多块举人石碑、清朝皇帝的圣旨石碑、八大旗杆夹及独特的"女人巷"（图7-22）等文物和古迹。歇马村的"男巷女巷"、歇马功名碑林、励志园、以"马"为主题的风水布局独具特色。歇马村内13条大巷是男人出入活动的场所，被称为"男人巷"，14条小巷则是女人们纳凉聊天的地方，男人是不准进入的，被称为"女人巷"，是"男女授受不亲"封建文化意识的具体诠释。歇马功名碑林分布在锦江河畔之公园内（图7-23），由科举功名碑石群、八大旗杆夹、教子地台、举人路、皇帝敕命碑、孔子塑像等组成。整个村场都建成了"马"形，并且有"马头""马腰"和"马尾"之分。"马头"的巷道排水渠全是明渠，被称为"马骨"；"马尾"则全是暗渠，被称为"马肚膜骨"，而暗渠的下水道井盖，全部铸成金钱形状，村前的水塘就被喻为"马肚"。据说歇马之"马"为雄马，所以在"马尾"处竟有两块大石，象征马的生殖器，并为村民津津乐道，极为自豪。

图7-22　女人巷　　　　　图7-23　碑林　　　　　图7-24　开笔礼

非物质文化遗产。歇马村歇马有"民俗文化村"之称，有很多独特的民俗活动。一年十二个月，月月有不同的节日，而且一村当中，村头村尾各不相同。其在600多年的发展历程中培育了430名举人、朝廷官员，在近代和现代，该村还培育了美国飞虎队队员、驾机搭载美国前总统尼克松实现中美建交的机长梁汉一、香港粤剧名旦芳艳芬、著名书法家梁鼎光、香港巨商梁煜鎏等名人。最为特别的村中现在重点打造的"举人村"文化。每年到了特定的日期，在"孔圣坛"会举行歇马举人村举行四大礼的地方，孩童入学时在这里举行"开笔礼"（图7-24），还有成人的"进阶礼""感恩礼""状元礼"。

保护措施。歇马村的保护规划将歇马村的建设以旅游开发和保护生态文化、文人文化、科举文化结合起来，做到保护好旧村，规划建设好新村。歇马村目前的历史文化村镇保护工作主要由规划部门和一个旅游公司共同管理，旅游公司投资开发当地的历史文化旅游业，由政府监督并提供协助。目前此机制运行良好，除了小部分建筑遭到破坏，当地"举人村"的历史文化得以很好的保存下来，同时进行了比较广泛的宣传活动，村镇内的历史建筑和街巷格局也保存良好。

（3）自力村。自力村位于广东省开平市塘口镇，2007 年 6 月 28 日被第 31 届世界遗产大会列入《世界遗产名录》，现经开平市人民政府整治维修后，更加体现出她的完整性、真实性和协调性，以她独特的面貌吸引前来观瞻的海内外游人。现在自力村的村民已经不多了，大部分是老人和妇女，年轻妇女现在大部分担任着与村镇旅游业有关的工作，村镇的老人就成为这个古村镇独特的风景线。

自力村的碉楼群是世界上独一无二的物质遗产。碉楼的上部结构有四面悬挑、四角悬挑、后面悬挑。建筑风格方面，很多带有国外建筑的特色，有柱廊式、平台式、城堡式的，也有混合式的。为了防御土匪劫掠，碉楼一般都设有枪眼，先是配置鹅卵石、碱水、水枪等，后来升级为外国进口的枪械。该村现存碉楼和庐 15 座。

自力村的民俗主要是开平市的民俗，有传统的节日、婚嫁、喜庆等。开平市自力村的主要管理机构是塘口镇的文化站，由旅游部门协助管理。自从申遗以后，已经专门设立机构和配备专门的管理人员加强碉楼的管理。开平市的历史遗产保护方面做的整齐而有序，保护规划和管理制度完备，2007 年广东省人民政府颁发了《广东省开平碉楼保护管理规定》（图 7-25）。

图 7-25 开平碉楼

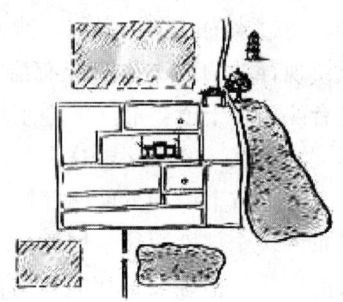

图 7-26 大旗头村的梳式布局

（4）大旗头村。大旗头村是位于广东省三水市乐平镇的古建筑群，是粤中地区一个比较有代表性的清代村落，至今保存完整，现已被定为省级文物保护单位。2003 年被评为中国历史文化名村。

大旗头村的物质文化遗产主要是清代水师提督郑绍忠建的，面积约 14000m^2。大旗头村的建筑群密集而整齐，小巷纵横，棋盘式的建筑布局既有便利交通，又有防火通道的作用，成梳式布局（图 7-26）。每小巷建有闸门楼，是防盗设施。大旗头村的下水道排水系统非常合理，所有屋檐的雨水排到天井小巷由"渗井"泄入暗渠，经暗渠全部排入池塘。小巷全部以条石铺砌，方便清理暗渠和疏浚。另外很有特色的是古建筑的风水布局。大旗头村的梳式布局非常精巧：该村民居、祠堂、家庙、第府、文塔、晒坪、广场、池塘兼备,整个村庄坐西向东,建筑纵横贯通,排列非常严整,其布局专门针对南方气候特点,整个村南面开放、北面封闭,前低后高,加上池塘调节,促进空气流通,这样的格局称为岭南的"梳式布局"。屋前建家庙,村前建社稷,种大树,表示后人托祖宗、家神的庇护,"大树底下好乘凉"。下雨时,屋顶水槽、天井水管、地面地漏,将雨水全部收集,经过地下排水渠排入家庙池塘,这叫做"四水归塘",财不外流,也都表达出其积蓄真气、聚敛财气的风水理念。古建筑前的晒台、水池、文昌塔和方石,大抵是一种笔墨纸砚的完整意象,寄托着村民"读书做官"的愿望。

大旗头村历史文化遗产的保护工作由顺德三水市文化局管理,三水市规划部门负责大旗头村的保护规划和旅游规划的监督工作。据 2009 年 7 月调研所知,文化站曾邀请知名教授编写大旗头村专著,但对于大旗头村的专项管理暂无固定的人员配置,管理权按分项掌握在各个对应部门;已经编制完善的保护规划和旅游规划,但是多年未能落到实处,历史建筑的修缮也少有进行;当地的基础设施也未有改善,居民的生活也丝毫没得到提高,村民对外来游客的热情不高。产生以上现象,据了解是由于当地经济比较落后,政府把工作侧重点放在经济发展上,不重视历史文化遗产的保护;当地在历史遗产保护招商引资的工作上也做得不够,限制太死,因此,保护资金缺乏,致使保护规划和旅游规划只能停留在纸面上,未能正式启动。究其原因,是人民政府、规划部门、旅游部门和文化部门未能做好相互之间的协调配合工作,反而形成相互制约的关系,这种条件下,投资商自然是难以介入,大旗头村的旅游开发也只能成为一纸空谈。

(5)赤坎镇。位于广东省开平市中部。赤坎曾是开平的中心,20 世纪 20 至 30 年代大量归国华侨回到家乡,沿江修筑了在海外所见所闻的西洋建筑,当时的建材全是从国外进口经香港转运过来的,结构坚固,造型精美,沿江马路遍植水桐树。

赤坎镇现存的物质文化遗产有沿潭江而建的清一色的骑楼(图 7-27)和庞大的洋楼群。城区有两条主干道:沿江的堤东堤西路,里面与之平行的中华路,夹在两条大路间还有一条叫"二马路"的小路,这是与江平行的三横,还有许多纵马路与它们交叉形成城区的路网。潭江上有上埠和下埠两座桥,下埠桥是一道分水岭,也就是形成堤东堤西路的分界线,堤东一块全部姓司徒,堤西一块全部姓关。

赤坎的民俗、传统节日和婚嫁与南粤一些地方的村镇大同小异,但赤坎特有的小吃"豆腐角"和"煲仔饭"是广东比较有特色的小吃。

据了解,赤坎镇作为历史遗产没有专门的管理机构,其保护规划和建设分管于镇的规划部门和建设部门。

图 7-27 赤坎镇骑楼群

(6)翠亨村。位于中国广东省中山市南节区南萌镇,原名蔡坑村,后因附近山林青翠,故改名翠亨村,是民主革命先行者孙中山的故乡。

翠亨村现存的历史文化遗产有多个革命名人的故居,翠亨规划区内保护建筑(优秀历史建筑)共有17处,规划建议将其列入中山市不可移动文物目录。村镇内基本上已经很少有原住民居住,历史建筑保存完好,基本的街巷特点和格局保存完好,能够体现翠亨村建筑艺术和时代特征、也能体现出翠亨村当年的村落形态。保存较为完整的、景观连续的主要历史街巷有:和兴街、中亨街、众兴街,这些理应得到严格保护。

翠亨村的非物质文化遗产主要体现在这里的历史名人非常多,有道是"七丈出个伟人",翠亨村因孙中山故居而闻名。除孙中山外,南朗镇的其他名人还有不少,从南朗走出去的82位享誉中外的名人,他们当中还有为共和革命捐躯第一人陆皓东,中共早期领导人杨殷,一代艺人阮玲玉等。

翠亨村的保护主要由孙中山博物馆和文化站管理,规划部门和建设部门协助管理。翠亨村现在建成了孙中山博物馆,有关孙中山先生的事迹、故居等都由博物馆统一管理,孙中山故居周边的民居现在已经纳入保护管理范围(图7-28、图7-29)。管理工作开展良好,周边民居得以保护,能比较完整地反映出当年孙中山先生的生活环境,得以保护的民居改作小展览馆,展出当年居民的生活习俗,是历史建筑改造再利用的范例。

图 7-28 孙中山故居　　　　图 7-29 孙中山博物馆

(7)大岭村。位于广州市番禺区石楼镇西北面,是典型的岭南古村落,被誉为"千年古村",大岭村开村至今已有800多年。

大岭村现保存较完好的岭南风格建筑群约9000m^2。大岭村背依菩山;三面环玉带河,各式古石桥跨于河上;古塔在村的西南角;祠堂、门楼、牌坊、麻石巷、古树、蚝壳墙等在村中皆可见(图7-30)。大岭村内的历史建筑和街巷格局保存尚算完整,但其中有些地方出现破坏历史风貌的新建建筑,需要整改;遗留下来的历史建筑大部分是旧有的普通民居,建筑质量不算太精致。

大岭村的历史遗产保护配备了专门的人员管理,镇规划所协调管理。石楼镇政府比较重视大岭村的保护,财政收入拨款对大岭村进行整体整修。保护规划将把大岭村的传统建筑风貌区作为整个历史文化名村的核心,将其中的传统建筑和古祠堂纳入大岭村的旅游体系当中,保持和恢复古村的居住形态和尺度,对于部分建筑进行拆除和改造处理,同时还能保护村落中的名木,追求诗意的居住环境。目前,对显宗祠抢救维修的首期工程已经完成。姑婆庙的维修、始祖柳源堂的复建、玉带河的部分整治已经开始规划。大岭村的修复建设早已启动,但是要避免建设性破坏。

图 7-30　大岭村蚝壳墙　　　图 7-31　秋长镇叶挺故居

（8）秋长镇。位于惠州市惠阳区，东邻大亚湾港，南接深圳市龙岗区，是北伐名将叶挺和吉隆坡王叶亚来的故乡，同时还是著名的革命老区和历史文化名镇惠州市中心镇（图7-31、图7-32）。

图 7-32　秋长镇叶亚来故居

现存各式客家围龙屋有100多幢，其中规模较大、保存完好、具有较高文化艺术价值的有40多幢，如叶挺祖居会水楼、叶亚来故居、会龙楼等，这些客家围龙屋设计科学，造型气派，梁栋、廊墙等均有工匠巧夺天工的赋形。内墙壁画色彩分明、栩栩如生，处处散发出客家人崇尚文化，追求艺术的气息，是客家传统建筑文化遗产中的一块瑰宝。这些传统客家围屋中，被列为全国重点文物保护单位的有1处，市级文物保护单位有35处。

秋长镇是客家人聚居地，有着深厚的客家历史人文底蕴。如围龙屋、宗祠等客家建筑文化，酿豆腐、秋长狗肉等客家饮食文化，以及客家山歌、舞狮、传统武术等。秋长镇又以红色文化、客家文化、侨乡文化为代表。

从2002年起，秋长镇成立历史文化保护工作领导小组，组织工作人员深入辖区40多幢客家传统古建筑、革命旧址、古书院等进行测量和资料搜集，并编制了《秋长镇历史文化保护规划》，对当地的客家传统建筑实行分级保护。秋长镇的历史文化保护区自南向北由小平原逐次向山区延伸，主要分布在山地和丘陵地带，包括蒋田、埔仔、周田、铁门扇、官山、茶园等地，以东北部周田一带最为集中。目前，秋长街道办事处内正掀起集红色旅游文化、华侨文化和客家文化于一体的旅游开发热潮。由于秋长镇的围龙屋分布较散，大部分围龙屋空置，且日久失修，统一保护工作开展的比较困难。围龙屋的居住环境质量不高，由于其独特的空间组织方式，也难以改造再利用，投入大量的资金修缮这些围龙屋也是不现实的做法。政府部门正尝试提倡产权所有人廉租或者免租给生活层次较低的人群居住,允许居住者自发修缮维护其居住空间,政府制定一系列监督条例,限制改造范围。

(9) 碧江村。碧江村位于佛山市顺德区北滘镇。在大良北面 11 公里。宋代建村,因有一小山岗称碧岗而得名,后用方言同音字改称碧江(图 7-33)。

顺德大良镇经济发展较好,给后代留下了丰厚的古建筑资源。祠堂、书塾、古桥等处处可见。其中金楼及古建筑群包括金楼、泥楼、见龙门、慕堂苏公祠、砖雕大照壁、苏三兴大宅等建筑,已于 2002 年被列为广东省文物保护单位(图 7-34)。还有泰兴大街祠堂群、村心祠堂群、德云桥等古迹入选顺德区文物保护单位。

大良镇碧江村的民俗文化积淀深厚,民间风俗也斑斓多彩。在珠三角,一直流传着"顺德祠堂南海庙"这句话,既充分反映了昔日顺德人对传统文化延续的关注和对礼教的重视,同时,也折射出顺德当年富饶自足、置田建祠的经济状况。顺德大良镇的方言也是丰富多彩的,当地文化站多年来出了多本专著,记载着顺德文化的精髓。顺德更是全国的"龙舟之乡"(图 7-35)。

碧江村政府在古建筑保护方面投入了大量人力、物力和财力,7 栋文物保护单位得到了较好的修缮,但是普通历史建筑保护稍显不足,根据调查,许多重要古建筑都存在着一定的问题,需要进行修缮,损坏较为严重的建筑有五间祠、何球祠、黄家祠。碧江的街巷格局整体保存较为完整,但也有新建建筑存在,使街巷的完整性和空间尺度遭到破坏,主要表现在新建建筑过高破坏街巷尺度,建筑材质与传统材质不协调,建筑外挑破坏街巷空间,建筑封堵街巷,石板路面损毁等,这些都对街巷的传统风貌造成了较大的破坏。除此以外,碧江至今尚未出台相关的历史文化遗产管理办法,缺乏有效的约束,造成了管理无法可依。但碧江村的民居实行"托管制",即由产权所有人委托政府管理民居,政府出资改造并利用历史建筑,这个管理制度的推行,使大量的民居得以延续其生命。

图 7-33 顺德碧江村园林　　图 7-34 顺德碧江村金楼　　图 7-35 顺德赛龙舟

(10) 南社村。南社古村位于广东省东莞市茶山镇,荣获"全国重点文物保护单位""中国历史文化名村""广东最美丽乡村"等称号。

南社村现存的古建筑群包括古围墙内的古建筑和古围墙东门外以关帝庙和尼姑庵旧址为主的古建筑(图 7-36)。古围墙内的古建筑群面积 96000m²,古围墙东门外的古建筑群面积 13000m²。有祠堂 30 座、庙宇 3 座、古民居 250 多间、古井 40 多口、古墓 36 座(古建筑群内 1 座、古建筑群外 35 座),其中谢氏大宗祠、百岁坊祠、社田公祠(百岁翁祠)、谢遇奇家庙、关帝庙、建威第(谢遇奇故居)、资政第等是古建筑群中较有代表性的建筑。

这些历史建筑保留大量精美的石雕、砖雕、木雕、灰塑及陶塑等古建筑构件，具有较高的历史、艺术和科学价值。村内的街巷保持比较完整，能很好地反映该村的历史风貌。村落的布局以水塘为中心，两岸祠堂林立，巷道曲幽，古榕婆娑，周围还保存着大量农田，保持着清新的田园之风，是旅游的好地方。

南社古村落仍有祭祖、求神、喊惊、送丧、抢新娘等习俗（图7-37）。村中青年结婚，同房叔伯、兄弟姐妹以及亲朋好友喜气洋洋，十分热闹，是明清以来宗法制度婚俗（图7-38）的遗留。

图 7-36　南社村的古建筑　　　　图 7-37　南社村的舞狮　　　　图 7-38　南社村的婚嫁

目前，南社村的建设、保护等工作全部由村委会统筹负责。南社村外的新村已初步形成，居民的生活主要集中在新村。旧村历史建筑的保护单靠村委会的技术、人力承担古村建设开发管理的工作存在一定的难度。针对南社村古村落保护进行了相关规划，《广东省东莞市茶山镇南社古村建筑群保护规划方案》《南社古村落旅游开发概念规划》和《南社古村落旅游开发建设计划》，但上述规划并未进入实施阶段。资金问题依然是保护工作的核心，南社村可成立股份合作公司，产权所有人和村委会共同投资，同时可积极拓宽其他融资渠道，如争取政府的财政支持，向银行借贷等。

7.3　珠三角历史文化村镇的评价

7.3.1　客观评价体系数据

根据这些村镇的申报资料以及实地考察所得数据，依据评价标准评分得出各村镇的客观评价体系的分值。十个村镇的客观评价值见表7-3：

表 7-3　十个历史文化村镇的客观评价得分

评价因子	大旗头村	翠亨村	赤坎镇	大岭村	沙湾镇	歇马村	秋长镇	碧江村	自力村	南社村
Y_{111}文物保护单位的数量	10	10	10	6	10	8	10	10	10	10
Y_{121}拥有反映村镇风貌的古塔、古桥、驿站的数量	2	0	4	8	2	0	2	6	0	0
Y_{122}古塔、古桥、驿站规模的大小（面积）	10	0	6	10	2	0	10	4	0	0

续表

评价因子	大旗头村	翠亨村	赤坎镇	大岭村	沙湾镇	歇马村	秋长镇	碧江村	自力村	南社村
Y_{123} 拥有反映村镇风貌的城墙、牌坊、门楼的数量	0	6	0	2	0	0	0	10	0	4
Y_{124} 拥有反映村镇风貌的古井、300年以上的古树的数量	4	2	0	2	2	0	10	10	0	10
Y_{125} 拥有反映村镇风貌的宅院、府邸、祠堂、书院的数量	10	10	10	10	10	10	10	10	10	10
Y_{126} 宅院、府邸、祠堂、书院规模的大小（面积）	2	10	10	10	10	10	10	10	10	10
Y_{131} 保持完好的街道数量	0	10	10	4	10	2	10	4	10	10
Y_{132} 保持完好的街道长度	0	10	10	10	8	6	10	10	10	6
Y_{133} 核心保护区的大小	2	6	4	2	4	2	4	4	10	4
Y_{134} 核心保护区现存历史建筑及其环境用地占核心区全部用地面积的比例	2	2	10	2	10	2	2	8	10	4
Y_{141} 拥有保持完好的古园林数量	0	0	0	0	2	2	0	4	0	0
Y_{142} 保持完好的古园林的规模大小（面积）	0	0	0	0	10	2	0	10	0	0
Y_{211} 名人或者重大历史事件的数量	2	10	2	0	6	10	10	0	10	10
Y_{212} 历史事件序列空间和名人故居的数量	2	10	2	0	6	10	10	0	10	10
Y_{213} 建筑的历史年代	6	6	6	6	6	6	6	8	4	8
Y_{221} 传统方言、民间音乐、民间舞蹈、传统戏剧、曲艺、杂技与竞技的数量	2	10	10	10	10	2	10	10	10	10
Y_{222} 传统医药、民俗、传统节日的数量	10	10	10	10	10	10	10	10	10	10
Y_{223} 民间文学、民间美术、传统手工技艺、美食、服饰的数量	0	10	10	10	10	10	10	10	10	10
Y_{224} 文化空间的保护数量	0	10	0	0	6	10	0	10	0	10
Y_{231} 核心区原住民的居住人数的百分比	4	10	6	10	10	10	4	6	10	4
Y_{311} 对历史建筑和文物古迹进行登记建档并实行挂牌保护的百分比	6	10	8	10	10	10	10	10	10	10
Y_{312} 已经动工修复的历史建筑和文物古迹占全部修复计划的百分比	4	10	4	10	10	10	4	8	10	10
Y_{313} 对已经修复的建筑建立公示栏的百分比	4	10	10	10	10	10	10	10	10	10
Y_{321} 国家基金占保护资金的百分比	0	2	0	0	0	0	0	0	10	0
Y_{322} 地方财政预算占保护资金的百分比	0	10	10	10	0	10	10	10	0	10
Y_{333} 社会基金占保护资金的百分比	0	2	0	6	10	10	4	4	0	10
Y_{334} 旅游业及其相关行业收益占保护资金的百分比	0	6	10	2	10	10	10	4	4	4
Y_{335} 历史建筑改造利用的投资占保护资金的百分比	0	6	0	4	6	6	0	0	10	0

注：以上数据来自各个村镇的申报材料或访谈所得数据。

得到各个村镇的客观评价分数为：

表 7-4 客观评价分数表

大旗头村	翠亨村	赤坎镇	大岭村	沙湾镇	歇马村	秋长镇	碧江村	自力村	南社村
3.23	7.36	5.88	5.68	7.16	6.32	6.26	5.94	7.55	7.19

表 7-4 显示历史文化物质遗产和非物质遗产在数量上的丰富程度、保护措施落实情况好坏程度以及保护资金来源的丰富程度等。大旗头村分数很低表明其历史文化遗产数量不多，且保护措施落实不够、资金严重不足等，应该提出警示。

7.3.2　主观评价体系数据

评价团体由本研究调研小组成员组成，共 10 人，成员均从事历史文化村镇课题的研究工作。评价数据由各个评价专家打分，根据其熟悉程度，加权平均得到各个村镇的评价分数（表 7-5）。

表 7-5 十个历史文化村镇的主观评价体系得分

评价因子	大旗头村	翠亨村	赤坎镇	大岭村	沙湾镇	歇马村	秋长镇	碧江村	自力村	南社村
U_{111} 文物保护单位的等级	8.00	8.00	10.0	6.00	8.00	4.00	6.00	6.00	10.0	8.00
U_{121} 建筑风格的典型性	8.34	7.2	8.1	7.0	8.1	7.0	7.6	7.8	9.1	8.35
U_{122} 建筑细部构件的工艺价值	8.13	6.15	7.57	6.55	8.08	7.05	8.05	7.68	9.51	9.24
U_{123} 建筑的完好程度（包括围护结构、细部构件等）	8.86	8.06	8.57	7.26	8.24	8.04	8.03	8.03	9.53	8.66
U_{124} 建筑的安全性	8.03	7.83	8.23	7.85	8.56	7.86	7.06	7.86	9.31	8.14
U_{125} 空间的可改造再利用性	7.53	8.35	8.37	7.82	8.37	7.84	7.82	8.07	8.52	7.71
U_{126} 建造技术水平（包括建筑构件的接合精细程度、排水、消防、通风系统的先进性等）	9.02	8.02	7.86	7.57	8.07	7.38	7.56	8.08	9.23	9.05
U_{127} 材料应用的典型性	8.53	7.84	8.14	7.54	8.05	8.07	8.07	7.55	8.84	8.85
U_{131} 街道节点的适用性	7.52	8.02	8.55	8.52	8.57	9.3	9.08	7.84	9.64	9.11
U_{132} 街道空间布局的丰富性	8.01	7.53	8.85	8.51	8.53	9.01	9.43	9.53	8.51	
U_{133} 建筑群整体风貌的完好性及原真性	7.51	8.81	7.14	6.43	7.83	8.04	7.30	7.30	9.05	9.11
U_{134} 街道肌理的可识别性	7.51	7.68	7.53	7.84	7.51	6.04	7.04	8.52		
U_{135} 街道景观元素的布置适宜性	6.55	7.05	7.55	7.24	8.05	7.88	6.07	6.56	8.05	8.83
U_{141} 村镇周围自然风景的审美价值	6.06	7.83	8.16	8.25	7.7	7.55	9.05	8.86	7.06	9.53	9.25
U_{142} 自然灾害、环境污染程度及其处理措施的科学性	7.05	8.05	7.05	7.53	7.54	8.54	7.53	7.54	9.04	8.97
U_{143} 村镇文化景观的和谐性	7.01	7.06	7.54	7.56	7.87	8.08	8.09	9.43	9.02	
U_{211} 历史事件对当代和现代影响的大小程度	6.03	10.0	7.32	7.05	8.06	7.09	6.56	7.09	8.06	6.77
U_{212} 历史事件序列空间和名人故居的原真性	7.56	9.09	7.59	6.09	6.59	8.56	8.07	7.89	9.06	6.73
U_{221} 传统方言、民间音乐、民间舞蹈、传统戏剧、曲艺、杂技与竞技的保护等级	6.06	7.59	7.56	7.26	9.19	9.29	7.09	8.06	8.06	7.82

续表

评价因子	大旗头村	翠亨村	赤坎镇	大岭村	沙湾镇	歇马村	秋长镇	碧江村	自力村	南社村
U_{222} 传统医药、民俗、传统节日的保护等级	6.06	8.79	8.06	7.57	8.57	9.09	8.70	7.07	8.07	7.80
U_{223} 民间文学、民间美术、传统手工技艺、美食、服饰的保护等级	6.06	8.56	7.06	7.57	9.57	9.07	8.07	7.56	8.06	7.18
U_{224} 文化空间的原真性	6.06	8.07	7.07	6.59	9.04	9.07	7.07	7.57	8.04	7.39
U_{231} 传统的生活习惯的延续情况	7.14	7.55	8.15	7.64	7.52	8.86	7.82	7.54	7.55	8.20
U_{311} 保护管理办法的完备性	7.12	9.54	7.54	8.54	8.57	7.86	7.86	8.34	9.12	8.45
U_{312} 保护的专门机构和人员的完备性	6.02	9.02	6.4	8.84	8.55	7.84	7.25	8.54	9.34	8.37
U_{321} 保护规划的编制与实施情况	6.04	9.26	7.24	8.74	8.14	8.16	8.15	9.44	8.61	
U_{322} 保护规划与城市规划的和谐性及可操作性	7.44	8.16	7.35	8.35	8.26	7.86	7.56	8.15	9.15	8.82
U_{331} 民间保护组织的建立及其作用	5.06	7.53	6.05	6.03	7.55	9.54	8.54	8.06	8.07	7.51
U_{332} 公众参与保护措施的决策力度	6.55	6.25	5.66	7.55	9.05	4.56	6.56	8.76	8.04	
U_{333} 乡规民约及其作用	6.2	6.75	5.95	6.4	7.25	8.05	5.53	8.25	8.51	
U_{334} 居民的好客度和自豪感	5.82	6.56	6.07	5.54	8.06	9.57	7.56	6.25	9.84	9.72

以上分数,根据历史文化村镇的主观模糊综合评价的数学模型,计算各个村镇的主观评价得分,结果见表 7-6:

表 7-6 十个村镇的主观评价得分

大旗头村	翠亨村	赤坎镇	大岭村	沙湾镇	歇马村	秋长镇	碧江村	自力村	南社村
7.09	8.15	7.71	7.41	8.15	7.99	7.45	7.56	8.84	8.24

7.3.3 评价最终得分

根据客观评价体系和主观评价体系对总评价体系的贡献率,加权平均客观评价分数和主观评价分数,得到表 7-7 结果:

表 7-7 十个村镇的综合评价得分

大旗头村	翠亨村	赤坎镇	大岭村	沙湾镇	歇马村	秋长镇	碧江村	自力村	南社村
5.58	7.84	6.99	6.73	7.76	7.33	6.98	6.922	8.33	7.82

广东省的历史文化村镇得分修正以后分数见表 7-8:

表 7-8 历史文化名村修正后的分数

大旗头村	翠亨村	赤坎镇	大岭村	沙湾镇	歇马村	秋长镇	碧江村	自力村	南社村
6.21	8.47	6.99	7.36	7.76	7.96	6.98	7.55	8.96	8.45

根据第六章的等级划分,村镇分数都在 6.0 分以上,纳入国家历史文化村镇的保护范围之内;其中自力村分数在 8.0 分以上,是国家级历史文化村镇中出类拔萃的;而大旗头

村分数最低,说明其保护状况不佳,需要紧急措施进行挽救,地方政府应该引起重视。

7.4 珠三角历史文化村镇的聚类分析

十个历史村镇的物质文化遗产、非物质文化遗产和保护措施三大因素的综合得分见表7-9。

表7-9 各村镇三个指标的得分

综合评价	大旗头村	翠亨村	赤坎镇	大岭村	沙湾镇	歇马村	秋长镇	碧江村	自力村	南社村
物质文化遗产	6.22	6.89	7.51	6.60	7.39	6.17	6.59	7.31	7.91	7.50
非物质文化遗产	4.99	8.99	6.59	6.06	8.26	8.71	7.55	5.86	8.68	8.02
保护措施	6.05	7.18	7.11	7.80	7.70	7.12	7.39	8.14	8.24	8.12

根据以上的方法,我们可以对广东省10个历史文化村镇进行聚类分析,结果如图7-39所示:

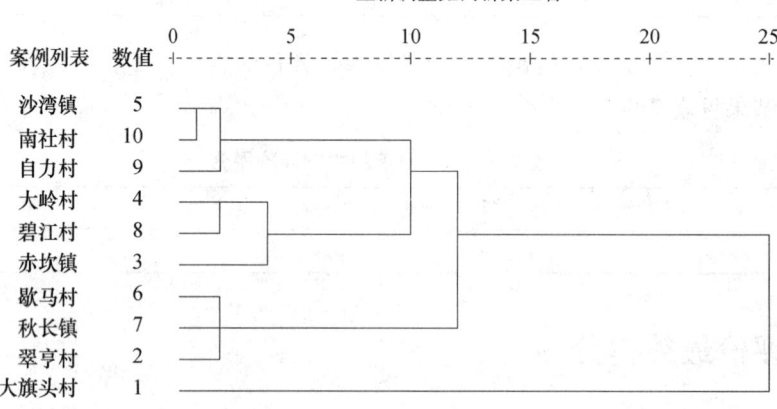

图7-39 十个村镇的聚类树形图

根据结果分析,这10个村镇可分成3个大类别,第一类:大旗头村;第二类:翠亨村、歇马村、秋长镇;第三类:赤坎镇、大岭村、碧江村、沙湾镇、自力村和南社村。

结果显示:(1)大旗头村单独为一类,原因是大旗头村的保护状况实在是不容乐观,该村现存的物质文化遗产数量已经不多,而且历史建筑的保存状况也一般,保护规划虽然多年前已经制定,但是停留在纸面上,历史建筑的保护修缮工作也没有落到实处,历史建筑的保护只停留在挂牌保护、建档保存的阶段。(2)第二类别包括翠亨村、歇马村和秋长镇,这几个村镇都是以其历史名人、历史事件为代表的村镇。翠亨村的名人孙中山、杨殷等,秋长镇的名人叶亚来和红色革命根据地,歇马村的"举人村"的历史沿袭,这些都是这些村镇最突出的特色。(3)根据聚类分析的树型图,第三类中赤坎镇、大岭村、碧江村的欧式距离比较接近,代表这几个村镇的共同性比较明显;另外,沙湾镇、自力村和南社村的共通性比较明显。对照6个村镇的相关数据，可以看出，沙湾镇、自力村和南社村的物质文化遗产是10个村镇中保护现状最好的，赤坎镇、大岭村、碧江村次之。

本章小结：以珠三角十个历史文化村镇为例，对它们进行实地考察和评价分析，演示评价体系的操作过程、等级划分和聚类分析。

第 8 章　案例二：梅州市大埔县历史村镇的评价分类

本评价体系的另一个作用就是可以作为分类保护的依据，利用评价因子的分值运用 SPSS 软件做聚类分析，可对不同的村镇进行归类，可找出各村镇的优势和劣势，从而有针对性地采取保护措施。本章以梅州市大埔县的村镇为例，将其归类，并总结其成功经验，提出有用的保护建议。

8.1 梅州市大埔县历史村镇的调研

8.1.1 调研准备

与珠三角历史文化村镇的调研方法相似，但是粤北和闽南客家历史村镇的特点与珠三角历史文化村镇不同，客家历史村镇的调研工作应注意以下几方面：

（1）大埔县的村镇大多未经总体规划，第一手资料非常缺乏，需要投入大量的时间和精力获得资料。当地经济比较落后，政府在村镇规划上投入不多，大多数村镇至今尚未绘制地形图，村庄建设处于自发状态，没有统一的规划。进行村镇评价需要的基础数据比较多，如历史建筑的数量、面积、街道的数量、长度等指标，要重新统计。

（2）客家历史建筑有其独特的特点，调查研究的侧重点与珠三角地区的历史文化村镇不同。珠三角历史村镇的侧重点一般包括历史建筑、历史街巷和古园林等；而客家的历史村镇则要注重客家文化、客家建筑和村镇形成的历史原因等。

（3）在调研过程中应结合客家文化及其历史沿袭进行评价。如历史建筑建筑细部的精致程度这个指标，客家历史建筑比较朴实无华，其精细程度是无法跟广东南部地区的余荫山房、陈家祠等建筑的细部媲美，这项指标选择的参照物应该是客家建筑中最精细的建筑，从而得出主观评价得分。

8.1.2 基础调查结果统计

此次调研的对象是粤北和闽南的客家历史村镇，这些村镇大部分未申报国家级历史文化名镇名村，调查问卷的设置和调查统计结果如下：

1. 您希望此地被评为"历史文化名村(镇)"吗?
   A. 很不希望　　　　　B. 稍不希望　　　　　C. 中立
   D. 有点希望　　　　　E. 非常希望

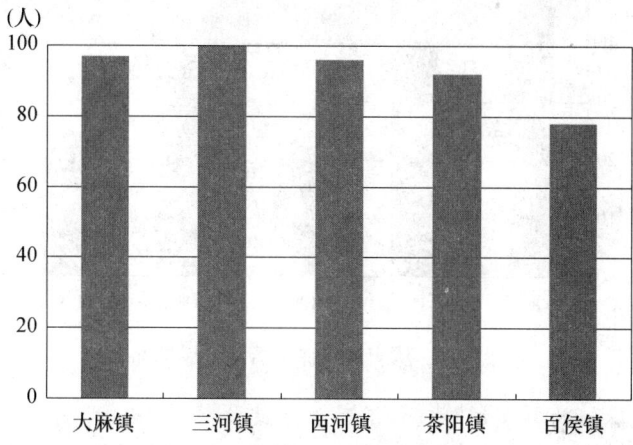

图 8-1　居民对"名镇名村"称号的欢迎程度统计表

结果分析:5个镇都对"历史文化名村(镇)"这个称号非常向往(图 8-1)。

2. 您参与过有关村镇保护或者历史建筑保护的宣传活动吗?
   A. 从来没有　　　　　B. 偶尔参与　　　　　C. 经常参与

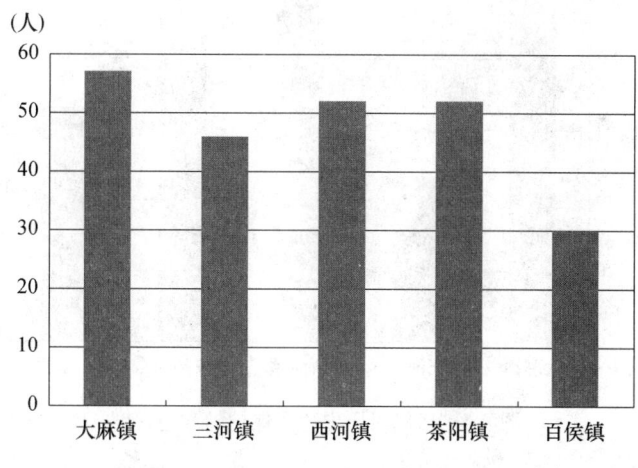

图 8-2　历史遗产保护宣传工作的统计

结果分析:5个镇对历史文化村镇保护工作都进行过宣传;其中大麻镇分数最高,百侯镇最低(图 8-2)。

3. 您曾经参与本地历史遗产的保护活动吗?(包括宣传、投票、选举、提出建议等)
   A. 从来没有
   B. 参加了一些
   C. 经常参加

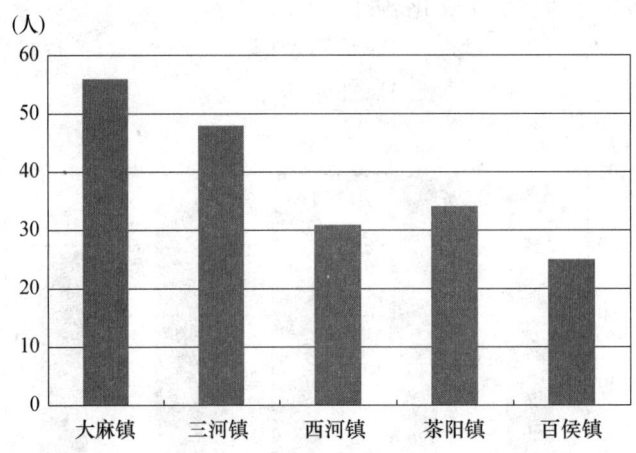

图 8-3　历史遗产保护活动开展情况

结果分析：大麻镇的群众参与宣传活动次数最多（图 8-3）。

4. 你希望本地政府开展历史遗产保护工作吗？
   A. 很不希望　　　　　　B. 稍不希望　　　　　　C. 中立
   D. 有点希望　　　　　　E. 非常希望

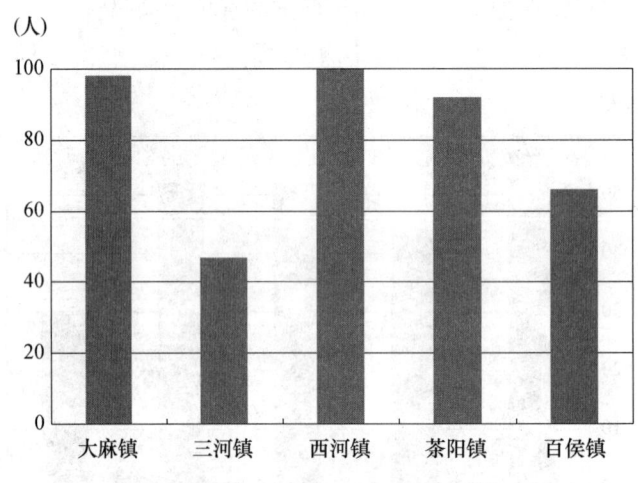

图 8-4　居民对历史遗产保护的欢迎程度

结果分析：以大麻镇、西河镇和茶阳镇最重视。交谈过程中，这三个镇的居民最热情；三河镇和百侯镇已申请广东省的历史文化名镇并获通过，但当地居民对政府开展历史遗产保护工作的支持度反而比较低（图 8-4）。

5. 你对本地的历史建筑和文化引以为豪吗？
   A. 很不引以为豪
   B. 不是很引以为豪
   C. 一般
   D. 觉得还好
   E. 觉得很好

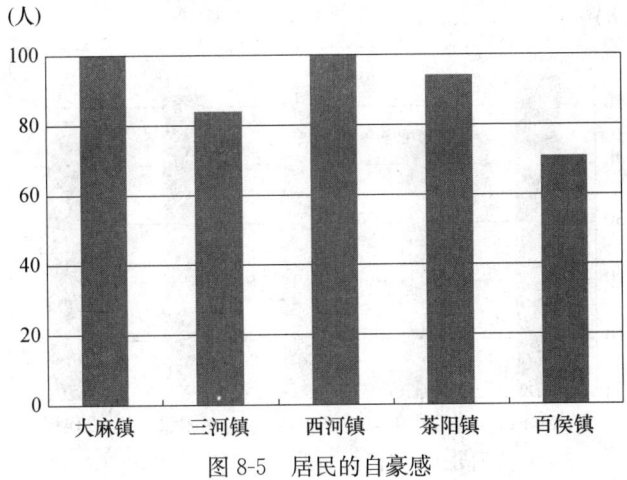

图 8-5 居民的自豪感

结果分析：结果显示大麻镇、西河镇的居民对历史文化遗产最引以为豪；茶阳镇次之（图 8-5）。

6. 你希望本村镇申报国家历史文化名镇名村吗？
A. 不希望
B. 中立态度
C. 非常希望

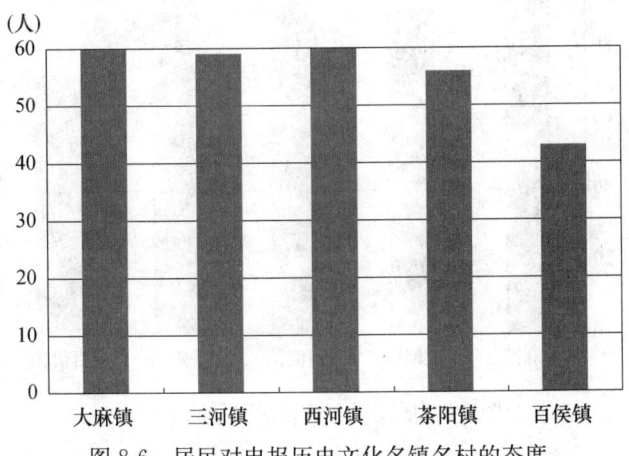

图 8-6 居民对申报历史文化名镇名村的态度

结果分析：5 个镇的居民都希望申报国家级的历史文化名镇名村（图 8-6）。

7. 你会为本地申报"国家历史文化名镇名村"贡献力量吗，比如捐钱、志愿服务等？
A. 不会
B. 会尽一点力量
C. 会积极参与

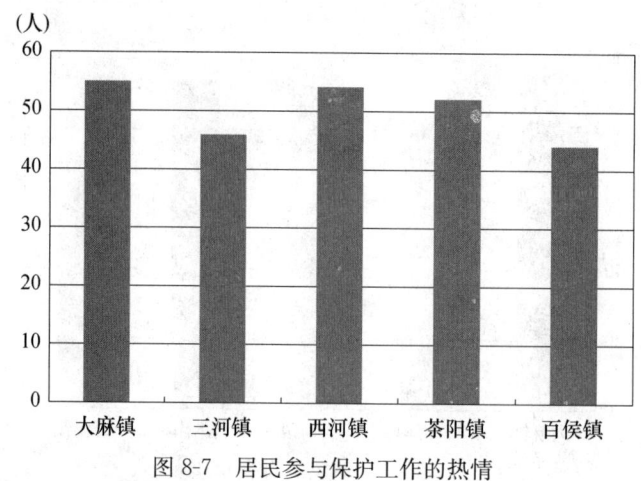

图 8-7 居民参与保护工作的热情

结果分析：5个镇的居民都愿意为评选国家历史文化名镇名村贡献力量（图 8-7）。

8. 您觉得本地被评为"历史文化名镇名村"后，这个称号能改善当地居民的生活吗？

A. 不要造成新破坏　　　　　B. 没有改变　　　　　C. 无所谓

D. 希望可以改善居住环境　　E. 希望可以带动本地经济，改善居民生活

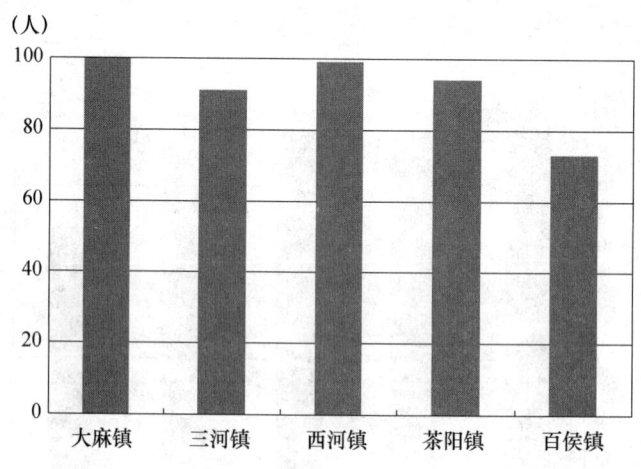

图 8-8 居民对名镇名村称号的期望

结果分析：5个镇的居民对"历史文化名镇名村"的期望值比较高，大部分居民希望这个称号能为当地经济发展提供新的机会，可以改善他们的生活。当地经济发展越是落后，这种愿望越是强烈（图 8-8）。

9. 本地有自发制订历史遗产保护的乡规民约吗？

A. 没有

B. 正在制订中

C. 已经制订，但不是很完善

D. 已经制订，但不起作用

E. 已经制订，而且起积极作用

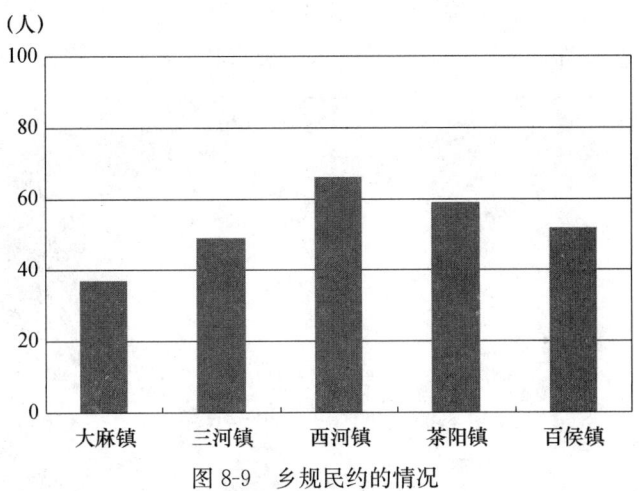

图 8-9　乡规民约的情况

结果分析：5个镇关于保护历史遗产的乡规民约的成熟程度不一样，平均水平达到 60 分的只有西河镇，表明长久以来群众参与历史文化遗产保护的热情不高（图 8-9）。

10. 您欢迎外地旅客来此地游览吗？

A. 不欢迎　　　　　　　　B. 无所谓　　　　　　　　C. 很欢迎

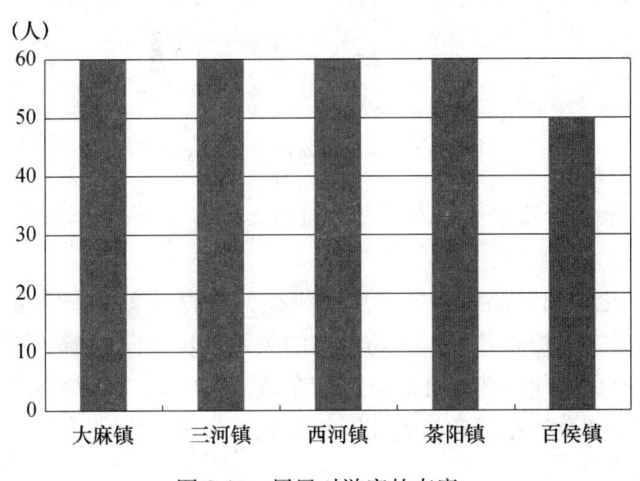

图 8-10　居民对游客的态度

结果分析：居民都非常欢迎外地游客（图 8-10）。

8.2　梅州市简介

8.2.1　梅州市简介

梅州市隶属中国广东省，东部与福建省交界，南部毗邻广东省潮州市、揭阳市、汕尾市，西部与广东省河源市接壤，北部与江西省相连（图 8-11）。梅州是中国著名的三乡

——"客家之乡、文化之乡、华侨之乡",同时还享有"山歌之乡、金柚之乡、客家菜之乡、单丛茶之乡"的美称,梅州同时又是国家历史文化名城、中国优秀旅游城市等。

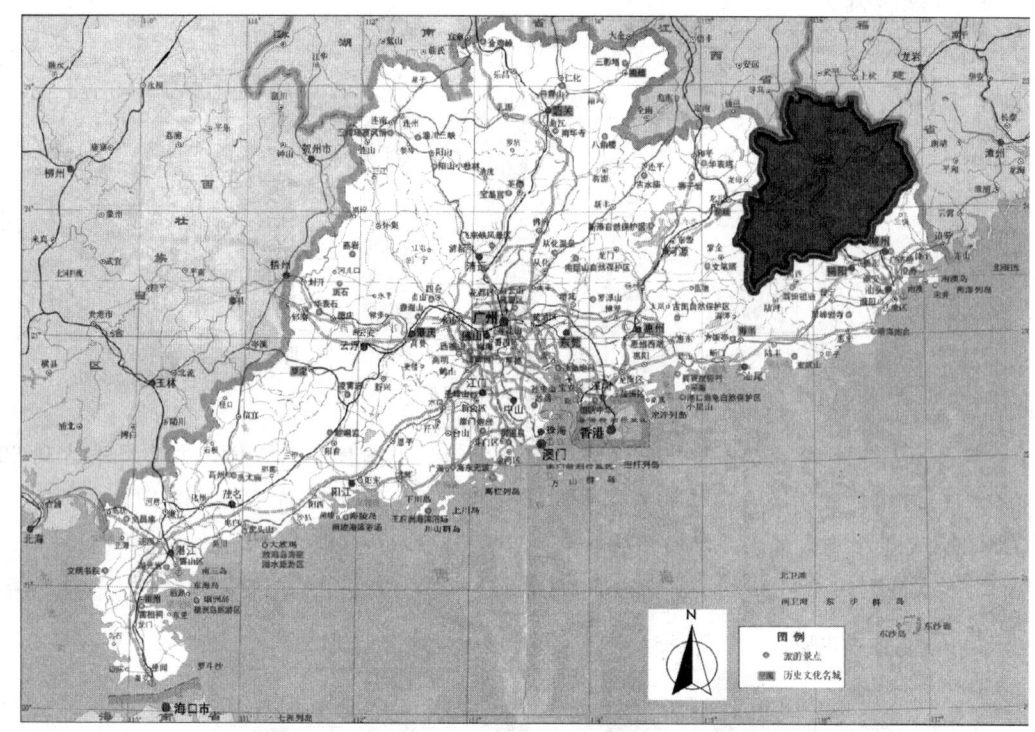

图 8-11　梅州市在广东省的位置

截至 2008 年年底,全市公路通车总里程 15443km,公路通车总里程和公路密度均居全省山区市前列。

"世界客都·文化梅州"品牌基本形成。科技、教育、文化、卫生、体育事业长足发展,生态环境得到有效保护和建设,人与自然的关系逐步走向和谐与协调。叶剑英纪念馆和客家公园、东山教育基地已建成开放,江南东改工程中的"归读公园"和堤下梅水路已经建成,两个安置小区金沙花园和红光花园正在施工建设当中。广东客家博物馆成功升级为"中国客家博物馆"。

梅州市有七个省级艺术之乡,即梅县客家山歌艺术之乡、大埔县茶阳镇花环龙艺术之乡、平远县船灯舞艺术之乡、丰顺县埔寨镇火龙艺术之乡、五华县新桥镇竹马艺术之乡(新桥镇已并入华城镇)、兴宁市杯花舞艺术之乡、大埔县广东汉乐艺术之乡。其中有 3 个被命名为"中国民间艺术之乡",即梅县客家山歌艺术之乡、大埔县茶阳镇花环龙艺术之乡、丰顺县埔寨镇火龙艺术之乡。此外,山歌大师汤明哲被广东省文化厅命名为"广东省优秀民间艺术师"。

8.2.2　大埔县简介

8.2.2.1　基本情况

大埔县地处广东省东北部(图 8-12),全县人口 50 多万,海外侨胞 50 多万,县内居民均为客家人,是广东省著名的"华侨之乡、文化之乡、陶瓷之乡、名茶之乡"。

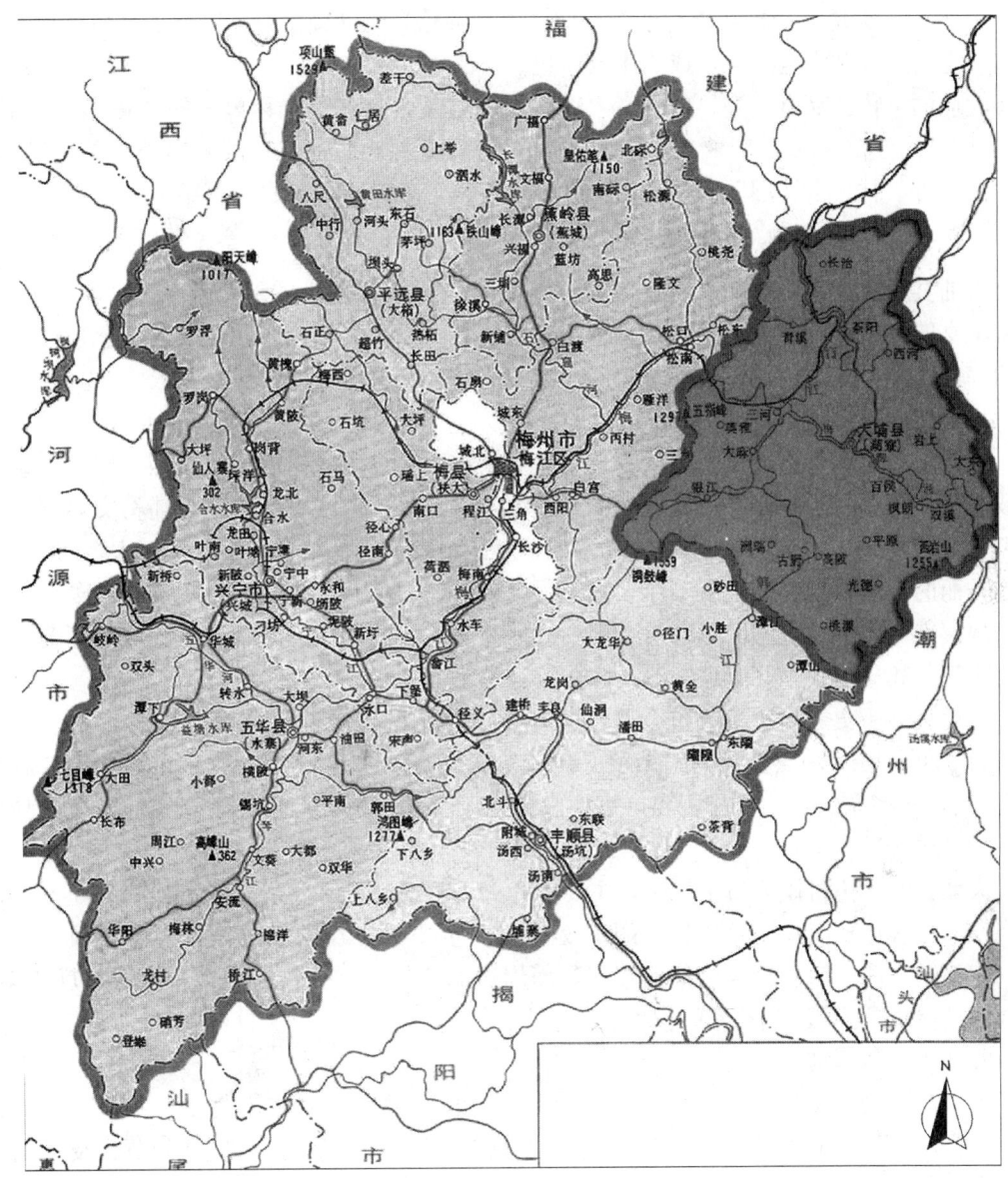

图 8-12　大埔县在梅州市的位置

大埔县辖 14 个镇：湖寮、茶阳、西河、百侯、枫朗、光德、桃源、高陂、大麻、三河、大东、洲瑞、银江、青溪。

县内山脉为北南走向，四周高，中间低，层峦起伏，千岩万壑，纵横交错，海拔千米以上的山峰有 27 处，均散布于四周边陲，最高峰为西南部的明山嶂银窿顶，海拔 1357m，最低处是高陂黄竹居的韩江岸，海拔 26m。

8.2.2.2　大埔县的经济

大埔是个山区县，人民过着穷苦日子。2003 年以来，该县走改革开放路线，精心经营，短短的 3 年时间实现了惊人转变。2006 年该县生产总值 11 年来首次实现两位数的增长，人均 GDP 和财政一般预算收入在全省 67 个县（市）中的排名分别比 2002 年前移了 10 位和 6 位。大埔县积极实施"四个梅州"发展战略，走"瓷工富县"发展县域特色经济之路，全县陶瓷和水电工业，成为本县特色经济支柱。

大埔的土特产品有陶瓷、茶叶、豆腐干、牛肉干，高陂镇号称粤东的"瓷都""白玉城"，因其陶瓷品种多、产量丰、工艺精美，畅销国内外而得名。西岩山茶是茶中精品，以"清、香、甘、滑、醇"而享誉海内外，近年来，多次获国家农业部银奖，金奖。

8.2.2.3 大埔县的历史文化资源

大埔县历史悠久，明朝嘉靖五年设置大埔县。此地人杰地灵、民风净朴、山清水秀，具有丰富的自然资源和人文景观，是梅州市众多县中物质文化遗产和非物质文化遗产最丰富的一个县。

1. 物质文化遗产

三河坝是市级重点建设旅游区。东岸有省级重点文物——三河坝战役烈士纪念碑雄踞笔枝山头；西岸有明朝兵部尚书墓碑、中山纪念堂、明代古城墙等景点。埔梅交界的"阴那山"雄奇险峻，云雾飘渺；"千年古刹"万福寺依山而建，是韩江水系四大名寺之一；风光秀丽的丰溪林场是著名的省级自然资源保护区；具有客家特色的民居土围楼和方石楼，规模宏伟，堪称世界民居建筑奇观。另外，前新加坡总理李光耀祖居、张裕葡萄酒创始人张弼士故居以及"父子进士"石碑坊等都是著名的人文景观。

大埔县的历史文化建筑遍布全县，极富客家特色的民居遍布大埔县的各个村镇，至 2006 年为止，在大埔县文化局的带领下，调查统计了全县 14 个镇 200 多个村，重点调查了古民居 200 多座。《大埔民居》一书中收录了 183 座古民居的资料，经统计，大埔县现存 3529 座古民居。

大埔县的历史村镇分布不集中，主要因为大埔县地处山区，适合建造住房的地方比较少，所以很难形成大片的聚居地。历史文化遗产主要集中在县城的中部，湖寮镇、茶阳镇、三河镇、西河镇和百侯镇都比较多，而周边的镇人口稀少，因此，古民居也就不多。图 8-13 是大埔县历史文化建筑比较集中的村镇。

2. 非物质文化遗产

大埔县非物质文化遗产非常丰富，大埔县是梅州"花环龙艺术之乡"（茶阳镇）和"汉乐艺术之乡"（百侯镇）；除了中国统一的节日外，当地还有一些独特的节日及庆祝仪式，这些节日的庆典场所和时间构成了一系列的"文化空间"；大埔县还是梅州市美食最多的县，据说，有 200 多种民间美食。大埔县具有丰富的文化、节日、"文化空间"和美食等非物质文化遗产。

(1) 花环龙艺术之乡。花环龙源于茶阳镇下马湖村的"软腰龙"（或叫"舞龙灯"）。茶阳镇下马胡村的秀才饶君滚模仿龙的图案，按照图案用竹、纸编扎成龙状，组织村民舞龙。此后的每年春祭和正月十三的赏灯，村民们就到饶姓宗祠祭祖，以舞龙庆贺新春，这样代代承传至今。1999 年 2 月，茶阳镇被广东省文化厅命名为"民族民间艺术之乡"。2000 年 5 月，茶阳镇被中华人民共和国文化部社会文化图书馆司命名为"中国民间艺术之乡"。

(2) 汉乐艺术之乡。广东汉乐是客家先民从中原南迁并带来的中州古乐，经过千百年的发展，形成了古朴典雅的独特风格，为客家地区人民所喜闻乐见。目前全县有汉乐队 48

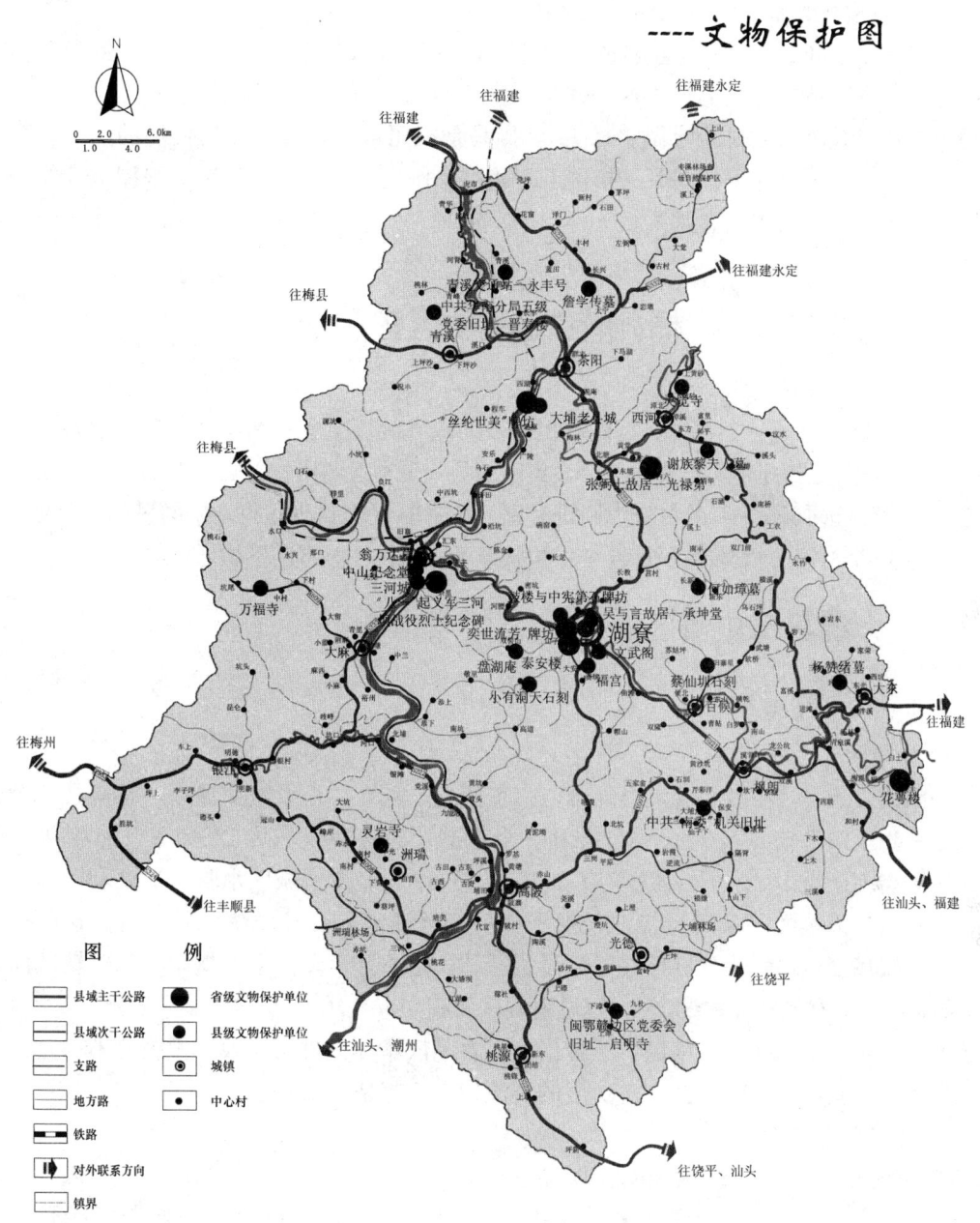

图 8-13 大埔县历史建筑比较集中的村镇

个,各级汉乐研究会会员 600 多人,全县乡镇和大部分中学都成立了汉乐社,汉乐活动遍布城乡。2008 年 11 月 3 日,大埔县正式被国家文化部命名为"中国民间文化艺术之乡——广东汉乐之乡"。

(3) 独特的传统节日。大埔县除了传统的春节、端午节等传统节日,还有当地特殊的节日。如:灶君节、茶阳正月春游胜景、茶阳五帝庙显大会、西河扫街灯、西河大靖村迎马、高陂正月二十一迎景、三河梓里作大福、三河坝小坑村迎真仙、大麻迎姑婆。大麻小留村彩灯庆吉祥、大东镇花萼楼"还福"、百侯镇曲滩作福、刘氏千人祭祖(湖寮,大麻公洲)、湖寮双坑作福、广东大埔双坑何氏"集福"。

（4）文化空间。大埔县有丰富的非物质文化遗产，是"花环龙"艺术和"汉乐"艺术的发源地，有独特的传统节日，这些都是"文化空间"。如西河大靖村迎马庆典："迎马"活动由大靖村九个自然村轮流做"马头"，接马是按照自然村的顺序设接场的，先后顺序为：东塘—井头—官厅下　周屋—排楼下—赖屋—何屋—鸦雀坪—李屋—张屋—五斗丘—大埠上—老祠堂—大坪上金监第。

8.3　梅州市大埔县历史村镇简介

截至 2010 年 4 月，三河镇、百侯镇相继被列入省级历史文化名镇，茶阳镇也在筹备申报工作。大埔县是梅州市历史文化遗产最集中的县，是本次调研的重点，调研范围遍及大埔县的 14 个镇，选取 55 个行政村作为调研对象，其中 31 个被选做重点调研的村镇。下文将简单介绍这 31 个村镇的状况，另外 24 个保护状况不佳的村庄，本文不做详细叙述。

8.3.1　大埔县历史镇区简介

8.3.1.1　茶阳镇

1. 基本概况

茶阳镇位于汀江下游，大埔县北部，闽粤两省三县十二个乡镇交界处，是全县三个中心镇之一。全镇下辖 26 个村民委员会和一个街道社区居委会，共 12609 户 54479 人。街道社区居委会下设 10 个居民小组，有 3022 户 13397 人。街道城区水陆交通便利，境内汀江、小靖河、漳溪河三条河流交汇于狮子口后经汀江流入韩江源头——三河；省道茶上线、白三线贯穿全镇，梅坎铁路在茶阳设货运站，是龙汀、潮汕交通枢纽。全镇辖区面积 288.81km^2，现有城区面积 2km^2，新规划城区面积 8km^2。

茶阳镇是竹子之乡，低廉的竹子价格使得农民依靠种竹收入有限，积极性不高。该镇大批竹子被浪费在山里，农民守着优质的资源却富不起来。

2. 物质文化遗产

茶阳是大埔县老县城，建县城于明嘉靖年间，至今已有 470 多年的历史，历来人才辈出，境内人文景观丰富，历史文化底蕴深厚，有省级文物保护单位"父子进士"石牌坊、古城墙、关岳庙、西湖大夫第、邹鲁故居、茶阳钟楼、学前街百货大楼等传统建筑，镇府内由第一任县令栽种的古榕树更是郁郁葱葱、枝繁叶茂，象征着茶阳的繁荣与昌盛。

表 8-1　茶阳镇区拟列为保护的古民居

编号	地址	名称	类型	结构	朝向	时代	占地面积	建筑面积	建造主人	备注
1	茶阳镇城区	张家祖祠	三堂式	砖木	坐南向北	清代	660m^2	1269m^2	张氏	曾作茶阳镇政府招待所
2	茶阳镇城区	翼楼	上下堂	砖木	坐南向北	清代	135m^2	363m^2	蔡氏	

茶阳县境内除了有以上的特色民居以外（表8-1），还有粤东最大的骑楼群（图8-14～图8-19）。骑楼群主要位于茶阳城区的中山路、高福路、太平路、太华路、万川路、新马路、建设路7条街道。全长1000多米，现居住人口为2200多人。道路两旁建筑多为二至四层，砖木结构，沿街骑楼多为钢筋混凝土结构，柱墩多数上圆下方，少部分为方形。茶阳镇历史悠久，文化积淀深厚，整个街区目前基本保留完好，独具客家地方特色，显得古色古香，朴实无华。

图8-14　老建筑俯视

图8-15　骑楼街的篱笆

图8-16　阳光下的骑楼街

图8-17　"父子进士"石牌坊

图8-18　骑楼街的老树

图8-19　河边的骑楼街

3. 非物质文化遗产

茶阳镇非常重视对非物质文化遗产的传承。"花环龙""广东汉乐""广陵村的狮子"

"洋门村的软腰龙"和"大觉村的八音锣鼓"等均是该镇独具特色的"文化名片"。2000年5月,该镇被国家文化部命名为"中国民间艺术之乡(花环龙)"。

4. 保护措施

为进一步保护管理并合理利用本地的历史文化资源,茶阳镇计划把全城分为老街保护区、旧城改造区和新城开发区三个区域,进一步推进各个区域的历史文化遗产保护和开发。工作重点首先放在对特色民居进行建档保护、登记造册、立碑说明,目前已完成了规划和造册归档工作,正紧锣密鼓完善相关配套设施;其次要布置好展馆,全面配合县委及有关部门做好"父子进士"石牌坊申报国家级文物保护单位。今后茶阳镇将会从以下四方面加强本地的历史文化遗产保护工作:(1)镇政府成立领导小组,负责组织编制"特色民居"的保护规划和实施细则,制订保护措施。(2)健全制度。成立了特色民居保护安全档案管理、事故隐患抽查、事故统计报告和安全隐患整改等各项制度,并规定镇每季度召开一次例会,分析研究保护工作。(3)统一规划,造册归档。建立特色民居信息库,对全镇的特色民居进行摸底排查,挂牌竖标说明,并划定保护范围,制图归档。(4)建立三级联动保护机制。镇、村成立保护机构负责各种保护制度的落实,各特色民居点聘用专门的管理人,负责特色民居安全隐患日常工作巡查,并采取安全隐患定期检查和重大危险源"零汇报"制度,做到责任到人。

8.3.1.2 三河镇

1. 基本状况

三河镇位于大埔西部,因梅江、汀江、梅潭河三江在境内交汇而得名。西与梅县松东乡相邻,东接大埔县城湖寮镇,南依大麻,北临青溪、茶阳。全镇下辖12个村委会,1个社区居委会,总人口20436人。

2. 历史沿袭

三河镇因其独特的地理位置,历来是兵家必争之地,历史上发生过许多重大事件,名人、名居、名寺(址)遍布整个镇。其中,宋末皇帝赵丙被元兵追逼,曾在三河旧寨建造行营,作为驻扎之处,今存有"王子殿"遗碑一块;清初总兵吴六奇在此设营,扼守20余年;民国七年(1918年),孙中山曾亲临三河坝劳军,敦促陈迥明参加护法北伐,后人建造"中山纪念堂"纪念此事(图8-20);1927年10月,"八一"南昌起义,军队在朱德的率领下,打响了闻名遐迩的三河坝战役。明朝兵部尚书翁万达墓御葬于此。三河坝的名人和将领众多,其中,"兄弟三将军""一门九清华""国叔"徐统雄,清代女诗人范荑香等均被传为佳话。

3. 物质文化遗产

"八一"南昌起义三河坝烈士纪念碑(图8-21)、纪念园,明代古城墙(图8-22),韩江源标志雕像,明代兵部尚书翁万达墓,火船屋,凤集亭,古榕渡等众多人文景观(图8-23),是大埔县红色旅游线路首选的旅游景点。三河已成为落实"文化梅州"发展战略"人文兴县"发展思路中熠熠生辉的新亮点。

三河镇镇区的历史建筑集中分布在汇城村和汇东村两地,三河镇现有国家级文物保护单位1个,省、市、县级文物保护单位4个,其他具有历史文化价值的约25个。三河镇人文古迹遍布三江六岸,明代古城、三河老街、韩江源标志、城隍庙、火船屋、南安寺、永福寺、天主教堂、龙文阁（图 8-24）、凤西亭塔、古榕渡、吴钧衙、徐统雄故居、濂溪衍派居、花萼楼、毓荪楼、陈氏宗祠等特色建筑群（图 8-25），各具特色，独领风骚。

图 8-20　孙中山纪念堂

图 8-21　纪念碑

图 8-22　城墙

图 8-23　客家母亲

图 8-24　龙文阁

图 8-25　范汉杰故居——杰庐

三河镇保留下来比较完整的街区有几条老街（图 8-26，图 8-27），街道和建筑形成的街道空间比例宜人，建筑形式大部分是底层商铺，上面住人的模式。每个建筑毗邻建设，开间约为 6～8m，进深 20～40m 不等，底层的建筑前面商铺，后面是仓库、生活用的厨房、垂直交通空间等，空间较大的还有家庭生活的起居室；二层开始是家庭的起居室、卧室、晒台等。建筑风格简洁、纯朴，每个建筑单元的高度不一，错落有致，形成一条独特的风景线。

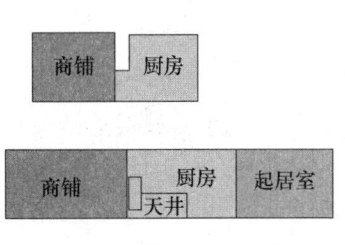
图 8-26　商铺的平面示意图

图 8-27　老街的立面

4. 民俗

三河的民间文化艺术丰富多彩，其地方特色传统节日有祭春、迎神、赛龙舟、冬至节等，传统手工艺有造木船、造型纸褶、打造白铁等，传统风俗有舞狮、表演八音大锣鼓等。其中客家山歌、汉乐和汉剧最富有地方特色。

(1) 三河镇梓里村"作大福"。每年农历九月十三"三圣公五作大福"。所谓"三圣"据传乃三国时代的刘备、关云长、张飞（图8-28、图8-29）。公王坛设在大水源村口小溪岸边，香火极为旺盛，公王庇佑村中百姓老少安康。民俗活动：篮球象棋赛事、猜灯谜、放烟火、看晚会。

图8-28 三圣庙（一）

图8-29 三圣庙（二）

(2) 三河坝小坑村"迎真仙"。农历二月初一，三河坝小坑村有个盛会，叫做"迎五谷真仙"，这一日叫真仙节。"真仙节"的活动，大体分为四项内容：请仙、迎仙、接仙、还宫、闹宫。

5. 保护措施

三河镇规划部门和文化部门已经专门成立小组，负责三河镇的历史文化遗产的保护工作。与大多数的历史文化名镇名村一样，三河镇面临的挑战是如何在资金缺乏的情况下做好历史文化遗产的保护工作。编制完善的保护规划和保护管理办法是保护工作开展的前提；发动群众的力量，提高公众参与的程度是村镇保护工作的基础；多方面筹集资金，做好开发再利用工作，使受保护的历史遗产发挥它们的社会价值、文化价值和经济价值是保护工作的必由之路。近几年，三河镇已经制定了完善的保护规划，三河镇历史建筑的修复工作也早已启动。2008年，三河镇跻身广东省历史文化名镇，目前，三河镇正式申报国家级的历史文化名镇。

8.3.1.3 百侯镇

1. 基本情况

镇名取"多出人才"之意。百侯镇位于广东省大埔县东部，是距县城最近的一个镇，仅11km，交通便利，省道茶上线贯穿其中。全镇总面积94.2km^2，有山地7038hm^2，耕地面积785hm^2。下辖14个行政村，285个村民小组，3.1万多人口，素有"文化之乡、华侨之乡、干部之乡"的美誉。

2. 历史沿袭

百侯镇民风淳朴、风景优美，是历史悠久的文化名镇。古往今来，文风鼎盛，人才辈出，"诗书世家""一腹三翰林""一同怀四魁"的典故千古流传。"侯山十二景"令人赏心悦目，留连忘返。"马寺晨钟""古榕阴下""西岩朝翠""东廓晚霞"等景点是古今文人墨客吟诗作对的好地方，也是游客观光的去处。

3. 物质文化遗产

百侯镇现有县级文物保护单位 3 个，省非物质文化遗产保护项目 1 个。历史建筑主要分布在侯南村和侯北村，其中侯南村历史建筑比较集中。百侯镇历史文化遗产资源比较丰富，但总体分布比较分散，保护工作不容易开展（图 8-30～图 8-32）。

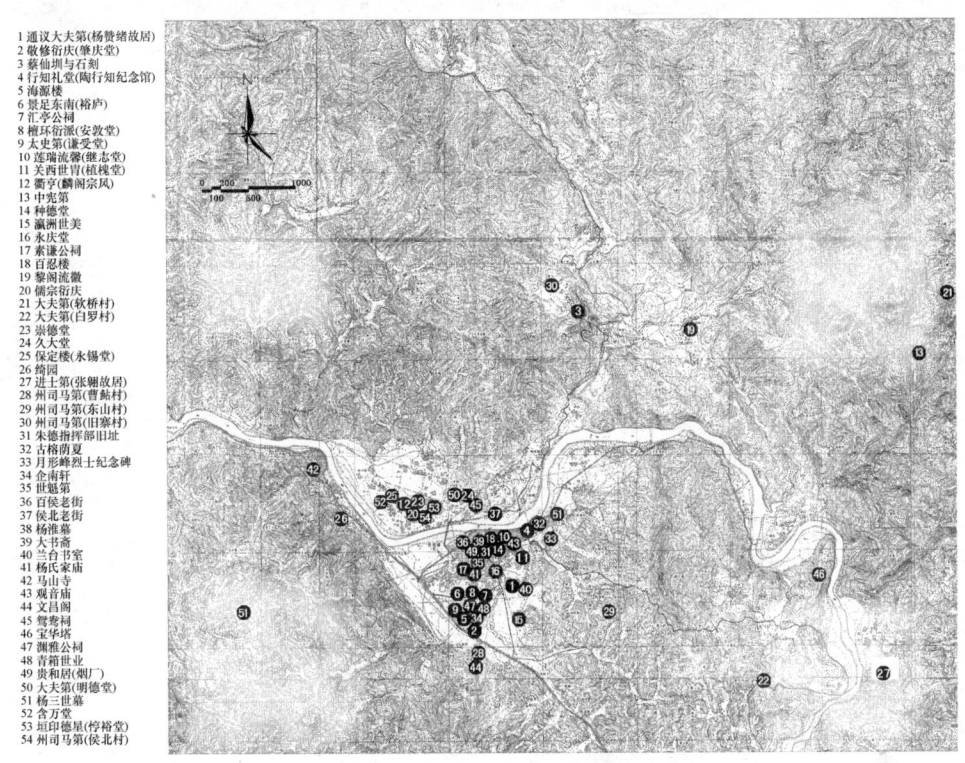

图 8-30　百侯镇文物资源分布点

一共 54 栋建筑，主要分布在侯南村和侯北村，其他做散点状分布。

明清时期，发达的文化和经贸活动，为百侯积累了深厚的历史文化底蕴，留下了大量的文献、诗词、歌赋、楹联、石刻，也留下了具有客家特色的"府第式"民居群。九厅十八①井是百侯民居的一大特色，建筑规模宏大。商人建房，工艺精雕细刻；仕人建房，简朴大方；其气势则不论官、商所建都同样恢弘。种德堂、大书斋是明代建筑；通议大夫第、海源楼、百忍楼、莲瑞流馨、肇庆堂等特色民居各具特色，独领风骚（图 8-33～图 8-36）。

一条条用鹅卵石铺成的巷道联通了数百座名屋大宅，百侯小巷极具特色，有"三十六条巷、巷巷都一样"的称谓；百侯骑楼老街、马山寺等闻名遐迩。百侯街全长 1000 多米，是始建于 20 世纪 30 年代的骑楼老街，因年久失修，目前街面零乱、破损严重，给群众出行带来不便。2009 年 10 月百侯镇党委、政府筹资 80 万元，决定重新铺设百侯街水泥路面，并将百侯街修整工作列入今年的工作中心，聘请专业规划部门进行规划，坚持"修旧如旧"的原则，按照美化、绿化要求进行修整（图 8-37～图 8-39）。

---

① 一座大屋内有九个厅堂、十八个天井。

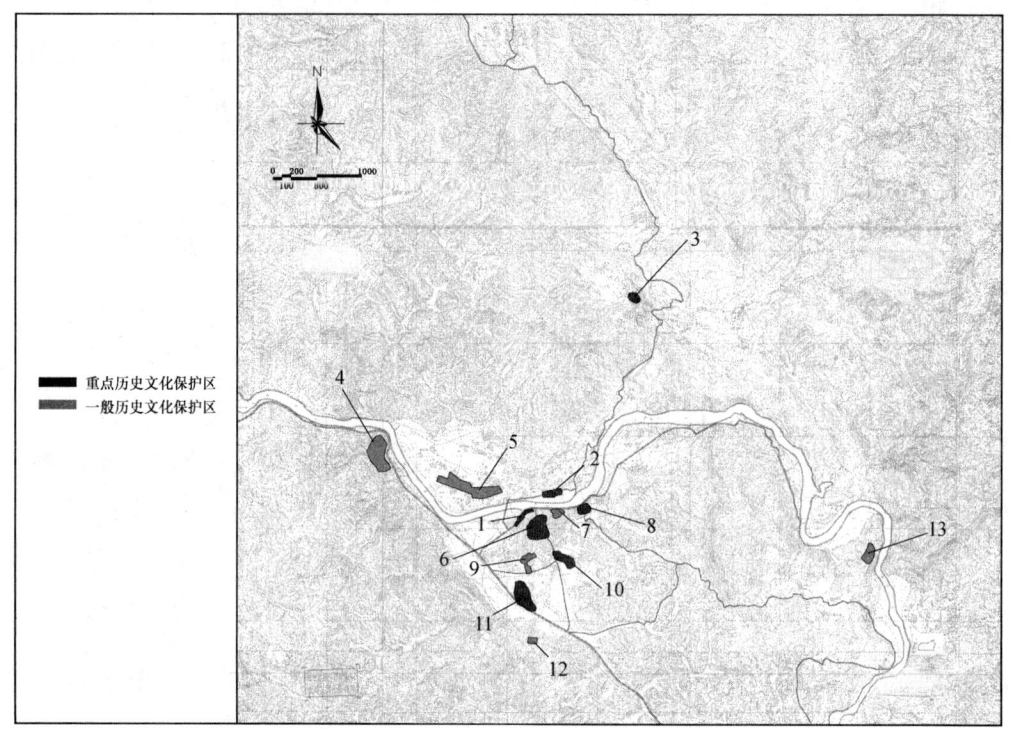

图 8-31　百侯镇历史地段保护范围
1、2、3、6、8、10、11、12：重点文物保护区；
4、5、7、9、13：一般历史地段保护区

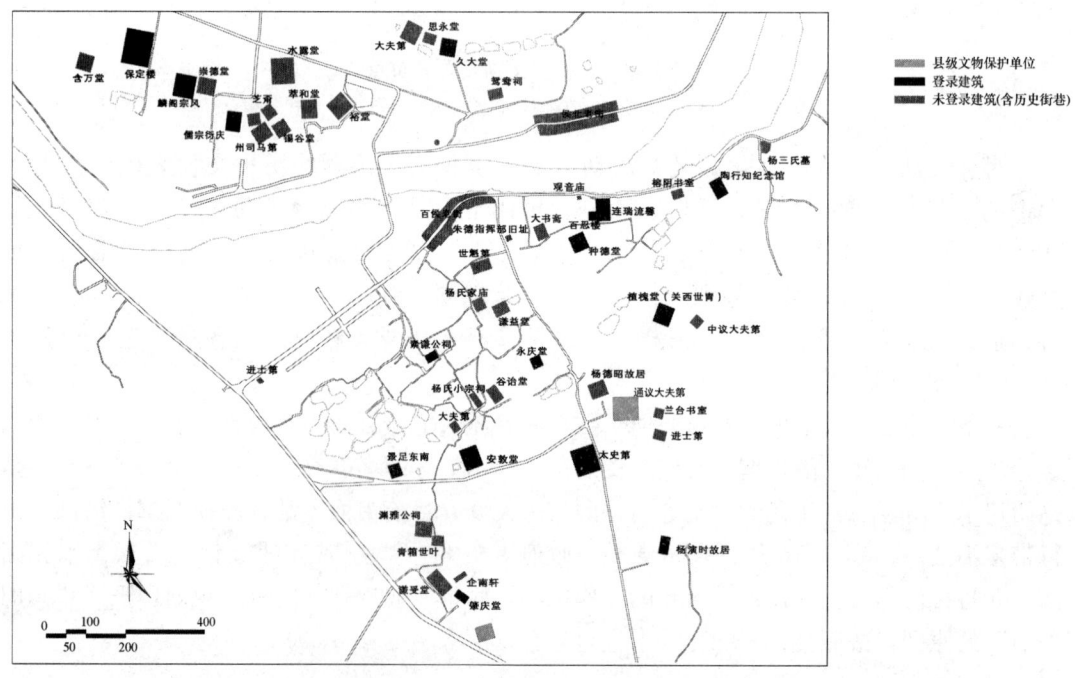

图 8-32　百侯镇文物及历史建筑资源分布图

图 8-33　百侯镇侯南村莲瑞流馨

图 8-34　百侯镇侯南村肇庆堂

图 8-35　侯南村绮园

图 8-36　侯南村海源楼

图 8-37　骑楼街内

图 8-38　百侯镇骑楼街

图 8-39　百侯镇骑楼街俯视街景

4. 非物质文化遗产

百侯素有"文化之乡"的美誉，镇文化站还被评为省一级文化站，百侯是远近闻名的"华侨之乡"，百侯镇又是"干部之乡"。百侯还有许多群众喜闻乐见的节目，如"鲤鱼灯"（省非物质文化遗产保护项目）、汉乐、五鬼弄金狮、布龙、竹板歌、武术等。百侯镇的汉剧、汉乐是最典型的，汉乐在百侯镇十分盛行，汉乐点（社）就有6个，共有汉乐成员80多人，以前更多。侯南村6000多村民，就有200多人能弹唱汉乐，足见汉乐在百侯的普及率之高，汉乐在百侯有较好的群众基础，也是大埔汉乐的主要活动区域，百侯的民间演奏家曾多次参加省、市、县组织的广东汉乐演奏活动,到广州、香港、新加坡等地演出,目前全镇有十多个固定演奏点(图8-40、图8-41)。

图 8-40　百侯镇的汉乐社　　　　　　　　　图 8-41　汉乐表演

图片来源:百侯镇申报国家历史文化名镇的申报材料

5. 保护措施

百侯镇已经成立古民居保护协调领导小组,目的是为进一步加强百侯镇特色古民居的保护,加快旅游业的发展,促进城乡建设协调发展。百侯镇政府机关还聘请专家进行了保护规划的编制,从非物质文化遗产和、物质文化遗产、保护措施三大方面进行了完善的规划。并制定《大埔县百侯镇文物古迹保护管理办法》《大埔县百侯镇市容和环境卫生管理办法》《关于制定"百侯镇文化名镇保护规划的意见"的通知》《关于加强百侯镇古民居保护工作的意见》《关于调整百侯镇古民居保护协调领导小组的通知》等制度,有效地对历史文化遗产的保护工作进行管理;同时制定了《百侯镇古民居保护责任人一览表》,把历史文化遗产的保护落实到每个人身上,做到责任明晰;还制定了《保护古民居倡议书》,呼吁公众参与历史文化遗产的保护,提高群众的保护意识。

8.3.2　大埔县历史村庄的简介

"交通畅顺"和"经济发达"向来是历史文化遗产的"杀手",只有村落的交通和经济暂未发展起来,历史遗产才有可能保留下来。

梅州市大埔县的村落大部分处于多山地区,交通相对闭塞,经济也相对落后,村落文化受现代经济和文化的冲击不大,比较多的历史文化遗产得以保留下来。但大部分村落的建筑遗产分布比较分散,只有小部分集中在一起。

8.3.2.1　茶阳镇安乐村

1. 基本情况

安乐村位于茶阳镇,与广陵村相对。该村地势较好,比较平坦;四周高山环绕,地理条件得天独厚。该村住户525户,总人口2550人。耕地660亩,旱地500多亩。本村华侨不多,经济来源主要靠年轻人出外打工和当地农民种植烤烟、蜜柚、水稻和西瓜为生。

2. 村镇历史风貌保护概况

该村庄的道路从中穿越,两旁是新建建筑,房子之间隔着农田,有成片旧民居,但是这些民居比较简陋,缺乏保护价值。其中有小片古民居保存较好,约由 20 个建筑组成,建筑价值也比较高,有装饰细部,有人居住。这片民居中保护较好的历史建筑有朝议第、炷礼流徽等民居(图 8-42~图 8-47)。

图 8-42 紫徽世第

图 8-43 资政第

图 8-44 居史竹

图 8-45 普通民居

图 8-46 朝议第

图 8-47 炷礼流徽

8.3.2.2 茶阳镇广陵村

1. 基本情况

该村位于茶阳镇,与安乐村隔河相对。该村地理条件得天独厚,地势平坦,四周高山环绕,依山傍水。有 435 户居民,共 2034 人。水田 740 亩,林地 12130 亩,总面积 15.8km^2。居民收入主要来自农业和外出打工。

2. 村镇历史风貌保护概况

整个村庄沿河分布,建筑比较集中,古民居占 70% 左右,中间穿插着少量新建筑,对历史风貌有一定的破坏。村民保持着传统的生活习惯,大部分有人居住,修缮良好;部分大型历史建筑无人居住，被废弃（图 8-48～图 8-53）。

图 8-48　成片的民居（一）

图 8-49　成片的民居（二）

图 8-50　儒林第

图 8-51　围龙屋

图 8-52　乡贤弟

图 8-53　馀庆堂

来源：自拍

保存较好的历史建筑见表 8-1 所列古民居：

表 8-1　列为省（县、镇村）保护范围的民居

名称	类型	结构	朝向	年代	占地面积	建筑面积	建造主人
文献流徽	上下堂	土木	坐东向西	清代	1005m²	898m²	张宗勋
春福第	上下堂	土木	坐西北向东南	民国	957m²	677m²	张其芳
馀庆堂	殿堂式围龙屋	土木	坐北向南	清代	2543m²	1831m²	张馀庆
张氏家庙	上下堂	砖木	坐东向西	明代	1951m²	1534m²	张爱卿

8.3.2.3 茶阳镇恋墩村

1. 基本情况

该村位于茶阳镇,与太宁村相邻。该村用地条件一般;四周高山环绕,中间有丘陵。该村总户数590户,总人口2510人。耕地1300亩,旱地200多亩,山地14870亩,总面积18km²。

2. 村镇历史风貌保护概况

道路从中穿过村庄,道路两旁是新建筑。新建筑后面是历史建筑,历史建筑之间隔着农田,比较分散,也有少量的历史建筑聚集在一起,大多数比较简陋,缺乏艺术价值。其中有一处大概由15个古民居左右组成质量较好的小片民居,有人居住,其中3~4个建筑质量比较高,山墙造型各异,有装饰线及一些建筑细部。另外该村还保存有一条长100m左右的老街道,宽4~6m。两旁的建筑比较简陋,底层建筑材料以砖木泥为主,二层以木结构为主,地面铺卵石。这里的建筑简朴,没有太多的装饰,可见当地居民朴实的民风,也反映当地居民的生活比较艰苦(图8-54~图8-58)。

图8-54 老街

图8-55 普通民居　　　　　　　图8-56 竹林第

8.3.2.4 西河镇上(下)黄沙

1. 基本情况

上(下)黄沙村位于大埔县东北部,西河镇东北部,据镇政府所在地约3km。上下黄沙村彼此相连,分别沿县道分居南北。上黄沙村有5个自然村,总占地面积11km²,其中耕地为 973 亩。村内总户数为 453 户，总人口 1552 人，村内总房屋数约为 1720 间。下黄沙村有 6 个自然村，总占地面 6km²，其中耕地面积为 1154 亩，村内总人口为 1502 人，总户数为 463 户，村内房屋总数约为 3085 间。

图 8-57　思敬堂

图 8-58　石上盘龙

2. 村镇历史风貌保护概况

村内用地平坦，群山环绕，道路从中穿越村庄，有几处建筑的景观良好。村庄的历史风貌不太完整，建筑比较分散，建筑之间相隔着大片农田，加上有少量新建筑穿插其中，有些历史建筑又倒塌废弃掉，历史风貌受到破坏。村中只有几片比较集中的历史建筑，分别以上黄沙砖木结构的寅弼楼为中心和下黄沙村的荣丰第为中心，两座建筑规模都比较大，其周边还分布着一些小规模的民居（图 8-59～图 5-62）。

图 8-59　集中的历史建筑（一）

图 8-60　集中的历史建筑（二）

图 8-61　寅弼楼

图 8-62　荣丰第

8.3.2.5 西河镇和平村

1. 基本情况

该村位于大埔县东北部,西河镇东部,据镇政府所在地约 3km,与富里村接壤。村周围群山环绕,拥有较大面积平坦的建设用地,这里的建筑大多依山而建,居住条件尚算优越。和平村共有 3 个自然村,总面积 7km²,其中耕地面积 1075 亩。村中总户数 392 户,总人口 1484 人,和平村建筑总间数约为 2250 间。

2. 村镇历史风貌保护概况

村子依山而建,建筑比较集中,整体历史风貌保存完整,有个别新建筑穿插其中,对景观有一定的破坏。村内有一条溪流缓缓流过,景观优美,植被茂盛。村中的历史建筑比较简朴,没有特别华丽的历史建筑存在。保存较好的有州司马第、玉珊安宅、张思明故居等建筑,它们均已列入镇保护民居范围(图 8-63~图 8-66)。

图 8-63 村镇概貌

图 8-64 张思民故居

图 8-65 普通民居

图 8-66 州司马第

3. 名人名事

张思明(1891—1976 年),西河镇和平村麻园人,出身于中医世家。1947 年他在大埔县城开设张思明制药房,其精心炮制的中成药丹、膏、丸、散,闻名遐迩。生产的中成药品,经中华人民共和国卫生部颁发"药物检验许可证",大量生产,由县国营药材公司经销全国各地。1961 年省卫生厅曾派名医到厂检查,将备存十余年的丸、丹成品抽样验证,药质优良,无变质现象,并将各种丹、膏、丸、散带回广州,作为样本。张思明于 1976

年7月病逝，终年86岁。

8.3.2.6 西河镇北塘村

1. 基本情况

北塘村位于大埔县东北部，西河镇西部，距离镇政府所在地约5km。紧邻221省道，南北分别与黄堂村和大靖村相接。村内地势平坦，建设用地条件比较优越，当地民居多建于平地，居住条件优越。北塘村为新农村试点村，村内整洁卫生，并建有垃圾收集设施、照明设施等。

北塘村共有八个自然村，总面积为11km²，其中耕地面积1327亩。北塘村总户数为658户，总人口2467人，房间数约为2630间。

2. 村镇历史风貌保护概况

村中的历史建筑大部分保存完好，历史风貌比较完整，成片的历史建筑比较多（图8-67、图8-68）。少量新建筑穿插其中，对整个村的历史风貌有一定的影响。村庄沿县道一字排开，景观视野良好。村内宜斋公祠保存完好，为新加坡首席大法官杨邦孝先生祖居。青云世第为杨氏公祠，格局规整，颇有气势，主体部分现已修缮完工。

图 8-67　北塘村概貌

表 8-2 为北塘村列入保护民居的历史建筑：

表 8-2　列为省（县、镇村）保护范围的民居

名称	类型	结构	朝向	年代	占地面积	建筑面积	建造主人	备注
宜斋公祠（崇德堂，图8-69）	殿堂式	砖木	坐北朝南	民国	1678m²	1216m²	杨宜斋	新加坡经商
振德楼	殿堂式	砖木	坐西向东	民国	1310m²	704m²	杨宜斋 杨宜尔	马来西亚经商，拟列为镇保护的古民居
青云世第（图8-70）	殿堂式 围龙屋	砖木	坐东北向西南	清代	3600m²	2459m²	杨氏	拟列为镇保护的古民居
辅德堂（图8-71）	殿堂式 围龙屋	砖木	坐东向西	清代	3080m²	1459m²	张韶光	张裕公司部门经理，拟列为镇保护的古民居
志德堂	殿堂式	砖木	坐东北向西南	民国	1725m²	915m²	杨宜斋	新加坡经商，拟列为镇村注册保护的古民居

图 8-68　保护状况不好的民居

图 8-69　宜斋公祠

图 8-70　青云世第正立面

图 8-71　辅德堂

3. 名人名事

杨邦孝，1926年出生于马来西亚吉隆坡，新加坡首席大法官。祖籍广东省大埔县西河镇北塘村，1949年马来西亚华人公会16位创办发起人之一、义务总秘书，又是马来西亚佛教徒向英殖民政府争取全国公共假日——卫塞月圆日的积极支持者，对世界最伟大的人类佛教文化做出了卓越的贡献，还是马华公会和联盟党的重要领袖，新加坡法律改革主导人。

杨邦孝任新加坡法律服务委员会主席及新加坡少数民族权利总统委员会主席，直至退休。在担任新加坡司法部门最高职位期间，是法律改革主导人，他大刀阔斧地从司法效率上进行改革，废除新加坡法官沿用英式假发，把新加坡法庭科技化，确保司法构架健全，与时俱进，上任两年即为新加坡高等法院解决积压的2000宗案件。

8.3.2.7　西河镇漳北村

1. 基本情况

漳北村位于大埔县东北部，西河镇中部，据镇政府所在地约1km。南北分别与漳西村和下黄沙村相接壤（图8-72）。村庄背山面水，依河而建，规模较大。漳北村共有5个自然村，总面积为4km²，其中耕地面积为789亩。总户数为264户，总人口为986人。村内总房间数为1100间。

2. 村镇历史风貌保护概况

漳北村建筑较为集中，村庄背山面水，依河而建，通过一条石桥与公路相连。村庄历史风貌保存比较完整，但也有部分新建筑穿插其中，对

图 8-72　漳北村镇概貌

村庄的历史风貌造成一定的破坏。村内的漳北中学为西式建筑，建筑风格及布局都颇具特色（图 8-73~图 8-76）。表 8-3 为列入保护范围的建筑：

表 8-3　列为省（县、镇村）保护范围的民居

名称	类型	结构	朝向	年代
漳北公学	西式上下楼	砖石木	坐东向西南	年代不详
谷诒楼	殿堂式	砖木	坐南向北	清代

图 8-73　漳北公学远景

图 8-74　漳北公学近景

图 8-75　观恒居

图 8-76　大夫第

3. 名人名事

张龙云，号六士（1874—1921 年），大埔县西河镇漳北村人。其父张薇，清朝同治二年进士，历任福建、河南二省八任知县。1897 年，张六士肄业于潮州金山学堂，受革新派进步人士丘逢甲先生影响，树立起变革图强的新思想。六士极力主张废除科举，提倡新学，1904 年，他与大埔进步人士一起创办了乐群中学（大埔中学前身），为民主革命造就了一大批人才。六士诗作极多，曾自抄数册置于家中，后因住宅火灾烧毁了一大部分。至 1935 年，其堂弟君亮向亲友广为搜集，终于收集到 440 首，只占其原稿十分之二三，为之编成《瓠庐诗钞》上下册，由广州登云阁印刷出版。

8.3.2.8　西河镇车龙村

1. 基本情况

车龙村位于大埔县东北部，西河镇西部，据镇政府所在地约 3km，距大埔县城 17km，东西分别与北塘村和车龙村相接。车龙村内的张弼士故居是广东省级文物保护单位,建筑保存完好,具有一定规模。

车龙村有 3 个自然村,总占地面积为 3km²。其中耕地面积为 396 亩,共有户数 230 户,总人口为 826 人。房屋间数约为 1880 间。

2. 村镇历史风貌保护概况

车龙村环境优美,景观怡人,村中有十多座保存完好、建筑工艺精致的古民居。村内有广东省级文物保护单位——大埔客家民俗文化村张弼士故居(光禄第),集民俗与自然、观赏与游玩于一体的旅游景区。光禄第保存完好,具有一定规模,景观视野开阔,背靠青山,后临细水。光禄第已经进行了一定的旅游开发及规划建设,因而此地的旅游设施比较完善,能承接一定数量的游客。该故居建筑面积 4180m²,是典型的三堂四横一围的客家围龙屋。张弼士故居,屋内有 18 个厅,13 个天井,99 个房间,建筑工艺精致,绘雕并齐,结构严谨,被列为省级文物保护单位。"光禄第"建于清光绪三十四年(公元 1908 年),整座建筑坐东向西、土木结构、粗犷严谨、堂皇大观,建筑面积 4180m²,是典型的"三堂四横一围"的客家围龙屋,也是一座美轮美奂的典型中国园林式豪宅,代表清代 18、19 世纪的中国华丽建筑。整栋建筑雕梁画栋,不论寝室、书房、正厅、厚重木门、庭院或花园,一概气派非凡。屋内也珍藏许多稀奇的瓷器、雕像、雕刻、挂毯、刺绣及古董。对街五栋蓝屋,和主宅相连,是佣人住所(图 8-77~图 8-83)。

图 8-77 光禄第(张弼士故居外景)

图 8-78 光禄第(张弼士故居内景)

图 8-79 敦厚楼

图 8-80 敦厚楼内部

图 8-81 笃庆楼

图 8-82 普通民居（一）

图 8-83 普通民居（二）

3. 名人名事

张弼士是中国葡萄酒工业化的先驱，也是中国葡萄酒工业史上值得大书特书的传奇人物（图 8-84）。1892 年，其在烟台建立了张裕葡萄酿酒公司，将贮酒容器缸瓮改用西方常用的橡木桶；引进欧洲优良酿酒葡萄品种，开辟纯种葡萄园；采用欧洲现代酿酒技术生产优质葡萄酒。应当说，张裕公司的建立，开创了我国葡萄酒工业化生产之先河，几十年后，太原、青岛、北京、通化才相继建立了现代化的葡萄酒厂。

4. 保护措施

大埔县文化局已经从车龙村中选出受保护的民居，挂上"特色民居"的牌子，但由政府领导部门牵头的修缮工作、保护措施暂未落到实处，村中也暂未设立专门的管理机构和配备专门的人员，"特色民居"由镇文化部门、建设部门和规划部门直接管理。

图 8-84 张弼士

旅游事业的长远规划打算维修张弼士故居，整合周围山村、田野、村庄、河流、融合客家民俗文化和张裕葡萄酒文化，建造客家门楼、客家农具展示长廊、品酒长廊、客家美食馆、茶艺馆、开辟葡萄园、百果园、百草园、兴建水上游乐场等。

8.3.2.9 银江镇坪上村

1. 基本情况

银江镇坪上村位于大埔县西部，居韩江上游，距县城 45 余公里。坪上村山峦起伏，属莲花山脉支系，其中双髻山海拔 1026m 和银窿顶海拔 1357m，而后者是全县海拔千米高山的最高峰。所属银江镇内源自明山嶂的银溪干流，它聚天门、昆仑诸涧壑，水流崎险湍急，经 50 华里汇入韩江。

2. 村镇历史风貌保护概况

村中保护较好的历史建筑有世安楼、瑷芳楼、栗华楼、向阳居、仁厚居、磻溪衍翰、思槐等民居（图 8-85～图 8-91）。大部分修缮情况良好，有居民居住。坪上村没有出过名人，至今，历史建筑的保护措施仅限挂牌保护。没有专门的保护机构，历史建筑的修缮都是村民自己出资修缮。

图 8-85　整体风貌

图 8-86　世安楼

图 8-87　绍爱第

图 8-88　磻溪衍翰

图 8-89　向阳居

图 8-90　晋谷居

图 8-91　绍业第

8.3.2.10 大东镇坪山村

1. 基本情况

坪山村属于大东镇管理范围，距大埔县城 40km，坪山村最出名的是千亩梯田，共有 1200 多亩，其中主体梯田 680 多亩，坡度多为 25°~65°，少的数十级，多的近千级，始建于明中期，完工于清初，距今有 400 多年的历史。坪山梯田密集，形态原始，阡陌纵横，线条流畅，延延绵绵，最令人惊叹的 1000 多亩水田仅靠两条引自 3km 外山溪的水渠灌溉。

2. 村镇历史风貌保护概况

村内用地平坦，群山环绕，村庄道路穿越村中间，整体的历史风貌算好，但有少量新建筑穿插其中，严重破坏村庄的历史风貌。有几片集中的历史建筑，其中规模比较大的围龙屋有储贤堂，面积 2281m²，其他大多是普通民居，建筑质量一般，建造艺术比较简陋（图 8-92～图 8-95）。

图 8-92 坪山村千亩梯田

图 8-93 村庄整体风貌

图 8-94 储贤堂

图 8-95 普通民居

3. 保护措施

目前，大埔县文化部对坪山村的储贤堂授予"特色民居"的牌匾，但有政府领导部门牵头的修缮工作、保护措施暂未落到实处，村中也暂未设立专门的管理机构和配备专门的人员，"特色民居"由镇文化部门、建设部门和规划部门直接管理。

大东镇党委在充分尊重民意的基础上,积极引导群众在坪山村千亩梯田种植两季农作物:夏种晚稻,冬种油菜,从而延长了梯田景观观赏期,填补了梯田冬春期间的旅游观赏空白。

据了解,大东镇为打造神奇梯田景观和乡村旅游品牌,充分发挥"广东省乡村旅游示范基地"的示范带头作用,促进农业增效,农民增收,改变原有水稻两熟耕作模式,着力挖掘坪山千亩梯田旅游资源潜力,发展晚稻—油菜花轮作模式:5月水满田畴,曲线妩媚,银辉闪烁;10月晚稻成熟,乡村田园美景如画;3月油菜花全面盛开,金色花海风情万千。如今,坪山梯田一年四季景观各异,富有浓郁客家风情特色,已成为乡村游、自驾游的绝佳去处,是户外摄影爱好者捕捉镜头的理想之地、灵感之源。

8.3.2.11 三河镇小坑村

1. 基本情况

小坑村位于大埔县西部,三河镇西北部,与旧洞村和源坑村相接。小坑村面积较大,地形较为复杂。村内群山环绕,居民建筑多就地势依山而建,交通相对闭塞。小坑村共有16个村民小组,总户数为255户,总人口为1256人,全部为农业人口。其中劳动力人口为381人。小坑村山地面积12456亩,耕地面积1384亩。农业经济总收入1138万元,人均总收入4704元。

2. 村镇历史风貌保护概况

村庄用地面积不大,多位于山坳中,交通比较闭塞。村中的新建筑较少,建筑依山而建,景观良好,但因村内的历史建筑比较破旧,历史风貌仍不完整,只有少量历史建筑保存完好,能呈现村庄的古朴风貌。村内有两座由华侨建造的中西合璧的建筑,建筑样式富有特色,建造精美,有较高的保护价值。现保护较好并列入镇级保护范围的历史建筑有以下几栋(表8-4):

表 8-4 列为省(县、镇村)保护范围的民居

名称	类型	结构	朝向	年代	占地面积	主人	备注
万春楼	中西合璧	砖木混凝土混合结构	坐东向西	民国(公元1929年)	1323m²	林能良	华侨建造,在印尼开金行,户合住,70多间房;建筑造型独特,门窗雕花精美,壁画内容生动、色彩丰富
笃庆楼	中西合璧	土墙(黄泥、糯米、石灰)	坐东向西	1932年	1380m²	林绍时	挂牌重点保护特色民居;华侨建造,在印尼经商,十多间房;建筑造型独特,门窗雕花精美,壁画内容生动、色彩丰富
棣华楼	殿堂式	土木	坐东南向西北	民国(公元1943年)	885m²	吴达钦	—

图 8-96　村庄概貌

图 8-97　万春楼（一）

图 8-98　万春楼（二）建于民国

图 8-99　笃庆楼 建于民国

3. 独特的民俗

三河坝小坑村有个盛会，叫做"迎五谷真仙"也叫真仙节，时间是二月初一。"真仙节"的活动，大体分为四项内容：请仙、迎仙、接仙、还宫、闹宫。真仙节活动，一是纪念和祭奠神农氏炎帝，二是展示村民过去一年里获得的劳动成果，三是希冀上苍保佑子民度过安乐祥和的新一年，有一个五谷丰收的好年景。小坑村的真仙节，后来传到了白石村。白石村村民把节日定在二月初六，以时序区别于源头。这样就有了不同日期而内容相同的"真仙节"。这一特殊民俗从福建传至广东大埔小坑村已近 400 年历史。

8.3.2.12　三河镇梓里村

1. 基本情况

梓里村位于大埔县西部，距三河镇政府所在地 11km，东邻三河镇良江村、西邻汇城村、南邻大麻镇英雅村、北邻三河镇源坑村，面积 3.75km²。梓里村有 45 个村民小组，分 8 个片；由 8 名村干部包片落实工作责任制，梓里全村有 27 个姓氏、有 1108 户人家、人口总计 4587 人；一间中学，一间小学，一间卫生所，三间卫生站；村中已通 ADSL 网络、有线电视，是三河镇 12 个行政村最大的村，全县位居第二的大村。梓里村总耕地面积 2377 亩，其中水田 1876 亩、旱地 501 亩、山林面积 23657 亩。村经济收入相当薄弱，全村社会经济总产值 2470 万元，村民收入人均 3586 元。村民主要靠种植农作物为主，粮食作物以水稻为主，经济作物主要为蜜柚。梓里村虽然地处偏僻的山区，近年来在众多乡贤及村民努力下，交通条件已经得到较大改善。道路网已成型，对外交通道路由梓里村中心穿过。

2. 村镇历史风貌保护概况

村子周围高山环抱，风景秀丽，村民住宅依山而建，居住条件比较优越。村庄的历史建筑风貌不是很完整，比较分散，村中保护较好的历史建筑见表8-5：

表8-5 列为省（县、镇村）保护范围的民居

名称	类型	结构	朝向	年代	占地面积	建造主人	备注
健庐（火船屋，图8-100）	中西合璧	砖木	坐北朝南	民国二十八年	1100m²	邓氏	华侨建造，形似一艘船，寓意华侨对故乡的思念
光昭第（图8-101）	殿堂式	砖木	坐西向东	清朝	不详	邓氏	—
范汉杰故居（杰庐，图8-102）	中西合璧	砖木	坐北朝南	民国（1943年）	588m²	范氏	县级文保单位，风格独特，屋外形酷似船头，又名"火船屋"
天一楼	殿堂式	砖木	坐北朝南	清朝		范氏	范汉杰出生地
世光第（图8-103）	殿堂式	砖木	坐北朝南	民国（70多年历史）	不详（前有半月塘）	范氏	新加坡经商

图8-100 健庐（火船屋）

图8-101 光昭第

图8-102 范汉杰故居（杰庐）

图8-103 世光第

3. 独特的传统节日

梓里村举行一年一度传统农历九月十三"社火"活动。当日举行的民俗活动包括：篮球、象棋赛事，猜灯谜，放烟火，看晚会。其中最具特色的活动是当日举办的"三圣公五"作大福活动，欢乐的人们通宵达旦，要待十四日上午宾客们才散去，村庄才又恢复平日的宁静与和谐。

8.3.2.13 湖寮镇密坑村

1. 基本情况

该村位于湖寮镇西北，该村四面环山，村中心建筑较集中，建筑依山而建，前临河岸，风景秀美。山多地少，建筑簇拥而建，建筑之间的间距比较小。部分建筑通风采光不好，但有其独特的建筑肌理。村中公共配套设施很少，缺乏文体活动设施；村镇的住宅建设未经规划，人畜混杂，村镇卫生和环境极差；公用设施建设滞后，排水设施不好，生活用水未经处理直接排放，没有垃圾回收系统，也没有公厕等环境卫生设施。经济基础比较薄弱，主要靠出外打工和务农。该村有260户村民，共960人。水田270亩，林地11000亩。

2. 村镇历史风貌保护概况

该村规模较小，但是建筑比较集中，建筑风貌保存比较完整，只有少量的新建筑穿插其中，大多数为一般的小规模民居，没有大规模的围龙屋。棣萼楼是吴奇伟故居，为县级文保单位（图8-104～图8-107）。

图8-104　村镇概貌

图8-105　吴奇伟故居

图8-106　普通民居

图8-107　普通民居

3. 名人名事

吴奇伟——国民党军长。1890年生于广东梅州大埔县湖寮镇密坑村贫苦家庭。13岁在老隆一间商店做小伙计，后得人资助，先后在广州黄埔陆军小学、武昌陆军小学学习，再入保定陆军军官学校，毕业于第六期，后在广东陈炯明部任见习排长，历任排长、连长、副营长等职。后担任过军长、长江上游江防司令官、战区副司令长官、湖南省主席等要职。

国民革命时期，他参加了统一广东诸役和北伐战争。在十年内战中，参加过第四、五次围剿。红军长征后，他率部追击红军至四川。

8.3.2.14 湖寮镇葵坑村

1. 基本情况

该村位于湖寮镇南边，一共有六个自然村。该村自然条件比较差，山多地少。村内的建设存在以下几个问题，村镇道路状况不佳，公共配套设施很少，没有文体活动设施，村镇的住宅建设缺少规划指导和约束，人畜混杂，公共设施建设滞后，排水设施不好，生活用水未经处理直接排放，缺少垃圾收集池，公厕等环境卫生设施。经济基础比较薄弱，主要靠出外打工和务农，种植蜜柚、水稻和西瓜为生。该村共有475户村民，总人口1699人。

2. 村镇历史风貌保护概况

该村四面环山，建设用地不多，建筑分散，分布成6个自然村。历史建筑三五成群地集中在一起，中间穿插着新建建筑。只有两处成片的历史建筑保存比较好，由7~8个历史建筑组成，有几个大型的围龙屋。有些历史建筑被废弃，有些历史建筑被改造再利用，村中并无挂牌的特色民居（图8-108~图8-111）。

图8-108 安之居

图8-109 民居（一）

图8-110 民居（二）

图8-111 民居（三）

8.3.2.15 湖寮镇长教村

1. 基本情况

长教村位于大埔县东北部,据镇政府所在地 5km。东接莒村,西接岭下,南连百侯,北连碗瑶。长教村地处低纬度,靠近北回归线,四周高山环绕,中部有低山、丘陵,与沿溪坡地交错。由于受季风交替影响,具有东南沿海亚热带季风气候特点。地理条件得天独厚,依山傍水,远离城市,群山环抱。

长教村地势较为平坦,用地条件较好,长教村的环境优美,农民住宅多依山而建,居住条件比较优越。但是由于长久没有科学的规划作指导,新住宅建设比较凌乱,他们称"有新房,没有新村"。

长教村有 20 个村民小组,总户数 365 户,总人口 1486 人。长教村 2006 年经济总产值 1.1 万,农民收入人均 4100 元。

长教村人多地少,土地资源严重不足,受过专业技术培训的村民比较少,农民科技意识和商品意识淡薄,其收入主要来自农业和外出打工。村内只剩下老人和孩子,年轻的劳动力大部分已经出外打工,村中居民的主要生活来源是年轻人外出打工的收入,传统的农业已经不能满足他们的生活所需。

2. 村镇历史风貌保护概况

长教村地处偏僻的深山,交通不发达。空心村整治:对基本无人居住的"空心村"和旧村,有政策拆除旧宅,对空置宅基地或者废旧宅基地进行整治,退宅还耕,以合理利用"空心村"土地。对有历史文化价值的古民居应结合新农村建设考虑予以保留、保护和合理利用。

图 8-112 长教村整体面貌

由于经济落后,村中的新建筑并不多,整体的历史风貌保持比较完整(图 8-112),但也由于村中的大量年轻劳动力外流,村中大量民居无人居住,在村中居住的一般都是老人、小孩和妇孺,他们的能力有限,居住的民居缺乏应有的修缮(图 8-113),部分民居面临着倒塌的危机(图 8-114)。

图 8-113 长教村缺乏修缮的建筑

图 8-114 长教村面临倒塌的民居

3. 保护措施

该村对历史建筑的保护工作还未提上日程，目前，长教村历史建筑的保护工作也仅限于响应湖寮镇的历史建筑保护工作，由镇文化局工作人员从长教村中选出受保护的民居，挂上"特色民居"的牌子，但有政府领导部门牵头的修缮工作、保护措施暂未落到实处，村中也暂未设立专门的管理机构和配备专门的人员，"特色民居"由镇文化部门、建设部门和规划部门直接管理。

8.3.2.16 湖寮镇莒村

1. 基本情况

该村位于湖寮镇附近 3km 处，经济比较落后，村中较少新建筑，传统风貌保存较好。

2. 村镇历史风貌保护概况

该村是湖寮镇县级保护历史建筑最多的一个村落。由于经济发展缓慢，莒村新建房子比较少，整体的历史风貌保存比较完整，村中的街道空间和格局基本保持完整。现在村中保留下来并列入保护范围内的历史建筑见表 8-6。大部分古民居已经无人居住，缺乏修缮，破损比较严重，历史文化遗产保护工作刻不容缓（图 8-115～图 8-118）。

表 8-6　列为省（县、镇村）保护范围的民居

名称	类型	结构	朝向	年代	占地面积	建筑面积	建造主人
友恭堂	殿堂式围龙屋	砖木	坐东向西	清代	1462m²	1072m²	陈龙曾
世良堂	方形围楼	石木	坐南向北	民国	2150m²	1877m²	廖质君
外史第	自由式	土木	坐南向北	清代	751m²	549m²	陈氏
善继堂	上下堂	砖木	坐南向北	清代	1493m²	1385m²	陈上也
紫葵公祠	殿堂式	砖木	坐东向西	清代	1761m²	1077m²	陈甘霖
昆裕堂	殿堂式围龙屋	砖木	坐南向北	清代	1352m²	1261m²	陈氏
世中书第	殿堂式围龙屋	土木	坐南向北	清代	1659m²	—	陈益曾
致和堂	殿堂式围龙屋	土木	坐南向北	清代	1172m²	1244m²	陈继曾

图 8-115　民居（一）

图 8-116　民居（二）

图 8-117　绍德堂

图 8-118　延庆堂

3. 名人名事

何雯娜，1995 年进入福建省体工队训练，主攻体操及技巧，1998 年底开始学蹦床，2002 年何雯娜进入国家队。2007 年蹦床世界锦标赛女子网上团体冠军。

4. 保护措施

《大埔县湖寮镇莒村村庄整治规划》的初步方案于 2006 年完成，整体规划正在执行当中。村中暂未成立专门的历史建筑保护的管理机构，也未配备专门人员。该村现有的保护工作仅限于响应大埔县政府"古民居保护"的号召，给受保护的民居挂上"特色民居"的牌子，而村委会却没有进行实际的保护措施，修缮工作主要还是依靠居住者，修缮的费用也大部分由居住者支付，政府补贴很少。

大部分村民对历史建筑的保护意识也非常薄弱，对历史建筑的保护热情并不高，访谈过程中甚至有些人根本不知道为什么要保护古民居，只有少数居民有保护历史建筑的意识，认为历史建筑是祖先的产业，应该保留下来并流传下去。

8.3.2.17　湖寮镇双坑村

1. 基本情况

双坑村又名崧里，地处大埔县中部，距县城湖寮镇 5km，位于由大圳、小圳两条坑水冲积而成的盘地上，故名双坑。村中以"何"姓为主，自何姓定居双坑以来，子孙繁衍，至今已经 3100 多人，传了 32 世，何氏家族的发展史对整个双坑村起着决定性的影响。

2. 村镇历史风貌保护概况

何姓家族庞大，为了加强宗族的凝聚力，以及增强与其他的种族的竞争力，崇文尚武是"何氏"的祖训。宗族形成的重要标志是祠堂的修建，何氏家族在双坑村的私祠和公祠一共 52 座，逢年过节，何氏家族的子孙各自集中于大小祠堂，以隆重的仪式祭祀列祖列宗（表 8-7）。嘉庆年代，为了保护生命和财产，何氏家族还联合他姓构筑了土楼，所建土楼名为"巩固楼"，楼高三层，共有房舍 60 间。此楼至咸丰同治年间，因洪水而陆续崩塌。

表 8-7 列为省（县、镇村）保护范围的民居

编号	地址	名称	类型	结构	朝向	时代	占地面积	建筑面积	建造主人	资金来源	备注
1	湖寮镇双坑村	人境庐	上下堂	土木	坐西北向西南	清代	595m^2	302m^2	何如璋	县级	—
2	湖寮镇双坑村	茂塘公祠	殿堂式	土木	坐西北向东南	清代	835m^2	573m^2	林氏	县级	林氏系何如璋祖母
3	湖寮镇双坑村	耕径别墅	自由式	土木	坐西北向东南	清代	317m^2	148m^2	何氏	县级	—
4	湖寮镇双坑村	通奉第	自由式	土木	坐西北向东南	清代	951m^2	329m^2	何如璋	县级	纪念高官要职而建
5	湖寮镇双坑村	宫詹第	殿堂式	土木	坐西北向东南	清代	884m^2	783m^2	何如璋	县级	—

双坑村现存的历史文化建筑有勉绍前修、国溪公祠、昌裔堂共三个县级文保单位。其中最受人瞩目的是何如璋出生成长和考取功名以后建成的一系列民居。他出生成长于茂塘公祠（图 8-119），并在公祠两侧各建书斋一座，左书斋名"日新书屋"，右书斋名"耕经别墅"，与右书斋相距二步的南侧，建"通奉第"一座（图 8-120）；光绪八年春，何如璋使日任满回国，补授翰林院侍讲学士，次年转补翰林院侍读学士，同年补授詹事府少詹事，人称"宫詹公"，之后，建成宫詹第（图 8-121）；"昌裔堂"就是何如璋考取功名后居住的故居，也称"人境庐"（图 8-122）。1927 年（民国十六年）农历 8 月 25 日，贺龙、叶挺率部入乡，以宫詹第作司令部，住贺龙叶挺等，其余住入境庐、耕经别墅、通奉第和关帝庙等处。

图 8-119 茂塘公祠

图 8-120 通奉第

3. 非物质文化遗产

村民认为村庄有独特的风水格局，村庄的水口，左为龙岗，右为象山，两山对峙，以关锁水流，风水上谓之"左辅右弼"，为一乡之门户。双坑的宗教建筑有关帝庙（武庙）和文昌阁（文庙）为主，辅以观音亭、朝元塔等。总的来说宗教信仰有从少到多，逐步完善的发展趋势，这和当时的社会状况和生活需求有关。双坑村有传统的婚嫁、科举等习俗，娱乐习俗有灯会、舞龙、鲤舞等。

图 8-121 宫詹第

图 8-122 人境庐

4. 名人名事

何如璋是双坑村的名人（图 8-123），他于同治年间考取进士，后定居双坑村，他是我国第一任驻日公使。我国早期杰出的外交家，中日两国正式邦交的开创者。以何如璋为首的使团此后驻日四年有余，他们悉心查访日本的民情政俗，深入考察日本明治维新，力倡容纳西方科学思想以改造中国传统文化和改变封建专制，渴求强国之道。他们笃邦交，争国权，为促进中日文化交流和两国人民的友谊所绘写的多彩篇章，直至百年后的今天仍被世人称道。

5. 保护措施

双坑村历史文化的保护工作也暂未提上日程，村委暂未设置专门的管理机构和专门的管理人员，保护规划和保护措施更是至今尚

图 8-123 何如璋

未落实到纸面上，保护历史遗产的民间机构也暂未设立，乡规民约也没有制定。双坑村一共有 11 栋房子被列入"特色民居"的保护范围内，但这些工作都是由大埔县文化局直接执行，仅停留在挂牌保护的程度，实际的修复工作暂未落实。

8.3.2.18 湖寮镇葵坑村

1. 基本情况

该村位于湖寮镇南边，一共有 6 个自然村。该村自然条件比较差，山多地少。还存在以下几个问题，村镇道路状况不佳，公共配套设施很少，没有文体活动设施，村镇的住宅建设缺少规划指导和约束，人畜混杂，影响村镇卫生和环境，公用设施建设滞后，排水设施不好，生活用水未经处理直接排放，缺少垃圾收集池，公厕等环境卫生设施。经济基础比较薄弱，主要靠出外打工和务农，种植蜜柚、水稻和西瓜为生。该村总户数 475 户，总人口 1699 人。

2. 村镇历史风貌保护概况

该村四面环山，建设用地不多，建筑分散，分布成 6 个自然村。村镇历史风貌不完整，历史建筑三五成群地集中在一起，有较多新建筑穿插其中，对其历史风貌造成较大破坏。有两处成片的历史建筑保存比较好，由 7~8 个历史建筑组成，有几个大型的围龙屋。有些历史建筑被废弃，有些历史建筑被改造再利用，无挂牌的特色民居（图 8-124～图 8-

129)。

图 8-124　村庄概貌（一）

图 8-125　村庄概貌（二）

图 8-126　安之居

图 8-127　民居（一）

图 8-128　民居（二）

图 8-129　民居（三）

8.3.2.19　高陂镇银滩村

1. 基本情况

银滩村位于大埔县西南部，高陂镇北部，据镇政府所在地约 12km，紧邻 222 省道，南北分别与河口村和党溪村相接。银滩村地势较为平坦，用地条件较好。东北部为韩江，民居建筑多依山而建，依山傍水，环境优美。

银滩村共有 16 个村民小组，总户数为 397 户，总人口为 1801 人，其中有非农业人口 56 人，劳动力人口 311 人。银滩村山地面积 11489 亩，耕地面积 1062 亩。

2. 村镇历史风貌保护概况

村子规模不大,新建筑不多,整体的村镇历史风貌保存比较完好,景观风貌良好,村中仅有一条华侨修建的村道可通进村镇内部,道路平整,且安装有路灯。村中较好的民居有华侨捐资修建的田氏宗祠,景观开阔,颇有气势;田家炳故居保存完好,被改造成博物馆,现为梅州市爱国主义教育基地。其周围景观良好,开阔,周围建筑也保留有较好的历史风貌(图 8-130~图 8-133)。另外保存较好的历史建筑有如下几个建筑(表 8-8):

表 8-8 列为省(县、镇村)保护范围的民居

名称	类型	结构	朝向	年代	占地面积	建造主人	备注
拱辰楼	殿堂式	砖木	坐南向北	清代(1881年)	320m²	田福筹(田家炳祖居)	县级
万卷楼	不详	砖木	坐南向北	清代	不详	不详	—
敦福楼	殿堂式	土木	坐西南向东北	明代	403m²	田稳德	—

图 8-130 村镇概貌

图 8-131 万卷楼

图 8-132 普通民居

图 8-133 拱辰楼

3. 名人名事

田家炳(Tian Jia Bing,1919—)男,香港企业家,祖籍广东大埔,村内有著名慈善家田家炳先生的故居。田家炳是香港的一位企业家和慈善家(图 8-134)。生于 1919 年,祖籍广东大埔,出身客家世裔。幼承庭训,敦品励学,淡泊名利,不求闻达。数十年致力

公益，捐助教育、医疗和其他利国生民的慈善事业，贡献良多，惠泽社群，诚为当世楷模，社会表率。

8.3.2.20 光德镇上漳村

1. 基本情况

上漳村位于大埔县东北部，距镇政府所在地 1km。村范围内四周高山环绕，中间有低山、丘陵，与沿溪坡地交错。地理条件得天独厚，依山傍水，远离城市，群山环抱。

2. 村镇历史风貌保护概况

上漳村沿山脚线状展开，古建筑保存较少，村内较多新建筑，对整体村庄风貌造成了一定的影响。村子内部，古建筑比较分散，八九个房子成片分布。村内有一处挂牌保护的特色民居——乾泰楼，建成 300 多年，属于圆形土楼，3 层高，可以同时居住 30 多户人，现有十几户人在使用（图 8-135～图 8-138）。

图 8-134　田家炳

图 8-135　村镇概貌

图 8-136　乾泰楼

图 8-137　普通民居

图 8-138　普通民居

8.3.2.21 光德镇雷峰村

1. 基本情况

雷峰村位于大埔县南部，距镇政府所在地 1.9km。东接雷公陂，西接湾子里，南连长塘，北接塘仔里。

2. 村镇历史风貌保护概况

雷峰村现分为两部分,每个部分约有15~20个古民居。村内分布较少的新建建筑,整体村庄风貌保存较好。但大多数是普通民居,建筑质量较差(图8-139~图8-140)。

图8-139 整体风貌(一)

图8-140 整体风貌(二)

8.3.2.22 桃源镇桃星村

1. 基本情况

桃星村位于大埔县西南部,距镇政府所在地0.3km。东接上漳村,西接桃源镇区,南连高坎村,北连新东村。

2. 村镇历史风貌保护概况

桃星村背山面水,现存古建筑呈线状分布,有少量新建建筑穿插其中,对村庄整体风貌影响不大。村庄旧建筑仍有村民继续使用,形成动态保护。村口邓氏家庙前面有一个篮球场,丰富了村落的外部空间以及村民的文化生活。桃星村保存较好的历史建筑有邓氏家庙、清庭居、庆玉庐、围屋、旭南居和臻鸿草舍等(图8-141~图8-144)。

图8-141 邓氏家庙

图8-142 庆玉庐

图8-143 围屋

图8-144 旭南居

8.3.2.23 桃源镇桃峰村

1. 基本情况

桃峰村位于大埔县西南部，距镇政府所在地 1.9km。东接团结村，西接杉子凹，南连李坑，北连高权。桃源，清代以前称"泥源"，因境内瓷土丰富而得名。

2. 村镇历史风貌保护概况

桃峰村依山势而建，古建筑主要分布在山脚，现存良好，绝大多数仍然在使用，很多民居重新进行装修，立面贴现代的面砖，形成另一种风格。村落中心新建了一个篮球场和一个广场，与现存古建筑半月塘有机联系起来形成村落主要的公共空间轴线。桃峰村保护较好的历史建筑有永锡楼、老房子、德业庐、町心别墅、晖泽映云、经人世第等民居（图 8-145～图 8-148）。

图 8-145 德业庐

图 8-146 町心别墅

图 8-147 晖泽映云

图 8-148 经人世第

3. 名人名事

郭瘦真（1900—1980 年），桃源镇桃锋村人。早年参加社会主义青年团，任团广州地委执委。民国 13 年（1924 年）加入中国共产党，次年任广州农运讲习所教务干事，后任东江工农军副总指挥，领导和组织武装暴动。建国后任广东省人民政府参事室秘书和省文史馆馆员。

桃源镇具有光荣的革命传统，大革命时期李井泉、方方、古大存等革命先辈曾在这里组织革命活动。1994 年经广东省民政厅确认为革命老区。

8.3.2.24 桃源镇团结村

1. 基本情况

团结村位于大埔县西南部，距镇政府所在地 1km。东接田头坑，西接桃峰村，南连李坑，北连江头。

2. 村镇历史风貌保护概况

村镇历史风貌保存比较完整，历史建筑面积较大，但新修道路从中穿过，破坏了村镇的整体风貌，道路两旁6～7栋新建筑对整体的历史风貌破坏比较严重。村庄中大量的历史建筑仍然有人居住，村庄居民保持传统的生活习惯。部分历史建筑废弃，村民在旧建筑附近另盖新房。历史建筑大多为简陋的民居，被列入镇级保护范围的只有"祥发楼"圆形围楼，是清代陈氏第七世祖建造的（图8-149、图8-150）。

图8-149 外翰第　　　　　　　　　　图8-150 乐荆筱筑

8.3.2.25　枫朗镇石圳村

1. 基本情况

石圳村位于大埔县枫朗镇。东接双溪镇，西接古野村，南连平原村，北接百侯镇。该村坐落于山脚下，四周高山环绕，中间有低山、丘陵，村内有几条小溪流过，风景秀美，几座小桥营造出小桥、流水、人家的雅致景色。由于受季风影响，具有东南沿海亚热带季风气候的特点。地理条件得天独厚，依山傍水，远离城市，群山环抱。石圳村的环境优美，农民住宅多依山而建，居住条件比较优越（图8-151～图8-153）。

图8-151 石圳村全貌

2. 村镇历史风貌保护概况

由于长期缺乏科学的规划作指导，新住宅建设比较凌乱，为数不多的新建筑严重破坏该村的街巷格局，村镇历史风貌保存比较完整，历史建筑分布较集中，但新修道路从中穿过，破坏了村镇的整体风貌，道路两旁 5～6 栋新建筑对整体的历史风貌破坏比较严重。保护较好的民居有史庐、梁庐、实傅居、翠轩公祠、颖香楼、仲仕公祠等（图 8-154～图 8-157）。其中史庐、颖香楼为挂牌保护民居。

图 8-152　遭受破坏的民居

图 8-153　成片的民居

图 8-154　史庐

图 8-155　颖香楼

图 8-156　梁庐

图 8-157　实傅居

8.3.2.26　枫朗镇上木村

1. 基本情况

上木村位于大埔县东部，枫朗镇东南部，据镇政府所在地约 16km。村子海拔较高，地形起伏，交通比较不便。上木村面积不大，有几片保存比较完整的民居建筑。建筑多依山建，景观视野开阔。

上木村古称沐窖，意为山深、谷幽、森林茂密之地，后改称沐教，20 世纪 60 年代改为上木乡。上木村比邻饶平，全村有 14 个村民小组（白水寨、上角、下水、书斋、塘下、凹头、溪背、大坪、中心、中角、郑岭、洋坑、中村、无特），333 户，耕地面积为 891 亩。全村有 1509 人加入农村合作医疗。2009 年村经济总收入 1020 万元，人均年收入 4691 元。

平均海拔 800 多米的郁郁葱葱的青山，环抱着一个 4.5km² 的村落，清澈透底的小溪从海拔 1200 多米的西岩山上流经该村。山上是青翠的密林，山腰是层层的果园，山下是水田与池塘，犹如一幅美丽的山水画——这就是大埔县枫朗镇上木村，一个远近闻名的双胞胎村。

2. 村镇历史风貌保护概况

村中以旧建筑为主，但为数不多的新建筑仍对村子的整体风貌有一定的破坏，景观风貌尚可。村内保留有建筑形式比较完整的几组建筑和一座土楼（图 8-158～图 8-161）。详细情况见表 8-9。

表 8-9　列为省（县、镇村）保护范围的民居

名称	类型	结构	朝向	年代	占地面积	建造主人
安贞楼	圆形围楼	土木	坐西北向东南	清康熙	1838.9m²	魏兆然
怡盛居	殿堂式杠屋	砖木	不详	不详	不详	不详
德安楼	方形围楼	砖木	坐西向东	清道光	544.5m²	黄逹玉
大夫第	殿堂式	砖木	不详	1890 年左右	不详	不详

图 8-158　安贞楼

图 8-159　怡盛居

图 8-160　德安楼

图 8-161　怡盛居

3. 历史沿袭

"天川"正月二十拜关帝,大烟花、隆重庆典。

"双胞胎村",该村有1630人,现有双胞胎11对21人,约占该村总人口的1.35%。其中龙凤胎4对,双龙胎5对,双凤胎2对。年龄最大的51岁,最小的只有5岁。有趣的是黄某家两代双胞胎(1对龙凤胎、1对双凤胎),魏某的母亲连续两胎双胞胎(龙凤胎和双凤胎,其中双凤胎的妹妹在出生50多天后不幸夭折)。该村11对双胞胎中20~35岁的有5对9人,12岁以下的有3对。据调查,该村外嫁女至今没有一个生育双胞胎的。因此,在该村及周围村流传着这样一种说法,即双胞胎现象与该村的自然环境特别是水质有关,但一直没有得到考证。据该村村民介绍,上几代同样有多例双胞胎。

8.3.2.27 大麻镇小留村

1. 基本情况

小留村位于大埔县西南部,距镇政府所在地1.7km。东接下村,西接上完村,南连石背坑村,北接大坪村。小留村用地较为平坦,用地条件较好;四周高山环绕,中间低。小留村的环境优美,农民住宅多依山而建,居住条件比较优越。小留村有35个村民小组,总户数815户,总人口3368人。小留村2009年经济总收入2617万,农民收入人均4526元。

2. 村镇历史风貌保护概况

小留村在当地颇有名气,是广东省唯一的全国新农村示范点。小留村的建筑依山势而建,古建筑主要分布在山脚,现状保存一般,部分古民居仍然在使用。

村头两侧有两片保存较好的古民居,7~10个建筑组成一个群落,建筑质量较好,均有人居住。部分民居依山而建,三五成群,有大量农田。绿化做得很好,在路边或者房屋之间有精心修剪过的灌木以及五颜六色的花卉(图8-166~图8-168)。

绍杰山房是当地挂牌保护的民居。"日"字形楼,除此以外,还有荣亲楼、和亨庄、庆德居、华鄂楼、宽裕居等保护情况较好的民居。

图 8-166　整体风貌

图 8-167　庆德居

图 8-168　华鄂楼

3. 独特的民俗

迎灯日，时间：正月十二日。民俗活动：农历正月十二日，大麻镇小留村郭氏村民定为迎灯日，是小留村一年最大、最热闹的传统节日。

8.3.2.28　大麻镇大留村

1. 基本情况

大留村位于大埔县西部，距镇政府所在地 3.9km。东接青里村，西接掌牛坪，南连小留村，北接下村。大留村村域范围内用地较为平坦，用地条件较好。大留村的环境优美，农民住宅多依山而建，居住条件比较优越。大留村有 15 个村民小组，总户数 382 户，总人口 1407 人。大留村 2009 年经济总收入 1384 万，农民收入人均 4640 元。

2. 村镇历史风貌保护概况

大留村四面环山，总体地形起伏比较大，村中建筑也分布比较分散，主要依山势而建，古建筑主要分布在山脚，现状保存一般，部分古民居仍然有人居住，有些被废弃了，在旁边的宅基地另建新房。大留村有 4 个小规模的围龙屋保存比较完整，只有少部分倒塌。村中保护较好的有几个围龙屋及杠屋：怡和书室、和头居、九峰祠、成山公祠等（图 8-169～图 8-172）。

图 8-169　整体风貌

图 8-170　和头居

8.3.2.29　大麻镇小麻村

1. 基本情况

小麻村位于大埔县大麻镇西部，距镇政府所在地 1.7km。

图 8-171 成山公祠

图 8-172 围屋

2. 村镇历史风貌保护概况

小麻村的建筑依山势而建,历史建筑主要分布在山脚,呈分散状态分布,保存现状一般,部分古民居仍然有人居住,大部分被废弃(图 8-173~图 8-177)。

图 8-173 村庄概貌

图 8-174 历史建筑概貌(一)

图 8-175 历史建筑概貌(二)

图 8-176 敦和楼

图 8-177 普通民居

8.4 梅州市大埔县客家历史村镇的评价

由于调研范围内的梅州市大埔县的历史村镇大多数为未申报国家历史文化名镇名村的古村镇，基础数据不完备，加上这些村镇缺乏保护规划，许多数量上的指标无法进行评价，客观评价没法完成，评价专家可对这些村镇做主观评价。

评价专家团由参加调研的老师、博士生和硕士生组成，他们都是从事历史文化村镇的科研人员，对历史文化村镇比较熟悉。主观评价评分见表 8-11：

表 8-11 大埔县 31 个历史村镇的主观评价体系得分

序号	村镇名字	物质文化遗产	非物质文化遗产	保护措施	主观评分
01	三河镇	8.5	8.0	7.1	7.75
02	百侯镇	8.9	8.1	7.2	7.94
03	茶阳镇	8.7	8.2	6.5	7.06
04	安乐村	6.3	6.8	4.4	6.00
05	广陵村	7.1	6.2	4.4	6.22
06	恋墩	6.5	6.8	4.3	6.12
07	黄沙	6.9	5.9	4.4	6.08
08	和平	6.6	6.6	4.2	6.00
09	北塘	7.3	6.2	4.5	6.35
10	漳北	6.9	6.9	4.3	6.22
11	车龙	6.9	7.7	4..5	6.65
12	坪上村	7.2	6.0	4.4	6.14
13	坪山	7.2	5.9	5.3	6.38
14	小坑	6.7	5.0	4.2	5.56
15	梓里	6.9	6.7	4.9	6.62
16	密坑	6.5	6.6	4.9	6.29

续表

序号	村镇名字	物质文化遗产	非物质文化遗产	保护措施	主观评分
17	葵坑	5.9	6.8	4.8	5.89
18	莒村	7.7	5.9	4.9	6.75
19	双坑村	8.1	6.0	4.5	6.80
20	长教	7.5	5.8	5.2	6.55
21	银滩	6.7	7.0	4.0	6.12
22	上漳村	6.4	5.2	4.4	5.48
23	雷峰村	6.9	5.3	4.5	5.56
24	桃星村	6.8	6.0	4.7	6.14
25	桃峰村	6.8	6.0	5.6	6.15
26	团结村	5.7	6.0	4.4	5.51
27	石圳	7.5	6.5	4.9	6.35
28	上木	6.5	6.0	4.2	6.05
29	小留村	6.7	6.4	5.2	6.37
30	大留村	6.2	5.9	4.5	5.72
31	小麻村	6.8	5.2	4.7	6.14

主观评价的分数反映各个村镇历史文化遗产、非物质文化遗产和保护措施评价因素在"质"方面的评价高低。

8.5 梅州市大埔县历史村镇的分类

为了进一步找出大埔县的历史村镇保护存在的问题，我们可以根据各村镇主观评价因子的评分，对这些村镇进行分类，从而有针对性地改善村镇的保护工作。

从以上对梅州市大埔县历史村镇的物质文化遗产、非物质文化遗产和保护措施的三大指标的主观评价，我们可以对 31 个村镇的三大指标的主观评价分数进行分层聚类分析，所用的软件为 Spss13.0，得出以下结果（图 8-178）。

我们可以看出这 31 个村镇可分成两大类别，第一类是三个镇组成；第二大类是 28 个村庄组成。28 个村庄中又分成三类（表 8-12）。

表 8-12　大埔县历史 31 个村镇分类表

类别		序号	村镇名字	物质文化遗产	非物质文化遗产	保护措施	主观评分
第一类	第一小类	01	三河镇	8.5	8.0	7.1	7.75
		02	百侯镇	8.9	8.1	7.2	7.94
		03	茶阳镇	8.7	8.2	6.5	7.06

续表

类别		序号	村镇名字	物质文化遗产	非物质文化遗产	保护措施	主观评分
第二类	第一小类	05	广陵村	7.1	6.2	4.4	6.22
		09	北塘	7.3	6.2	4.5	6.35
		12	坪上村	7.2	6.0	4.4	6.14
		07	黄沙	6.9	5.9	4.4	6.08
		24	桃星村	6.8	6.0	4.7	6.14
		13	坪山	7.2	5.9	5.3	6.38
		20	长教	7.5	5.8	5.2	6.55
		27	石圳	7.5	6.5	4.9	6.35
		18	莒村	7.7	5.9	4.9	6.75
		19	双坑村	8.1	6.0	4.5	6.80
		16	密坑	6.5	6.6	4.9	6.29
		29	小留村	6.7	6.4	5.2	6.37
		15	梓里	6.9	6.7	4.9	6.62
		25	桃峰村	6.8	6.0	5.6	6.15
	第二小类	10	漳北	6.9	6.9	4.3	6.22
		21	银滩	6.7	7.0	4.0	6.12
		04	安乐村	6.3	6.8	4.4	6.00
		06	恋墩	6.5	6.8	4.3	6.12
		08	和平	6.6	6.6	4.2	6.00
		17	葵坑	5.9	6.8	4.8	5.89
		11	车龙	6.9	7.7	4.5	6.65
	第三小类	23	雷峰村	6.9	5.3	4.5	5.56
		31	小麻村	6.8	5.2	4.7	6.14
		14	小坑	6.7	5.0	4.2	5.56
		22	上漳村	6.4	5.2	4.4	5.48
		28	上木	6.5	6.0	4.2	6.05
		30	大留村	6.2	5.9	4.5	5.72
		26	团结村	5.7	6.0	4.4	5.51

根据分类表的分数和分层聚类分析的属性图，可知分层聚类是根据各个村镇几项指标之间的平衡关系、各指标之间的距离的方差长短进行分类的。下文将对几类村镇的共同特点进行分析归纳。

1. 镇

三河镇、百侯镇和茶阳镇是梅州市大埔县比较有名的历史文化村镇，三河镇、百侯镇的主观评价比较高，反映这两个村镇的物质文化遗产、非物质文化遗产都比较丰富，保护措施也做得比较到位。三河镇和百侯镇已经通过了广东省历史文化名镇的审批，目前正申请国家级的历史文化名镇。茶阳镇虽然暂时没有进行申报，但是主观评价分数也比较高，

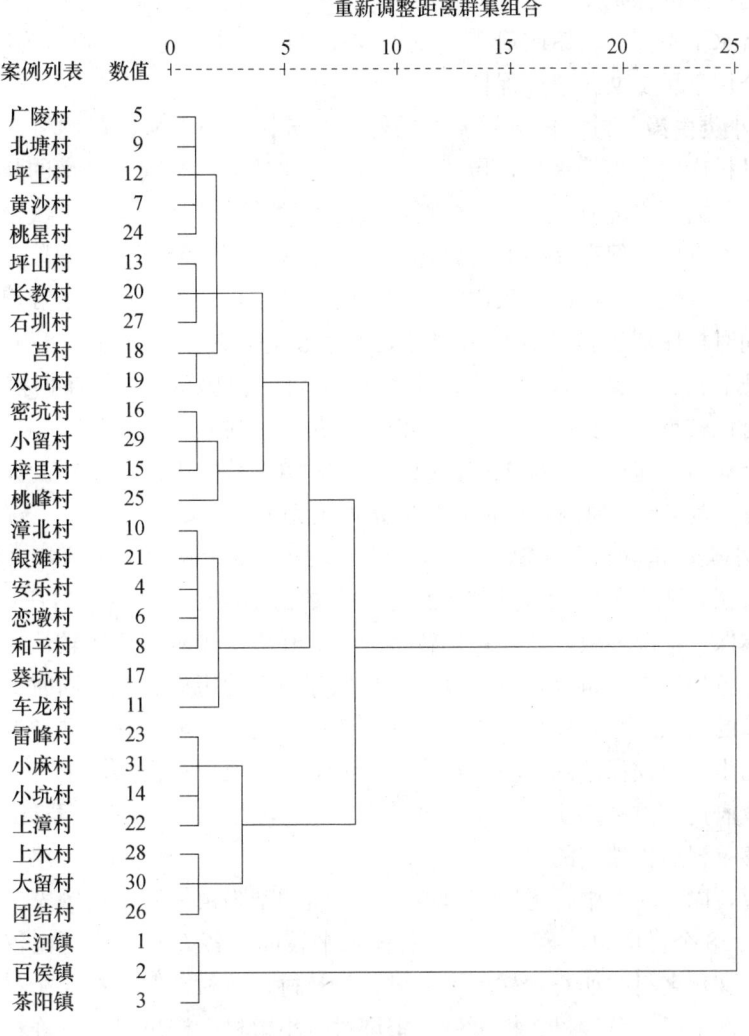

图 8-178 大埔县十个村镇的聚类分析树形图

证明茶阳镇的历史文化遗产资源比较丰富，保护措施的实施也已经跟上步伐，具备申请历史文化名镇的潜力，应该加大力度，作为下一步重点打造的对象。

2. 村庄

1）第一小类由广陵村、北塘村、坪上村、黄沙村、桃星村、坪山村、长教村、石圳村、莒村、双坑村、密坑村、小留村、梓里村、桃峰村 14 个村组成。14 个村的实际情况和评价数据显示：这些村镇总体水平比较高，同时每个村庄各指标的分数比较均衡，高低分相差不远。说明以下情况：（1）村庄整体保护情况较好，大量具有特色的历史建筑（围龙屋、土楼、殿堂式古民居、五凤楼等）存在，并有成片保存完整的历史建筑，历史建筑改造利用工作开展良好，村镇风景比较优美，特色文化景观元素（半月塘等）保存比较完整；（2）村庄居民传统的生活习惯延续性良好，传统的医学、手工艺保存相对完整，历史传统节日、美食、方言、婚嫁礼俗等至今延续性良好；（3）村庄的保护措施进行情况一般，县级政府比较重视历史遗产的保护工作，但是镇（村）政府（委员会）并未执行，村镇政府对历史遗产的保护工作重视程度不高。这现象与地方经济发展状况有关系，大埔县村镇整体经济水平不高，村镇政府工作重点放在如何发展当地经济和改善居民生活方面，未有多余资金用于历史文化遗产保护。

2）第二小类由漳北村、银滩村、安乐村、恋墩村、和平村、葵坑村、车龙村7个村庄组成。这批村庄属于中等水平，指标之间的差异比较大，呈现不平衡的状态。归纳7个村镇的特点，其共同之处有：(1) 这些村庄整体保护情况较好，有一定数量具有特色的历史建筑存在，并有成片保存完整的历史建筑，但是区域不大，且比较分散；历史建筑的改造利用工作开展一般，村镇的风景比较优美，特色的文化景观元素（半月塘等）保存比较完整；(2) 同时村庄居民传统的生活习惯延续性良好，传统的医学、手工艺保存相对完整，历史传统节日、美食、方言、婚嫁礼俗等至今保持良好；(3) 保护措施整体来说一般，县级政府比较重视历史遗产的保护工作，但是镇（村）政府（委员会）并未执行，村镇政府不够重视历史遗产的保护工作。(4) 个别村镇有分数很高的指标。如车龙村的非物质文化遗产评分为7.7，原因是该地是名人张弼士先生的故乡。

3）第三小类由雷峰村、小麻村、小坑村、上漳村、上木村、大留村、团结村7个村组成。这批村庄整体水平比较低，各个指标的分数都不高。说明这些村庄以下情况：(1) 这些村庄整体保护情况一般，新建筑比较多，并对其历史风貌造成比较严重的影响；有一定数量具有特色的历史建筑存在，但没有成片保存完整的历史建筑，同时历史建筑的分布比较散；村镇的风景一般，特色的文化景观元素保存情况一般，有些已经被破坏；(2) 村庄居民传统的生活习惯保持的一般，村庄传统的节日庆典和礼俗都被废弃；(3) 保护措施一般，县级政府比较重视历史遗产的保护工作，但是镇（村）政府（委员会）并未执行，村镇政府不够重视历史遗产的保护工作。

总的来说，以上村镇中，无疑三河镇、百侯镇和茶阳镇是有申请国家级历史文化名镇潜力的镇；在28个村庄中，第一类村庄总体水平较高，各方面的情况比较平衡，部分可申请省级历史文化名村，如石圳村、坪山村、长教村、莒村、双坑村5个村；其余的广陵村、北塘村、坪上村、黄沙村、桃星村、密坑村、小留村、梓里村、桃峰村9个村可申请市级历史文化名村；第二类中银滩、车龙可申请市级历史文化名村；其余的漳北村、安乐村、恋墩村、和平村、葵坑村5个村可申请县级历史文化名村。第三类中的小麻村、上木村可申请县级历史文化名村，其余的雷峰村、小坑村、上漳村、大留村、团结村可申请镇级历史文化名村。

8.6　梅州市大埔县历史村镇分类保护建议

8.6.1　梅州市大埔县历史文化村镇保存现状

村中的民居保存情况可大致分为四种：

（1）有人居住，修缮比较好的（图8-179）。居住者一般是产权所有人的后人，这种情况的民居一般保存的比较好。民居不仅是他们的栖身之所，还是他们的祖业，也是每年的节假日海外的亲戚回家乡举行聚会的地方。这些民居的修复一般尊崇"修旧如旧"原则，居住者有主人翁的自豪感，外人到来参观，他们一般非常热情好客，主动介绍祖先的发家史和当年辉煌的家业。古民居的修缮情况还视产权所有人的经济情况而定，至今，挂牌保护的"特色民居"的维护和修缮费用大部分都由产权所有人自筹，政府补贴很少。

（2）有人居住但缺乏修缮（图 8-180）。这种情况一般是非产权所有人及其后代居住，或者是老人、孩子和妇女居住，他们是产权继承人之一，但是他们改造能力和经济情况一般，没有多余资金和精力去维护居住的房子，房子的修缮情况比较糟糕，房子的卫生情况也不好。而且，居住者为了满足现状生活的需要，无序加建某些构筑物，破坏了民居原有的布局，如在院子加建灶台、厕所等，原来供奉祖先的名堂改成畜圈。

（3）无人居住，有所修缮的。这种情况一般是房屋主人的后代已经搬离其他地方居住，但是他们的经济条件比较好，也比较重视祖宗留下来的产业，因此，他们会自筹修缮资金，定期进行维修，并会在特定的日子举行祭祖活动。

（4）无人居住，缺乏修缮的。这种情况下的民居多半处于废弃状态，大部分已经破旧不堪，房屋的后人也许已经好几代人都离开这个村庄。随着时光的流逝，后面几代人对祖宗的关切也日渐变淡，该民居也许已经演变成上百个产权所有人，但却无人关心，无人问津。

图 8-179 有人居住且修缮比较好的民居内部　　图 8-180 有人居住但缺乏修缮的民居内部

图 8-181 无人居住，濒临荒废的民居　　图 8-182 加建的洗手间

8.6.2 历史村镇保护状况不佳的原因

梅州市大埔县的历史村镇的保护现状不佳有多个原因：

（1）历史建筑比较分散。客家的历史建筑分散的特点主要由于地理环境、客家围屋的形态、客家人的生活习俗和需要决定。客家围屋一般呈半圆形，少数是方形，规模宏大，加上门前的半月塘，自身形成圆满状态，建筑形态本身就有排他性。客家人一般是整个家族住在一个大规模的围屋中，周围一圈是自家的农田，因此，客家围屋之间都有比较大的间隔。

（2）历史建筑破坏比较严重。梅州市现存的历史建筑数量不少，但是大多数已经受到比较大的破坏。其原因有以下几个：围屋建筑空间狭小，已经不适应当代人的居住需求，大多数人住进新盖的楼房；围屋被空置，年久失修，产权所有人一般不愿意出大量资金修缮无人居住的老房子，政府也无力投入大量资金保护这些即将消失的老房子；另外建造围屋所用的材料一般比较廉价，因此，耐久性比较差。

（3）历史街道和文化景观比较差。梅州市的历史建筑比较分散，因此历史街道本来就不多，而且大部分的人更注重建筑本身的建造，不会花太多的精力去营造公共景观。

（4）非物质文化遗产没有继承并发扬光大。客家方言、客家美食、独特的习俗、服装等资源非常丰富，但随着经济的发展，梅州市大量年轻人已经走出家乡，外出发展，文化的传承出现断层，老一辈的非物质文化遗产传承人相继离世，他们的手艺失传，这是梅州市非物质文化遗产的损失。暂时只有茶阳镇的"花环龙"申请上省级的非物质文化遗产，百侯镇的"汉乐"也备受重视，流行程度比较高。

（5）缺乏保护规划和保护措施。暂时来说，十四个镇中只有百侯镇、三河镇已有保护规划，保护措施也已经落到实处，其他几个镇的保护工作还没提上日程。据了解，政府部门已经加大力量，保护客家的民居，但由于保护资金严重缺乏，受保护的古民居大部分还未得到应有的修缮，进一步的保护和修复工作还有待很长的一段时日。

（6）人民群众保护意识不强。梅州市大埔县经济比较落后，人民群众最大的愿望是发展经济，改善生活，他们绝大多数都宁可放弃拥有的古民居，卖给房地产开发商，以得到一笔可改善生活的资金。这种情况无可厚非，作为社会基层的居民，他们最简单的愿望就是过上好的生活而专家学者的愿望是保护历史遗产。两者愿望的矛盾就是发展和保护之间的矛盾，要解决这个矛盾就是要找到一个平衡点，这个平衡点既能满足人民群众改善生活的愿望，又能满足学者保护历史文化建筑的愿望。

8.6.3 梅州市大埔县历史文化村镇保护建议

客家民居因其所处的地段不同，地理环境、社会状况、政府政策管理存在差异性，我们提出保护建议时，必须结合当地的地理位置、保存现状、经济发展水平等因素。针对梅州市大埔县的历史村镇，我们提出以下的保护建议：

第一，提高政府领导和人民群众的保护意识。大埔县的政府部门（包括文化部门、规划建设部门等）足够重视历史遗产的保护工作，设有专门的管理部门和专业人员管理历史文化遗产的保护工作、宣传工作。但是政府对历史文化遗产保护的投入还不够多，宣传力度还不够，造成大埔县对历史文化遗产的社会保护意识和群众的保护意识还不够高，偏远的村落，居民更对历史村镇保护一无所知、漠不关心。然而群众才是保护历史文化遗产的最可靠、最现实的力量，"客家民居"是客家人民居住的地方，是他们生活的场所，保护这些场所最终要依靠人民群众。

第二，利用村镇中居民的同宗性，建立民间组织，制定乡规民约。宗族是伴随着姓氏文化的缘起和发展而逐渐出现的，是一个大家族的直系血脉及其传承发展的人群集合。客家文化中特别重视"家族""祖宗""同姓"。从客家土楼、围屋以及客家农村聚落的形成，可以体现客家人对"同宗性"的重视。客家人无论飘落在世界哪个角落，"饮水思源"和"不忘本"都是他们的良好民风。目前，保存较好的客家民居一般都是同一个家族的人集资修缮。当地可以发挥他们重视同宗性这个特点，鼓励各个家族集资修缮他们的祖屋。

第三，进一步推进大埔县历史文化村镇历史文化遗产的普查工作。大埔县村镇中的特色民居大部分都挂上"特色民居"或者"保护民居"的牌子；但是还是有相当一部分保存较好的古民居未纳入保护范围内，已经纳入保护范围内的民居建档保护工作还做得不够详细，只有基本的资料。下一步普查工作应该进一步扎实推进，彻底查清大埔县古民居的数量、分布、历史、现状等基本情况，做好古民居资源的发现、核定、记录、资料整理等基础性工作。

第四，要做好大埔县历史文化村镇的评价工作，及时发现具有重要价值的古民居，并按价值高低做好分类管理工作，做好国家级、省级和市、县级文物保护单位的申报工作。

第五，进一步落实大埔县历史文化村镇的保护措施。要进一步落实大埔县的历史文化村镇的保护措施，以群众为基础、由政府牵头、加大力度进行。

（1）政府部门要尽快出台专项的保护政策。上海、厦门和云南早就制定了保护措施实施细则，大埔县可借鉴这些地方的经验，制定《大埔县历史建筑保护管理办法和实施细则》，明确历史建筑保护的政策、原则、措施以及实施的细则，控制新建筑建造的细则，规定新建筑的形态和风格，避免破坏村镇的历史风貌。目前，大埔县县政府每年会由政府不定期下发历史文化遗产保护文件，但还未形成完整的体系，建议大埔县政府和文化部门把这些条文系统化、条理化，进一步把保护条例写入法律范围内。

（2）健全历史文化建筑的保护管理机制。应建立专门的机构、配备专业人员，同时，与历史文化建筑有关的部门相互协调，共同做好历史文化村镇的保护工作。

第六，加大对历史文化遗产的投入，做好几下几点：

（1）切实把古民居保护纳入大埔县的年度工作重点，即把文物保护纳入当地经济和社会发展计划，纳入城乡建设规划，纳入财政预算，纳入体制改革，纳入各级领导责任制。市县（区）政府应将特色保护民居的修缮经费纳入本级财政预算，建立特色民居保护经济补助机制，每年划拨一定的资金，按比例补助业主修缮特色民居，让地方的财政资金在民居保护中起到主导作用。从而鼓励居民参与历史建筑的保护工作。当前大埔县的民居保护当务之急是市、县（区）两级政府要尽快安排保护资金，抢救濒临倒塌的具有重大历史价值的古民居，保证全县各地最重要的文物单位不倒塌，有安全隐患的，要立即采取措施。

（2）加大投入，宣传历史建筑的保护工作，提高居民保护意识。根据调查的结果显示，大埔县居民接触政府历史建筑保护的宣传活动还比较少，政府应该大力宣传本地历史文化遗产的重大意义，加强居民的凝聚力，提高居民的保护意识，积极提高公众参与历史文化遗产的保护工作。

（3）创造条件积极鼓励、引导社会资金参与古民居的保护，使社会资金成为古民居保护资金的重要来源。当地政府应组织和发动群众建立民间组织，如古建筑保护协会、保护资金会等，通过政策引导和支持，广泛调动社会力量参与历史建筑的保护事业，采取捐资、募捐等办法，筹措历史建筑的保护资金；同时应下放部分决策权，提高公众参与的积极性。

第七，积极发展历史建筑的再利用，加大力度发展历史村镇的旅游事业。历史文化村镇中的历史建筑保护资金的来源主要来自于地方财政划拨，但是大埔县的历史村镇暂未有大量的资金支持历史建筑的保护，历史建筑再投资和旅游所得收益成了保护资金的主要来源。大埔县风景秀丽、旅游资源丰富，希望旅游业可带动地方经济的发展，为居民提供就业机会，改善居民的生活。

本章小结：本章主要介绍梅州市大埔县的历史村镇的调查研究成果，以及这些历史村镇的聚类分析，总结这些历史村镇存在问题，提出保护建议。

第 9 章　历史文化村镇评价体系自动化研究

为了使历史文化村镇的综合评价体系能够简易操作，并且易于推广，笔者结合计算机编程，开发一个名为"历史文化村镇评价系统"软件。软件界面只需要评价者输入各个因素的评分，根据评价体系的评分标准，软件自动进行后台计算，输出评价得分。

9.1　界面说明

安装软件以后，弹出历史文化村镇专家评价系统的界面，界面如图 9-1 所示。

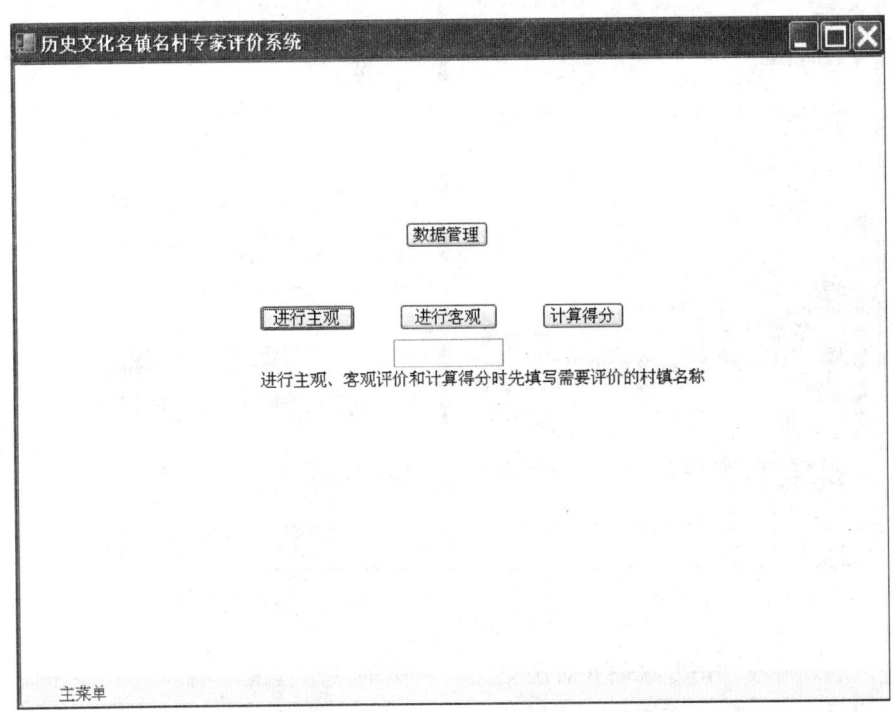

图 9-1　历史文化村镇专家评价系统界面

几个按钮的使用介绍：

（1）数据管理。这是进入专家评价系统的数据库的按钮，里面有"客观数据"和"主观数据"两个文件夹。每个专家评价一个村镇，系统自动在两个文件夹生成一个名为"某某村"的 Word 文档，里面存有使用者输入的数据。评价完成以后，使用者可提取需要的数据。

（2）进行主观。这个按钮是进入主观评价的按钮。

（3）进行客观。这个按钮是进入客观评价的按钮。

（4）计算得分。进行村镇的主观和客观评价以后，计算最后得分并生成准则层综合得分的按钮。

9.2　操作步骤

专家评价系统的操作非常简便，只需要按提示输入数据，按计算得分，便可以得到村镇的最后得分。

（1）首先输入需要进行评价的村镇名字。

（2）按"进行主观"按钮，便会弹出以下界面（图 9-2）。评价专家只需要按评价标准，输入 0~10 的分数即可，一共 31 项。

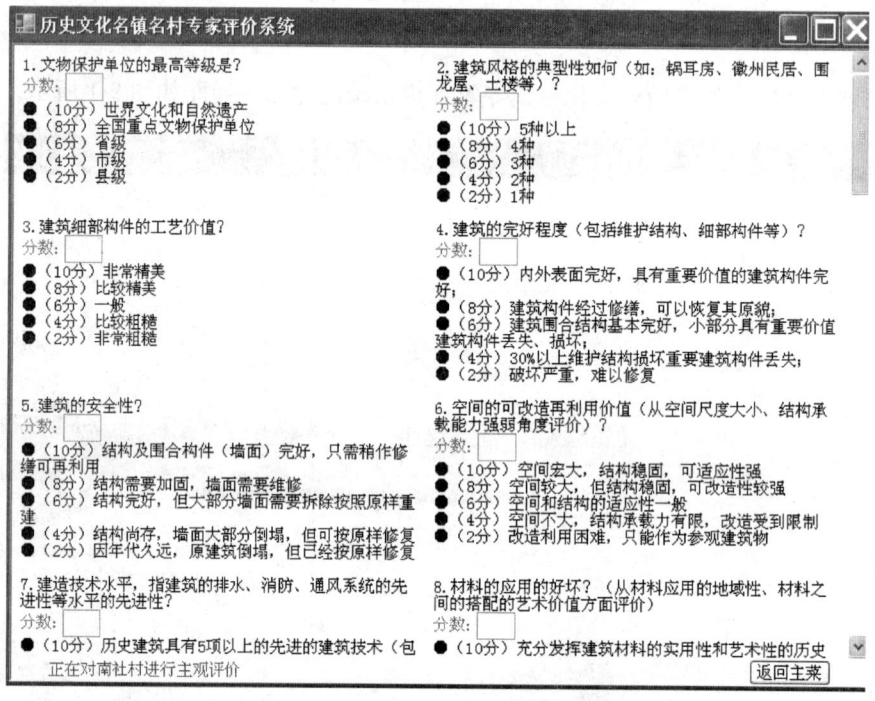

图 9-2　专家评价系统的主观评价界面

输完以后，并在"请专家输入对历史文化村镇的熟悉程度"输入 0~1 之间的熟悉程度数值，然后按右下角的"提交"（图 9-3），完成主观评价。第一个专家数据输入完成后，软件会自动跳回主界面（图 9-1），第二个专家需要继续对同一个村镇进行评价，保持村镇名字不变，按"进行主观"再次进入主观评价界面，同样输入第二个专家的主观评价分数，按提交便可完成第二个专家对同一个村镇的评价；依此类推，可完成若干个专家对同一个村镇的主观评价。

（3）完成主观评价后，软件自动跳回主菜单界面（图 9-1），按"进行客观"进入客观评价系统界面（图 9-4），完成后，按"提交"，便可完成客观评价。

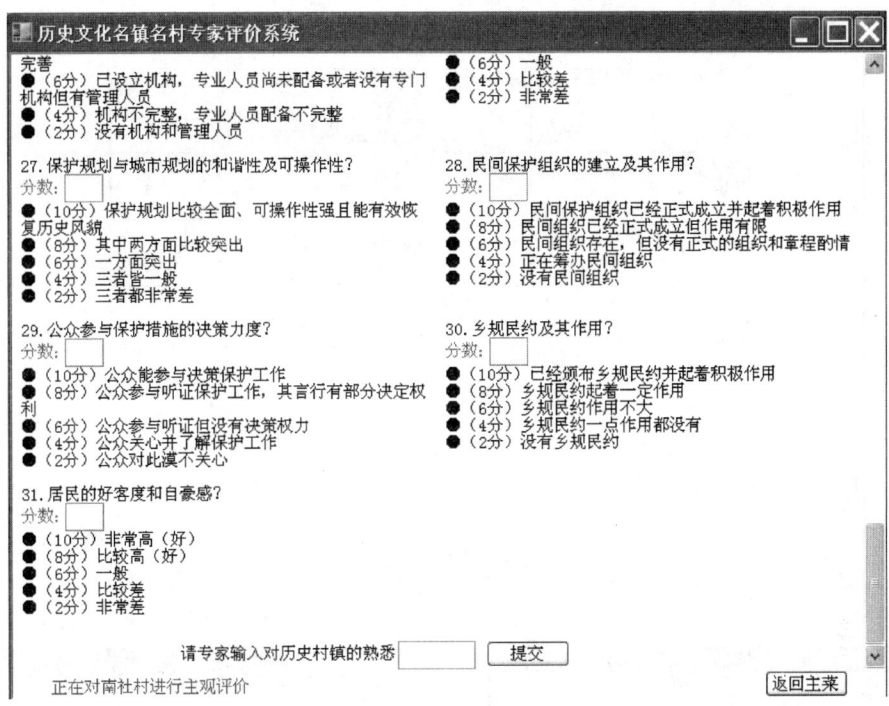

图 9-3 主观评价界面

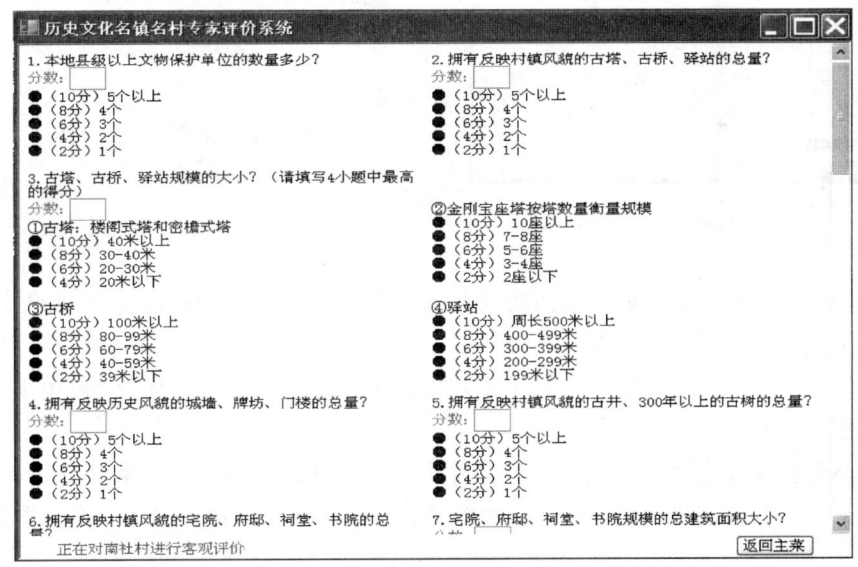

图 9-4 专家评价系统的客观评价界面

（4）完成客观评价后，软件自动跳转主界面（图 9-1），按"计算得分"按钮，便可计算出村镇的主观评分、客观评分和综合评分等数据（图 9-5）。如需导出数据，按文件"另存为"便可得到结果数据，数据文件为可编辑的 Word 文档，方便结果数据的利用，中间数据的提取可供历史村镇的聚类分析使用。

（5）按"数据管理"可进入"客观数据"和"主观数据"的提取（图 9-6、图 9-7）。

准则层	综合得分	主观得分	客观得分	评价因素层	综合得分	主观得分	客观得分
物质文化遗产	8.0891	8.15	8	文物保护单位	7.406	7	8
				历史建筑	7.898954	7.829889	8
				历史街区	8.442266	8.744556	8
				自然环境与景观	8.4224	8.711111	8
非物质文化遗产	8.047612	8.311006	7.662253	历史影响	8.330831	8.277778	8.408451
				非物质文化遗产	7.72963	8.228333	7
				生活延续	7.924	8.555555	7
保护措施	7.745228	8.160888	7.137096	保护机制	8.305555	8.305555	—
				社会经济措施	7	—	7
				保护编制	7.755556	7.755556	—
				保护修复	7.274193	—	7.274193
				公众参与	8.465	8.465	—

客观得分：7.684
主观得分：8.201324
总得分：7.991291

图 9-5 专家评价系统完成界面

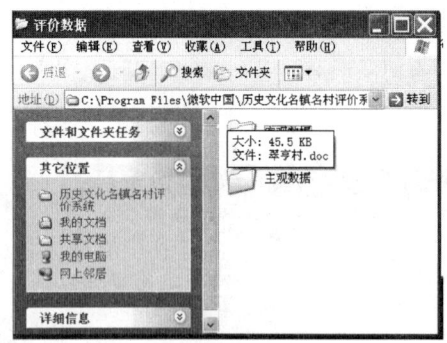

图 9-6 评价数据管理界面

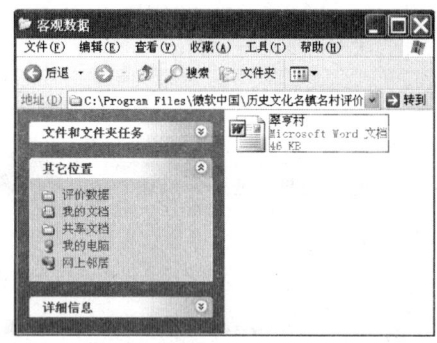

图 9-7 客观评价数据界面

该软件操作简便，为专家评价历史文化村镇更方便快捷，同时省去繁琐的计算过程，大大提高了本评价体系的可操作性；同时可生成方便编辑的数据图表，使计算结果易于编辑，方便评价专家随时修正数据，同时更方便结果分析需要数据的提取，避免手动计算合成中间数据的方法。

本章小结：本章主要介绍专门为历史文化村镇的评价体系而开发的软件的使用方法，介绍该软件为评价专家提供的方便，此软件使综合评价体系更便于操作，更易于推广。

第 10 章 结 语

10.1 本研究已经解决的问题

1. 用一个统一的标准去衡量所有历史文化村镇的价值是否科学？"为了在有限的资源里，保护最大多数历史文化村镇的最大价值"，在这个范畴内，我们认为用一个统一标准去衡量所有的历史文化村镇价值是科学的。

2. 历史文化村镇综合评价体系是否应该把保护措施、历史建筑可利用性、社会经济措施和公众参与等评价因子纳入评价范围？作者认为这些评价因素应该包含在评价范围内。有两个原因：(1) 城市与村镇都具有独立的行政管理部门，历史文化村镇的评价体系应该更多地借鉴历史文化名城的评价体系。(2) 当前历史文化村镇体系的价值评估侧重点放在综合价值上，而不仅是历史文化价值。

3. 本研究分析前人评价体系的评价因子，在此基础上增加一些符合历史文化村镇综合价值的评价因素，进一步完善评价因素集。

4. 本研究打破之前的评价体系主客观评价因素混用的方式，把评价因素分成客观评价因素和主观评价因素，使评价体系更科学。

5. 本研究对评价因子的量化进行了深入研究，在深化前人研究成果的同时，对新增加的评价因子进行了量化。

6. 本研究专门针对主观评价因素，建立了主观评价体系多层次模糊综合评价模型。修正了前人主客观评价因素混合使用进行多层次模糊综合评价的做法。

7. 本研究延伸评价体系的用途，综合评价体系不仅可以科学地评价历史文化村镇的综合价值，还可以用于划分等级、进行分类保护等。

8. 本研究开发了评价体系自动化软件，简化评价过程的计算工作量，提高评价体系的可操作性，也使本评价体系更易于推广。

10.2 本评价体系的局限性

由于人力、物力、财力及个人能力有限，本评价体系存在一定的局限性，总结起来有以下几方面：

1. 评价体系的调研范围和调研的深度有限。调研范围包含广东省、福建省、贵州省、广西壮族自治区、甘肃省、华东五市等地，但研究的重点主要在南方，因此仍存在一定的地域局限性；由于时间和精力有限，有些地点的调研深度有限，存在一定的偏颇。

2. 评价体系受到建立评价体系者的知识水平限制。本研究体系从评价因子选择到评价体系的操作都采用相对科学的量化方法，力图降低本评价体系的主观性，但评价体系毕竟是人们为了一定的评价目标而建立的，跳不出建立者预设的目标和内容，受评价体系建立者的知识水平限制。

3. 评价体系受专家评价团队的水平限制。虽然主观评价因子已经量化成若干个等级，但是难以保证每个评价专家打分时能百分之百按照等级划分规定进行，专家所打的分数会受到他们思想中固有观念的影响，从而带有某种程度上的主观性。

4. 部分指标的量化仍然需要改进。前人对某些指标未能进行科学的量化，本研究暂时也找不到更有效的量化方法，这个问题还需深入研究。

5. 评价体系的评价因子的内容及其权重仍需深入研究。虽然笔者通过大量的调查问卷来确定评价因素集及其权重，但是调查问卷的设置带有"主观性"，问卷调查数量也有限，因此，评价因素的内容存在一定的局限性。

10.3 展　　望

针对本文的局限性和未能解决的问题，本研究还需要从以下几方面继续深入研究。

1. 研究调查的范围最好比较完整，条件允许的情况下，选取全国各地有代表性的村镇作为重点调研的对象。

2. 专家评价团的选取要更全面，应由相关学者和对历史文化村镇有一定熟悉程度的社会工作人员组成，人数应该在10人以上。

3. 评价因子的进一步量化。本评价体系借助多种方法量化评价因子，但这些方法的应用还需要进一步研究，以保证它们在评价体系中的正确使用。

4. 评价因子的选择要提高代表性、全面性，要对预设的评价目标有清晰的定位，从而选择与评价目标密切相关的评价因子。

5. 综合评价方法的使用需要进一步研究。综合评价方法目前已经广泛应用于社会多个领域的，但在历史文化村镇评价体系中的应用还处于初级阶段，属于交叉学科，其评价原理和数学模型的建立还处于起步阶段，这就需要我们更进一步深入研究。

6. 评价体系自动化研究。本研究开发出了历史文化村镇评价软件，但它只是个初级的评价工具，该软件今后应不断完善和改进，成为一个能够分析、保存历史文化村镇数据的多功能的专家系统和数据开发平台，能够自动统计数据库内历史文化村镇的资料，能自动调整评分标准的智能化软件。

本章小结：阐述研究结果解决的问题；对前人有关的看法做了一些修正、补充、发展、证实或否定；本文研究的局限性，提出以后解决这些问题的关键点。

参 考 文 献

[1] 吴庆洲．建筑哲理、意匠与文化［M］．北京：中国建筑工业出版社，2005．
[2] 吴庆洲．中国客家建筑文化［M］．武汉：湖北教育出版社，2008．
[3] 陆元鼎．中国民居建筑［M］．广州：华南理工大学出版社，2003．
[4] 陆元鼎，杨新平．乡土建筑遗产的研究与保护［M］．上海：同济大学出版社，2008．
[5] 陆元鼎．中国民居建筑年鉴［M］北京：中国建筑工业出版社，2008．
[6] 陆琦．岭南园林艺术［M］．北京：中国建筑工业出版社，2004．
[7] 程建军，孔尚朴．风水与建筑［M］．南昌：江西科学技术出版社，1999．
[8] 朱小雷．建成环境主观评价方法研究［M］．南京：东南大学出版社，2005．
[9] 谭元亨，黎娟．客家之子［M］．广州：华南理工大学出版社，2006．
[10] 阮仪三．历史环境保护的理论与实践［M］．上海：上海科学技术出版社，2001．
[11] 阮仪三．护城纪实［M］．北京：中国建筑工业出版社，2003．
[12] 罗哲文．罗哲文历史文化名城与古建筑保护文集［C］．北京：中国建筑工业出版社，2003．
[13] 张松．历史城市保护学导论——文化遗产和历史环境保护的一种整体性方法［M］．上海：上海科学技术出版社，2001．
[14] 张松．城市文化遗产保护国际宪章与国内法规选编［M］．上海：同济大学出版社，2009．
[15] 赵勇．中国历史文化名镇名村保护理论与方法［M］．北京：中国建筑工业出版社，2008．
[16] 杜栋，庞庆华，吴炎．现代综合评价方法与案例精选［M］．北京：清华大学出版社，2008．
[17] 张宗元．模糊数学入门和在建筑管理中的应用［M］．北京：中国建筑工业出版社，1991．
[18] 刘思峰，谢乃明．灰色系统理论及其应用［M］．北京：科学出版社，2008．
[19] 许树柏．层次分析法［M］．北京：煤炭工业出版社，1988．
[20] 赵焕臣．层次分析法——一种简易的新决策方法［M］．北京：科学出版社，1986．
[21] 王景慧．历史文化名城保护理论与规划［M］．上海：同济大学出版社，1999．
[22] 楼庆西．南社村［M］．河北：河北教育出版社，2004．
[23] 简·雅各布斯．美国大城市的死与生［M］．南京：译林出版社，2005．
[24] 俞孔坚．理想景观探源：风水的文化意义［M］．北京：商务印书馆，1998．
[25] 彭一刚．传统村镇聚落景观分析［M］．北京：中国建筑工业出版社，1994．
[26] 陈志华，李秋香．乡土建筑遗产保护［M］．合肥：黄山书社，2008．
[27] 陈志华，李秋香．梅县三村［M］．北京：清华大学出版社，2007．
[28] 司徒尚纪．泛珠三角与珠江文化［M］．香港：中国评论学术出版社，2006．
[29] 程霏．文物建筑保护的可拓设计理论与方法研究［D］．哈尔滨工业大学，2007．
[30] 林源．中国建筑遗产保护基础理论研究［D］．西安建筑科技大学，2007．
[31] 胡潇方．历史文化村镇保护监控系统研究——以荻港古村保护为例［D］．同济大学，2008．
[32] 聂真．历史街区保护与更新的类型学方法应用研究［D］．西南交通大学，2005．
[33] 刘军华．历史街区的可续性更新研究［D］．武汉大学，2005．

[34] 张悦. 城市旅游发展的动力因子量化分析及研究 [D]. 上海师范大学, 2004.

[35] 王亚男. 青岛近代建筑价值评价与保护利用 [D]. 郑州大学, 2005.

[36] 李锐. 价值评估理论与方法研究 [D]. 东北财经大学, 2001.

[37] 周峻. 近代优秀建筑的保护与利用初探 [D]. 东南大学, 2001.

[38] UNESCO World Heritage Convention. Convention Concerning the Protection of the World Cultural and Natural Heritage (1972). http: //whc. unesco. org/en/conventiontext.

[39] Charter for the Conservation of Historic Towns and Urban Areas (Washington Charter 1987).

[40] CIIC. 3rd Draft Annotated Revised Operational Guidelines for the Implementation m the World Heritage Convention. Madrid, Spain, 2003.

[41] Paul E. Peterson (ed.), The New Urban Reality, Washington D. C.: The Brookings Institution, 1985, pp. 78-79.

[42] Turgut Var, Meral ko rzay. Heritage multicult uralatt ractions. Annals of To urism Research, 2000, 27 (2): 534-535.

[43] 吴庆洲. 中国古代城市规划设计哲理研究——以龟形城市格局为例 [J]. 中国名城, 2010 (8): 37-46.

[44] 吴庆洲. 仿生象物的营造意匠与客家建筑（上）[J]. 南方建筑, 2008 (2): 40-49.

[45] 吴庆洲. 仿生象物的营造意匠与客家建筑（下）[J]. 南方建筑, 2008 (3): 45-51.

[46] 吴庆洲. 从客家民居胎土谈生殖崇拜文化 [J]. 古建园林技术, 1998 (1): 8-15.

[47] 程建军. 文物古建筑的概念与价值评定——古建筑修建理论研究之二 [J]. 古建园林技术, 1993 (4): 29-30.

[48] 田银生, 谷凯, 陶伟. 城市形态研究与城市历史保护规划 [J]. 城市规划, 2010 (4): 21-26.

[49] 田银生. 中国传统城市结构的"二元对立统一律". 城市规划学刊, 2005 (1): 72-74.

[50] 朱小雷, 吴硕贤. 大学校园环境主观质量的多级模糊综合评价 [J]. 城市规划, 2002 (10): 57-60.

[51] 朱光亚, 方遒, 雷晓鸿. 建筑遗产评估的一次探索 [J]. 新建筑, 1998 (2): 22-24.

[52] 朱晓明. 试论古村落的评价标准 [J]. 古建园林技术, 2001 (4): 53-55.

[53] 查群. 建筑遗产的可利用性评估 [J]. 建筑学报, 2000 (25): 48-51.

[54] 赵勇, 张捷, 李娜, 梁莉. 历史文化村镇保护评价体系及方法研究——以中国首批历史文化名镇（村）为例 [J]. 地理科学, 2006 (8): 497-505.

[55] 赵勇, 张捷, 李娜, 梁莉. 历史文化村镇评价指标体系的再研究——以第二批中国历史文化名镇（名村）为例 [J]. 建筑学报, 2008 (2): 64-69.

[56] 赵勇, 崔建甫. 历史文化村镇保护规划研究 [J]. 城市保护与更新, 2004 (8): 54-59.

[57] 汪清蓉, 李凡. 基于模糊综合评判法的我国历史文化名村（镇）综合价值评价研究 [J]. 中国绿色经济, 2006 (10): 84-88.

[58] 董艳芳, 杜白操, 薛玉峰. 我国历史文化名镇（村）评选与保护 [J]. 建筑学报, 2006 (5): 12-14.

[59] 张松. 21世纪世界遗产保护面临的挑战 [J]. 同济大学学报, 2003 (3): 19-23.

[60] 张松. 20世纪遗产与晚近建筑的保护 [J]. 建筑学报, 2008 (12): 6-9.

[61] 张松, 周瑾. 论近现代建筑遗产保护的制度建设 [J]. 建筑学报, 2005 (7): 5-7.

[62] 单霁翔. 20世纪遗产保护的实践与探索 [J]. 城市规划, 2008 (6): 11-31.

[63] [英] 大卫·沃伦. 历史名城的保护规划、政策与法规 [J]. 国外城市规划, 1995 (1): 15-21.

[64] 王健. 广州旧城保护与城市发展的共生 [J]. 规划师 2005, 21 (5): 119-120.

[65] 阮仪三. 保护世界遗产的要义 [J]. 同济大学学报, 2002 (6): 1-3.
[66] 阮仪三, 孙萌. 我国历史街区保护与规划的若干问题研究 [J]. 城市规划, 2001 (10): 25-32.
[67] 阮仪三, 袁菲. 江南水乡古镇的保护与合理发展地理研究 [J]. 城市规划学刊, 2008 (5): 52-59.
[68] 王林. 中外历史文化遗产保护制度比较 [J]. 城市规划, 2000 (8): 49-51.
[69] 焦怡雪. 英国历史文化遗产保护中的民间团体 [J]. 规划师, 2002 (5): 79-83.
[70] 刘雪梅, 徐红罡, 保继刚. 国外城市老文化街区的保护与再开发 [J]. 现代城市研究, 2005 (11): 12-21.
[71] 李和平, 严爱琼. 论山地传统聚居环境的特色与保护——以重庆磁器口传统街区为例 [J]. 城市规划, 2000, 24 (8): 55-58.
[72] 蒋丽, 周彦. 阳朔西街历史街区保护与再利用 [J]. 城市规划, 2006 (8): 40-43.
[73] 杨心明, 郑芹. 优秀历史建筑保护法中的专项资金制度 [J]. 同济大学学报（社会科学版）, 2005 (12): 114-119.
[74] 桂晓峰, 戈岳. 关于历史文化街区保护资金问题的探讨 [J]. 城市规划, 2005 (7): 79-83.
[75] 邹兵. 悉尼市历史建筑保护的奖励制度及启示 [J]. 规划师, 2001 (1): 42-46.
[76] 王信, 陈迅. 历史建筑保护和开发的制度经济学探讨 [J]. 同济大学学报（社会科学版）, 2004 (10): 97-103.
[77] 刘滨谊, 陈威. 中国乡村景观园林初探 [J]. 城市规划汇刊, 2000 (6): 66-68.
[78] 孙施文. 城市规划中的公众参与 [J]. 国外城市规划, 2002 (2): 1-2.
[79] 唐文跃. 城市规划的社会化与公众参与 [J]. 城市规划, 2002 (9): 25-27.
[80] 陈锦富. 论公众参与的城市规划制度 [J]. 城市规划, 2000 (7): 54-57.
[81] 俞金国, 王丽华. 基于公众参与的旅游资源开发评价方法研究 [J]. 规划师, 2008 (5): 84-89.
[82] 周建军. 公众参与: 民主化进程中实施城市规划的重要策略 [J]. 规划师, 2000 (4): 4-7.
[83] 何丹, 赵民. 论城市规划中公众参与的政治经济基础及制度安排 [J]. 城市规划汇刊, 1999 (5): 31-34.